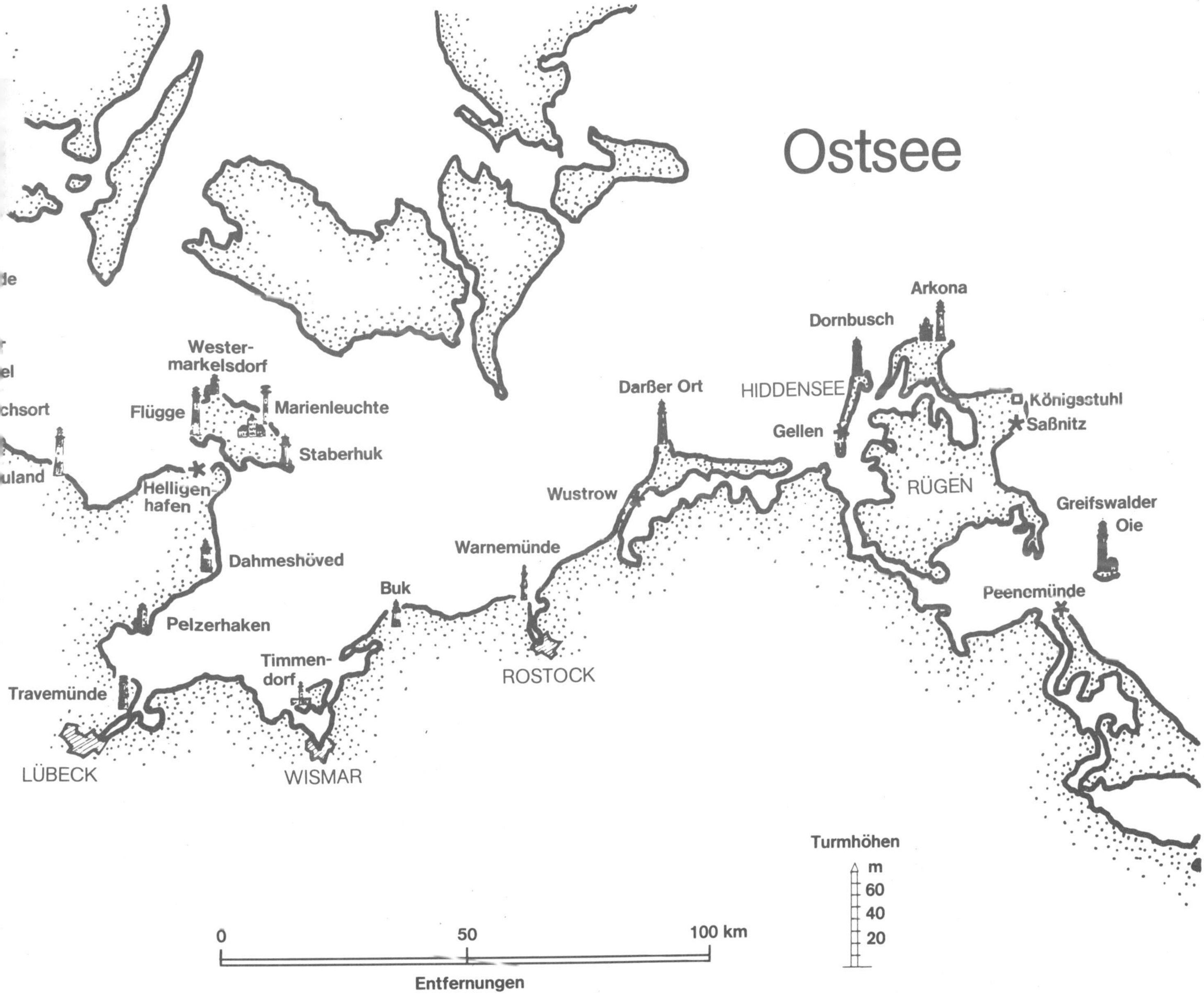
Ostsee
Arkona
Dornbusch
Wester-
markelsdorf
Darßer Ort
HIDDENSEE
Königsstuhl
Marienleuchte
Flügge
Gellen
Saßnitz
Staberhuk
Heiligen-
hafen
RÜGEN
Wustrow
Greifswalder
Oie
Dahmeshöved
Warnemünde
Buk
Peenemünde
Pelzerhaken
Timmen-
dorf
ROSTOCK
Travemünde
LÜBECK
WISMAR
Turmhöhen
m
60
40
20
0
50
100 km
Entfernungen

Friedrich-Karl Zemke

DEUTSCHE LEUCHTTÜRME

einst und jetzt

Koehlers Verlagsgesellschaft mbH · Herford

Bildnachweis:

K.-H. Bahr, Hamburg (1)
Foto C. Drescher, Buchholz (1)
Hafenbautechnische Gesellschaft, Hamburg (2)
Hansa Verlag, Hamburg (1)
Philipp Holzmann, Niederlassung Hamburg (5)
Niedersächsisches Staatsarchiv, Aurich (1)
Aug. Prien, Hamburg (3)
W. Scheel, Flügge (1)
G. Ulsamer, Emden (2)
Wasser- und Schiffahrtsverwaltung (22)
alle übrigen aus dem Archiv des Verfassers

CIP-Kurztitelaufnahme der Deutschen Bibliothek

Zemke, Friedrich-Karl:
Deutsche Leuchttürme einst und jetzt / Friedrich-Karl Zemke. – Herford: Koehler, 1982.
ISBN 3-7822-0276-7

Umschlaggestaltung: Ernst A. Eberhard, Bad Salzuflen
unter Verwendung von sechs Fotos des Verfassers
Layout und Produktion: Heinz Kameier
Satz und Druck: HB-Drucke Brackmann GmbH, Löhne
Bucheinband: Hunke & Schröder, Iserlohn
Printed in Germany

Inhaltsverzeichnis

Vorwort

Leuchtturm – auch heute noch ein Zauberwort für jenes Wahrzeichen der Seefahrt, von dem des Nachts, wie von magischen Kräften gelenkt, geheimnisvolle Lichtzeichen über Meer und Küste ausgehen. Ein Stück Seemannsromantik, aber auch ein lebendiges Zeichen für Zuverlässigkeit und Geborgenheit.
Nüchterner heißt es in Meyers Konversationslexikon von 1908: »Ein Leuchtturm ist ein turmartiger Bau als Träger eines Leuchtfeuers zur Küstenbeleuchtung für die Sicherheit der Schiffahrt, das nachts dem Schiffer als Merkmal und Wegweiser dient.« In späteren Lexikon-Ausgaben werden als zusätzliche Ausstattung erwähnt: funktechnische Anlagen, Einrichtungen für Nebel- und Sturmwarndienst sowie Schiffsmelde-, Wetter- und Seenotdienst.
Dieser Bildband schildert in Teil 1 die Entwicklung des deutschen Leuchtfeuerwesens von den Anfängen bis zum heutigen Stande.
Im Teil 2 werden alle größeren und interessanten Leuchttürme von Borkum im Westen bis zum ehemals deutschen Memel im Osten vorgestellt.
Die Geschichte der deutschen Feuerschiffe bildet den Teil 3.
Neben neueren Fotos wurden auch ältere Bilddokumente herangezogen, so daß sich in vielen Fällen Veränderungen und Entwicklungen verfolgen lassen.
Der Text beschränkt sich auf allgemeinverständliche und historische Angaben. Auf Daten für die Berufsschiffahrt wurde bewußt verzichtet, weil diese ggf. in amtlichen Unterlagen einzusehen sind.

Eckernförde, im September 1982 *Der Autor*

Teil 1

Die Entwicklungsgeschichte der Leuchttürme

Anfänge des Leuchtfeuerwesens

Vom Pharos bis zur Kohlenblüse

Nach der Fahrt auf hoher See mit tiefem Wasser beginnt die größte Gefahr für ein Schiff erst bei Annäherung an die Küste mit ihren tückischen Untiefen, Riffen und Sandbänken. Unzählige Schiffe mit oft wertvollen Ladungen sind diesen Gefahren zum Opfer gefallen, und Tausende von Seeleuten mußten ihr Leben lassen. Einer der größten Schiffsfriedhöfe der Welt ist die Deutsche Bucht. Die Zahl der hier verunglückten Schiffe wird auf über 3000 geschätzt.

Bis zu heutigen Tankerkatastrophen war und ist falsche Standortbestimmung eine der häufigsten Unfallursachen. Seit Beginn der Schiffahrt bemüht man sich daher um jede nur erdenkliche Orientierungshilfe an der Küste. Für die Nacht kommen in erster Linie möglichst weit sichtbare Lichtzeichen in Frage.

Der älteste bekannte Leuchtturm wurde von den Ägyptern um 300 v. Chr. am Nil-Delta errichtet, und zwar auf der Insel Pharos vor Alexandria, dem Zentrum des Verkehrs zwischen Morgenland und Abendland. Es handelte sich um ein monumentales Bauwerk mit einer für damalige Zeiten enormen Höhe von über 100 m. 17 Jahre dauerte sein Bau. Die Menschen jener Zeit müssen von diesem Wunderwerk tief beeindruckt gewesen sein, denn sie zählten den »Pharos« zu den Sieben Weltwundern der Antike. Erst nach 1600 Jahren (!) stürzte er bei einem Erdbeben ein. In romanischen Sprachen hat er seinen Namen auf alle seine »Nachkommen« vererbt, im Französischen als »phare«, im Italienischen, Spanischen und Portugiesischen als »faro«.

So könnte der Pharos ausgesehen haben

Die nächsten 30 bekanntgewordenen Leuchttürme wurden von den alten Römern an den Küsten ihres damaligen Imperiums erbaut. Drei davon sind noch erhalten: La Coruña in Spanien
sowie als Ruinen Frejus in Frankreich
und Dover in England.
Die Engländer behaupten, der römische Turm zu Dover sei das älteste Bauwerk ihres Landes, und nennen ihn »The Devil's Drop of Mortar« (des Teufels Mörteltropfen).
Als sich Spanier, Portugiesen, Franzosen und Engländer zu Seefahrtsvölkern entwickelten, entstanden etwa ab 1100 n. Chr. weitere Leuchttürme, und zwar zuerst an Häfen und besonders gefährlichen Stellen ihrer Küsten. Zur Befeuerung diente damals fast ausschließlich harziges oder in Pech getränktes Holz.
Doch nun zu Deutschland. Hier wurde nachts heimkehrenden Fischern und anderen Seeleuten zunächst durch offene Feuer aller Art oder durch an Stangen aufgesteckte Fackeln der Weg gewiesen, ihnen wurde »heimgeleuchtet«.
Vom 13. Jahrhundert an, als Glas in Gebrauch kam, benutzte man Laternen mit Kerzen. Diese wurden an Masten, Holzgerüsten oder Türmchen hochgezogen, vereinzelt auch auf vorhandenen Türmen installiert. Meistens ließ man sie nicht die ganze Nacht über brennen, sondern nur, wenn Schiffe erwartet wurden.
Für mehrere hundert Jahre blieben dies die gebräuchlichsten Leuchtfeuer.
Kerzenlaternen waren zwar weniger von Wind und Wetter abhängig als offene Feuer, verrußten jedoch schnell und gaben nur einen schwachen Lichtschein. Dem suchte man bei späteren Ausführungen abzuhelfen. Auf den ersten »richtigen« Leuchttürmen brannten ganze Kerzenringe wie große Geburtstagslichtkränze in fest montierten Laternen.
An einsamen Küsten wurde die Wartung gelegentlich von Einsiedlern oder Mönchen übernommen, die in diesem Dienste für Seeleute eine gottgefällige Aufgabe sahen.
Es gab aber auch gewissenlose Leute auf einigen Inseln, die das Wort »Gott segne unseren Strand« zu ihren Gunsten umdeuteten. Indem sie die Errichtung von Leuchtfeuern boykottierten oder gar Feuer an falschen Stellen abbrannten, um die Schiffer in die Irre zu führen, verschafften sie sich Gewinne an Strandgut.

Ruine des römischen Leuchtturmes in Dover

Der alte Leuchtturm in Calais, erbaut im 13. Jahrhundert

In dem Bemühen um hellere Lichtquellen richtete man vom 17. Jahrhundert an offene Steinkohlenfeuer ein, die in eisernen Gitterkörben auf Holzgerüsten oder Türmen brannten. Eine Zwischenschicht aus Lehm oder Backsteinen sollte das Übergreifen der Flammen auf die Türme verhindern. Der Wind blies die Feuer an, daher möglicherweise der Name »Bliese« oder »Blüse«, vielleicht aber auch aus dem englischen »blaze« (lodernde Flamme) abgeleitet.
Zwei »Blüsenmeister« oder »Blüser«, die abwechselnd für gleichmäßigen Brand zu sorgen hatten, halfen bei Flaute mit einem Blasebalg nach.

Eine originalgetreue Nachbildung der 22 m hohen Neuwerker Kohlenblüse von 1644 steht als besondere Attraktion seit 1979 vor dem Deutschen Schiffahrtsmuseum Bremerhaven und kann dort besichtigt werden.
Der Kohlenverbrauch dieser feuerspeienden Türme betrug 10 bis 20 Zentner pro Nacht. Vielfach wurde sogar noch die besonders teure Kohle aus Schottland importiert, weil diese am hellsten brannte und mit ihrer eigenartig gelblich-rötlichen Glut bei Nacht und auch bei Nebel am weitesten zu sehen war.
Die Unterhaltung derartiger Feuer war also eine recht kostspielige Angelegenheit. Deshalb unterließ man das Blüsen, wenn es nicht unbedingt erforderlich war, so in den Sommermonaten mit kurzen hellen Nächten und in strengen Wintern, wenn wegen Eisganges die Schiffahrt ruhte. Erst ab Ende des 18. Jahrhunderts brannten die meisten Feuer ganzjährig.

Eine Abart der Kohlenblüse stellte das vornehmlich an der Ostseeküste verwendete Wippfeuer dar. Hier befand sich der Feuerkorb an einem durch Gegengewicht ausbalancierten Balken, der mittels einer Winde auf- und abbewegt werden konnte. Mit relativ geringem baulichen Aufwand wurde auf diese Weise eine erhebliche Feuerhöhe erzielt. Allerdings mußte der Korb zu jeder Nachfüllung heruntergekurbelt werden. Nachteilig war ferner, daß das Feuer bei Flaute nur schwach brannte, weil es in der Höhe nicht künstlich angefacht werden konnte.

Schon im Altertum waren Öllampen mit Saugdochten bekannt. In Laternen benutzte man sie vom 17. Jahrhundert an vereinzelt auch in Deutschland für Leuchtfeuer. Gespeist wurden sie zunächst mit tierischem Öl (Tran). Später verwendete man pflanzliches Öl, meist Rüböl, das aus dem Samen des Rapses und der Rübsen, einer Feldkohlart, gewonnen wird und bei Kälte nicht eindickt. Diese Lampen waren zwar billig im Verbrauch, gaben aber nur schwaches Licht, das durch Verrußen der Laternengläser noch verdunkelt wurde.

Kerzenlaterne

Nachbildung der Neuwerker Kohlenblüse vor dem Deutschen Schiffahrtsmuseum Bremerhaven

Wann und wo diese bis etwa Ende des 18. Jahrhunderts errichteten ersten Leuchtfeuer entstanden, geht aus der Tabelle auf Seite 13 hervor, die jedoch aufgrund z.T. widersprüchlicher Überlieferungen keinen Anspruch auf absolute Genauigkeit und Vollständigkeit erheben kann.
In der damals schon relativ stark befahrenen Ostsee waren es die Hansestädte Lübeck, Wismar, Rostock, Stralsund und Danzig, die zur Sicherung ihrer Hafenzufahrten schon früh Leuchtfeuer errichten ließen.
An der deutschen Nordseeküste, dem »nassen Dreieck« mit Tidenhub, Wattenmeer und wandernden Sandbänken, gestaltet sich die Schiffahrt ungleich schwieriger. Sie entwickelte sich demzufolge auch erst später. Außerdem waren die Interessen der vielen deutschen Nordsee-Küstenländer aufgrund politischer Zersplitterung höchst unterschiedlich. So führten die Hauptschiffahrtswege zunächst direkt von Holland und England nach Skandinavien, insbesondere um Skagen herum in die Ostsee, also an der Deutschen Bucht mit ihren Häfen vorbei.
Deshalb setzte auch der Leuchtfeuerbau hier erst später mit wachsendem Schiffsverkehr ein. Allerdings waren zur Orientierung für die Küstenschiffahrt, die zunächst ausschließlich bei Tage stattfand, schon vom 11. Jahrhundert an besonders hohe Türme, z.T. auch Kirchtürme, als Tagessichtzeichen auf einigen Inseln und an der Außenweser errichtet worden. Diese und andere von See aus gut sichtbaren Landmarken bezeichnete man damals als Vertoonungen.

Ochsenturm,
ältestes Seezeichen an der Außenweser, Turm der im 11. Jahrhundert erbauten, 1895 abgebrochenen Kirche in Imsum

Wippfeuer

Die ersten deutschen Leuchtfeuer

Jahr	Ort	
1222	Falsterboe	(Südwestspitze Schwedens, damals dänisch) Lübeck errichtet Turm mit Holzfeuer, später mit Kerzen, 1635 Steinkohlenwippe
1226	Travemünde	Lübeck errichtet Holzfeuer oder Kerzenlaterne, 1539 Turm mit offenem Feuer, ab ca. 1700 mit Öllampen
1266	Insel Lieps	(in der Wismarer Bucht, heute nur noch Sandbank) Wismar errichtet Kerzenlaterne
1306	Hiddensee	Stralsund errichtet Kerzenlaterne auf dem Südteil der Insel, dem sog. Gellen
1348	Warnemünde	Rostock errichtet Turm mit Kerzenlaterne
1482	Weichselmünde	Danzig errichtet Kerzenlaterne auf dem Turm des Forts
1482	Hela	Danzig errichtet Kerzenlaterne im Kirchturm, 1660 Steinkohlenwippe
1526	Pillau	Kerzenlaterne, später Steinkohlenwippe
1624	Wangerooge	Versuche mit Tranlampe im Westturm, 1630 Kohlenblüse
1630	Helgoland	Kohlenblüse
1644	Neuwerk	Hamburg errichtet Kohlenblüse
1666	Kolberg	wahrscheinlich Kerzenlaterne
1700	Brüsterort	wahrscheinlich Steinkohlenwippe
1730	Rixhöft	Steinkohlenwippe
1740	Memel	Steinkohlenwippe
1758	Neufahrwasser	Feuer von Weichselmünde hierher verlegt, Steinkohlenwippe auf Turm
1780	Borkum	Kohlenblüse

Dies waren die Vorläufer unserer Leuchttürme. Die meisten Standorte waren schon damals so günstig gewählt worden, daß man später auch die Türme mit modernen Leuchtfeueranlagen dort errichtete.

Die ersten deutschen Leuchtfeuer

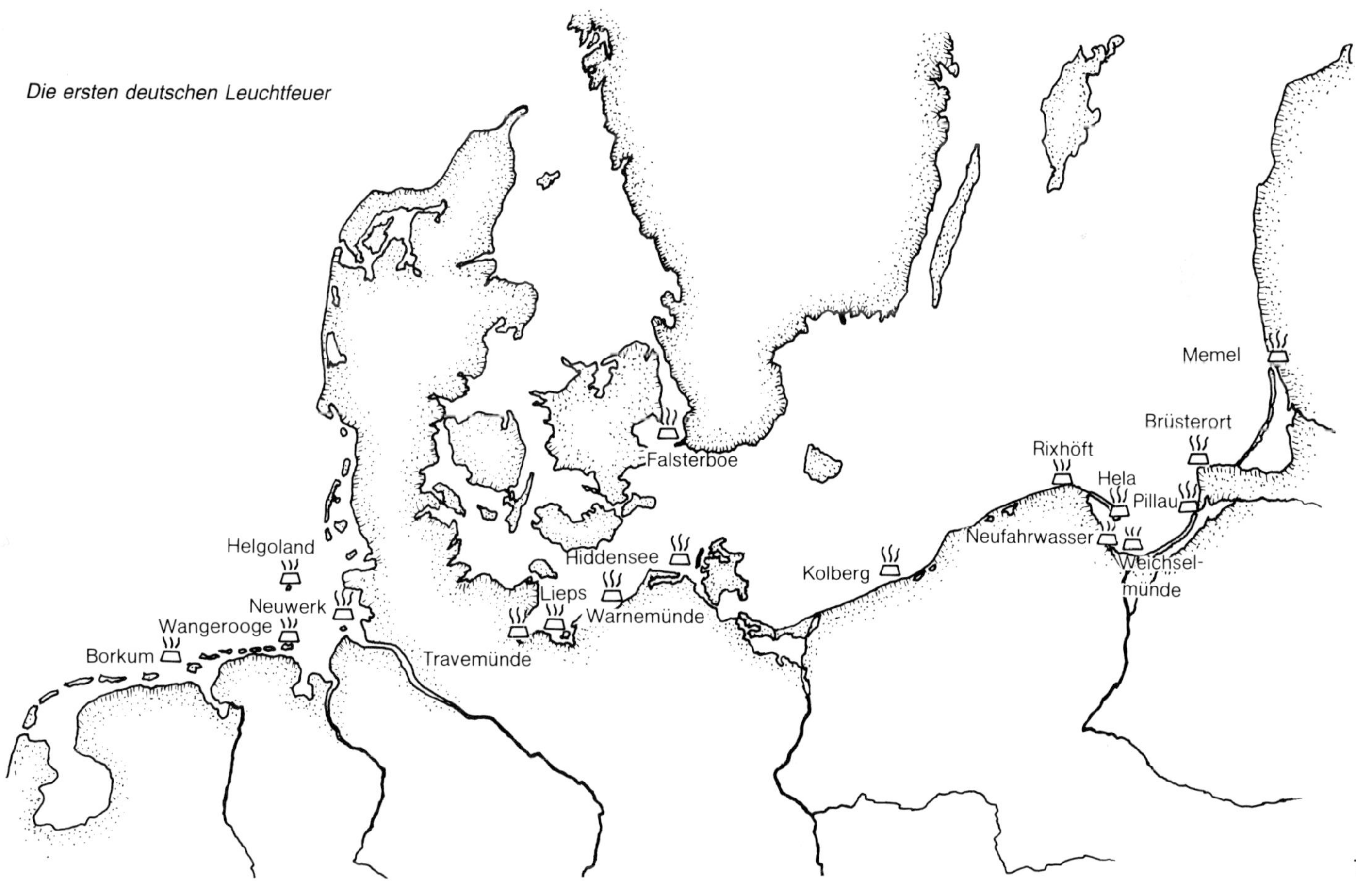

Vom Backsteinturm bis zur Stahlröhre

Als Träger der eigentlichen Leuchtfeuer, die natürlich möglichst weit zu sehen sein sollen, dienen seit jeher Türme. Bis zum Ende des 19. Jahrhunderts errichtete man die meisten aus Stein. Von den ältesten Steintürmen sind drei noch heute vorhanden:

Neuwerk	1299–1310 als Wehrturm erbaut, 1814 bis heute als Leuchtturm in Betrieb,
Travemünde	1539 als Leuchtturm erbaut, seitdem bis 1972 in Betrieb,
Borkum	alter Turm, 1576 als Landmarke erbaut, 1817–1879 als Leuchtturm in Betrieb.

Am Leuchtturm **Travemünde** (Abbildung auf Seite 147) hängt eine Tafel mit folgendem Text:

Leuchtturm Travemünde
Höhe 31 m
Technisches Kulturdenkmal

1226	Erste urkundliche Erwähnung eines Hafenzeichens
1330	Erste urkundliche Erwähnung des Leuchtturmes
1534	Zerstörung durch dänische Truppen
1539	Wiederaufbau und Erhöhung. Leuchtfeuer vermutlich als offenes Holzfeuer, später Hanföl-Lampen vor vergoldeten Hohlspiegeln
1827	Kuppel abgebrannt durch Blitzeinschlag
1903	Ersatz der Petroleum-Lampen durch elektrische Lampen. Sichtweite 16 sm
1972	Löschung des Leuchtfeuers, durch Hochhaus verdeckt
1974	Zündung des neuen Leuchtfeuers auf dem benachbarten Hochhaus. Feuerhöhe 115 m

Neuwerk. Auf einer Steinplatte am Eingang steht zu lesen:
Ich wurde 1310 von der Freien und Hansestadt Hamburg als Wehrturm erbaut und sicherte die Elbmündung, seit 1814 weise ich als Leuchtturm der Schiffahrt den Weg

Borkum, alter Turm von 1576, diente 1817 bis 1879 als Leuchtturm

Alter Wehrturm, meist Westturm genannt, um 1600 mitten im Dorf Wangerooge erbaut, 1624 bis 1630 mit Leuchtfeuer, blieb als einziges Bauwerk stehen, während die Insel unter ihm nach Osten wegwanderte, 1914 gesprengt

Außerdem befindet sich auf Wangerooge eine 1934 vollendete Nachbildung des 1597–1601 erbauten Wehrturmes. Dieser hatte 1624–1630 als Leuchtturm gedient und war 1914 bei Ausbruch des Ersten Weltkrieges etwas voreilig gesprengt worden.

Nachbildung des Westturmes, 1933/34 etwa 800 m weiter südöstlich auf der Insel erbaut

Für die damaligen Baumeister war es ein besonderes Problem, so schwere Türme auf weichem oder sandigem Küstenboden zu errichten. Als warnendes Beispiel stand ihnen der 1174–1273 erbaute, 14500 Tonnen schwere Turm zu Pisa vor Augen, der sich schon vor seiner Fertigstellung zu neigen begann.
So wurden z. B. für den Sockel des erwähnten Wehrturmes von Neuwerk auf einer künstlichen Warft zunächst gewaltige Balken kreuzweise übereinandergelegt und darüber eine 3 m hohe Schicht aus Findlingen gestapelt. Dieses solide Fundament trug dann nicht nur den Backstein-Koloß mit 2 m dicken Mauern und gut 10000 Tonnen Gewicht, sondern trutzte auch bis zur Eindeichung der Insel 1560 dem blanken Hans bei allen Sturmfluten.

In einer Zeit, als Baumaschinen und Krananlagen noch nicht motorisiert waren, galt die Errichtung von hohen Türmen mit Recht als bewundernswerte Leistung der Baumeister und Bauleute.

Dies sind die 4 aus Stein errichteten Leuchttürme mit Höhen über 50 m:

1857/59	**Swinemünde**	68 m
1874	**Norderney**	54 m
1876/77	**Funkenhagen**	51 m
1879	**Borkum**	60 m

Gelegentlich wurden Steintürme auch nach gleichen Plänen erbaut, z.B. 1902 **Helgoland** und **Arkona,** 1915/16 **Flügge** auf Fehmarn und **Neuland** in der Hohwachter Bucht.

Wie alle Bauwerke, so beginnen auch Leuchttürme nach einer gewissen Zeit zu verwittern. Außerdem können aufgrund der Schwingungen bei Sturm Risse im Mauerwerk auftreten. Bei einigen im vorigen Jahrhundert aus zwar dekorativen, aber nicht so festen Ziegeln oder Klinkern erbauten höheren Türmen geriet hierdurch schon nach wenigen Jahrzehnten die Stabilität in Gefahr. Da Ausbesserungsarbeiten nicht viel nützten, umgab man diese Türme mit einem Mantel aus Hartbrandsteinen oder Beton und veränderte somit ihren Querschnitt; ursprünglich runde Türme wurden eckig (**Greifswalder Oie, Dornbusch)** oder umgekehrt (**Swinemünde)**. Bei dem runden Klinkerturm **Kampen**/Sylt genügte es, die betroffenen Stellen mit Stahlringen zu umgürten.

Großer Leuchtturm ***Borkum*** *im Bau 1879 . . .*

. . . vollendet

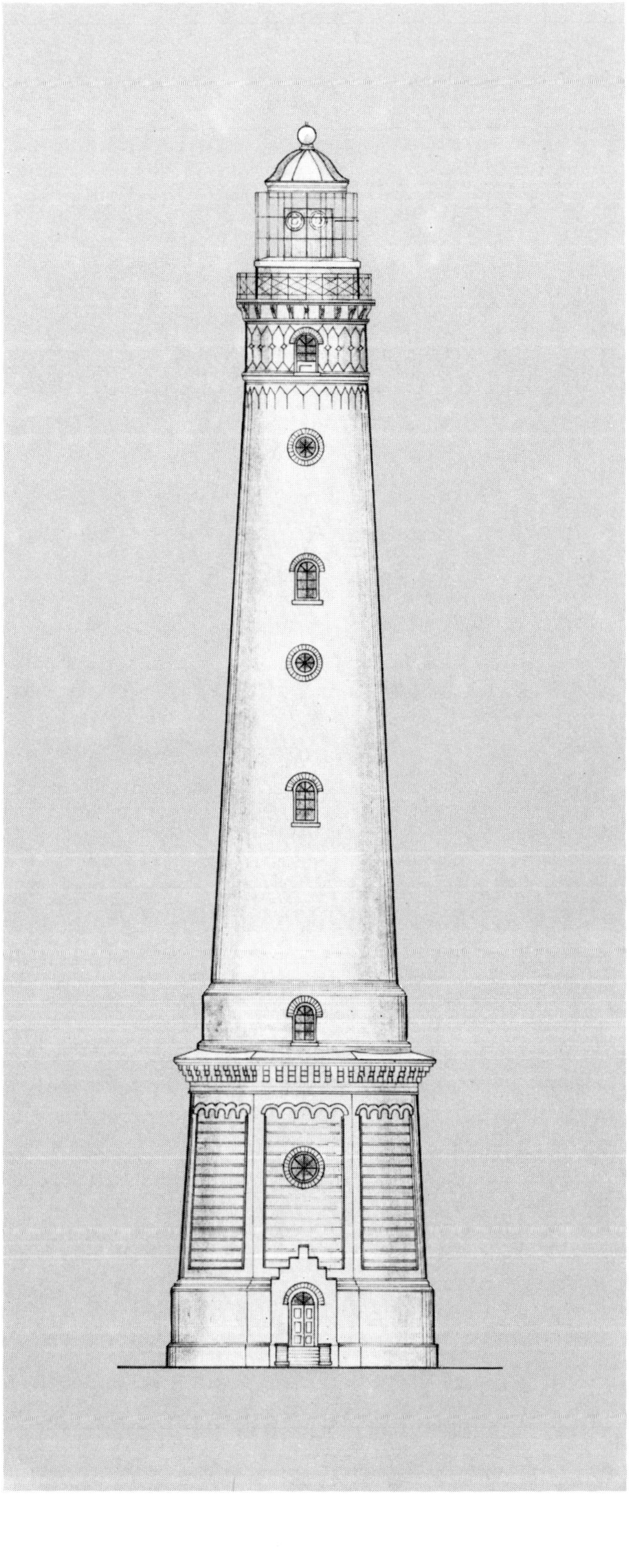

Einer der drei 1906/07 in Serie gebauten Gußeisentürme:
Oberfeuer ***Pellworm****, 35 m hoch*

*Der Riese aus Eisen: Ältester und höchster Gitterturm **Campen** an der Emsmündung, errichtet 1889/90, 65 m hoch*

Der Zwerg aus Eisen: Unbemannter Einheitsturm an der Ostsee, errichtet 1905, 11 m hoch

Als sich Mitte des vorigen Jahrhunderts der Eisenschiffbau durchzusetzen begann, wurden auch die ersten, zunächst kleineren Leuchttürme aus Gußeisen hergestellt: 1842/43 der Molenleuchtturm **Neufahrwasser,** 1852 die beiden fast gleichen Leuchttürme **List-Ost** und **List-West** auf dem Ellenbogen der Insel Sylt, die damals allerdings unter dänischer Verwaltung stand. Alle drei existieren noch heute.
Seitdem entstanden immer mehr Leuchttürme aus Eisen, so 1883–1885 der berühmte **Rotesand** sowie etwa 15 weitere bis zum Ersten Weltkrieg. 1906/07 wurden sogar drei kegelstumpfförmige Gußeisentürme in Serie gebaut, die sich nur in ihrer Höhe etwas unterscheiden: **Pellworm, Hörnum** und **Westerheversand,** alle in Schleswig-Holstein. Sie wurden aus einheitlichen Segmenten zusammengeschraubt, für deren Herstellung nur relativ wenige Gußformen erforderlich waren.
In dieser sog. holländischen Bauart oder Segmentbauweise stellte man in den folgenden Jahren einige weitere Türme her, z.B. **Arngast** im Jadebusen, **Falshöft** und **Büsum** in Schleswig-Holstein. Die Fenster wurden bei vielen Eisentürmen wie bei Eisenschiffen als »Bullaugen« ausgebildet.
Auch Eisentürme benötigten aufgrund ihres Gewichtes von oft 1000 und mehr Tonnen ein besonders tragfähiges Fundament. Bis zu 30 m tief rammte man Pfähle ein

Erster eiserner Leuchtturm, 1842/43 auf der Ostmole von Neufahrwasser (vor der Westerplatte) errichtet

List-West,
einer der beiden 1852 aus Gußeisen hergestellten Leuchttürme auf dem Ellenbogen der Insel Sylt

(Pfahlgründung). Für den Leuchtturm **Westerheversand** an der Nordsee wurde eine Warft aufgeschüttet und mit Pferden festgeritten.
In zahlreichen Fällen wich man auf Gittertürme aus, die bei gleicher Stabilität wesentlich leichter sind. Der erste und bis heute höchste Gitterturm wurde 1889/90 in **Campen**/Unterems errichtet, zahlreiche weitere folgten bald danach. Typisch für alle Gittertürme ist das zentrale Treppenrohr. Die Laterne wird von den 3 bis 6 verstrebten Gratsparren getragen.
Da sich kleinere Türme dieser Art in relativ kurzer Zeit herstellen ließen, wurde um die Jahrhundertwende der schnelle Ausbau des Leuchtfeuernetzes in den großen Flußmündungen von der Ems bis zur Oder möglich. Er war allerdings auch dringend erforderlich, weil sich die Dampfschiffahrt so rapide entwickelte. Im Gegensatz zu Seglern, die sich nicht den Gefahren der Nachtfahrt aussetzten und ankerten, wollten nämlich die Kapitäne der windunabhängigen Dampfer auch bei Dunkelheit zu den landeinwärts gelegenen Häfen wie Emden, Bremen, Hamburg oder Stettin weiterfahren. Schon damals gewann das Motto »Zeit ist Geld« auch in der Seefahrt an Bedeutung.
In engeren Gewässern der westlichen Ostsee, wo keine großen Sichtweiten gefordert wurden, errichtete man kurz nach der Jahrhundertwende kleine eiserne Einheits-

türme für unbemannten Betrieb. Damals gab es nämlich schon, wie im nächsten Kapitel beschrieben wird, ständig brennende Gasfeuer.

Natürlich machte man sich die Entwicklung weiterer Materialien und neuer Techniken auch im Leuchtturmbau zunutze.
Ab Ende des vorigen Jahrhunderts trat Beton als Baumaterial allmählich in Konkurrenz zu Stein und Eisen. Ganze Türme wurden jedoch erst seit etwa 1930 aus Beton erstellt, und zwar zunächst in Kletterschalung, danach durch Schichtung von Ringen. Heute errichtet man in Gleitschalbauweise riesige Stahlbetonröhren, ähnlich den bekannten Fernsehtürmen.

Stahl- und Leichtmetalltürme können ganz oder teilweise vorgefertigt werden.

Stahlbetonturm für Leuchtfeuer

Seit den 60er Jahren verwendet man auch Türme aus glasfaserverstärktem Kunststoff (GFK), die nur wenige Tonnen wiegen und kaum korrodieren. Sie werden mit Muffen ähnlich wie Rohrleitungen zusammengesetzt und in einem Stück geliefert. Die Aufrichtung vor Ort auf dem vorbereiteten Fundament dauert kaum eine Stunde, wenn man vom Aufbau der Kräne absieht. Solche leichten, meist für Richtfeuer benutzten Türme haben den Vorteil, daß sie mit relativ geringem Aufwand versetzt werden können, falls eine Fahrwasserveränderung dies notwendig machen sollte.
Aus Kostengründen strebt man neuerdings eine Einheitsform an, bei der nur die Laternen unterschiedlich gestaltet sind. Die ersten Türme dieser Art wurden in den 70er Jahren an Weser und Elbe aufgestellt.

*Höchster Leuchtturm aus glasfaserverstärktem Kunststoff (GFK), 1976 hergestellt, 46 m hoch: Oberfeuer **Scheelenkuhlen** an der Unterelbe bei Brunsbüttel während der Aufrichtung*

An Unterelbe und Ostseeküste wurde in einigen Fällen die Leuchtfeuer-Kammer als oberstes Stockwerk auf ein Haus gesetzt, in dem dann der Leuchtturmwärter wohnte.

An weniger wichtigen Stellen oder auch aus Sparsamkeit begnügte man sich zuweilen mit pyramidenförmigen Holz- oder Eisengerüsten, gelegentlich auch nur mit Pfählen, an denen für die Nacht eiserne Laternen hochgezogen wurden. Man bezeichnete sie als Ziehlaternen, Aufzugslaternen oder Leuchtenpfähle. Der letzte Holzturm steht noch im heute polnischen Swinemünde; es ist das 1873 erbaute Feuer an der Wurzel der Westmole.

Die Leuchtfeuer-Kammer als oberstes Stockwerk auf einem Haus, hier beim Leuchtturm ***Eckernförde****. Das Feuer scheint aus dem langen Fenster*

Hölzerne Galeriebake in Swinemünde, 1873 erbaut, 1913 erneuert

Ziehlaterne in Warnemünde, 1836 bis 1898 in Betrieb

Zur Erzielung größerer Feuerhöhen wurden immer wieder niedrige Leuchttürme durch höhere ersetzt. Hier und da blieb das alte Bauwerk neben dem neuen stehen. Drei Beispiele hierfür sind **Arkona** auf Rügen, **Marienleuchte** auf Fehmarn und **Holnis** an der Flensburger Förde.
In einigen Fällen brauchte man keinen neuen Turm zu bauen, weil sich der alte erhöhen ließ, so **Rixhöft** in Westpreußen 1910 durch einen Metallaufsatz, **Timmendorf** in Mecklenburg 1930 und **Pelzerhaken** 1936 durch Mauerwerk.

***Arkona** (Rügen),*
alter Leuchtturm von 1827 und neuer von 1902 noch heute nebeneinander

*Leuchtturm **Timmendorf** in Mecklenburg*
vor der Erhöhung 1930

Der Leuchtturm nach der Erhöhung

Kurios ist ein gegenteiliger Fall: Den auf der Insel Alsen 1905 unter deutscher Verwaltung erbauten Leuchtturm **Taksensand** ließen die Dänen 1953 von 32 auf 19 m Höhe abtragen. Während sein Licht anfangs möglichst weit zu sehen sein sollte, benötigt man es heute – nachdem auch die anderen Inseln in dem relativ schmalen Kleinen Belt befeuert sind – nur noch im Nahbereich. Es hatte über einige dieser neuen Nachbarfeuer hinweggeleuchtet, so daß es zu Verwechslungen und Irrtümern gekommen war.

Eine geringe Veränderung der Turmhöhe ergab sich meist zwangsläufig beim Einbau einer neuen Laterne. Die Statistik auf den Seiten 180 bis 182 weist mehrere Beispiele dafür auf. Manchmal wurde bei dieser Gelegenheit sogar der ganze Turmkopf umgestaltet.

Eine Aufgabe mit vielen Unbekannten ist die Errichtung von Türmen in offener See, insbesondere für weit vorgeschobene Leuchtfeuer im Mündungstrichter von Weser und Elbe. Das Risiko bei solchen Bauvorhaben ist ungeheuer hoch, unberechenbar die zerstörerische Kraft des Meeres, wiegt doch ein Kubikmeter Wasser schon 20 Zentner. Wie fest muß solch ein Turm gegründet sein, um dem Anprall gewaltiger Wellen bei Orkan zu widerstehen! Mit ständiger Kraft arbeitet außerdem die reißende Strömung aufgrund der Gezeiten. Korrosion, Sandschliff, Eisdruck und der mögliche Rammstoß eines Schiffes stellen weitere Gefahren dar.

*Der Leuchtturm **Taksensand***
auf der Insel Alsen wurde von 32 auf 19 m Höhe abgetragen

Das erste Wagnis dieser Art unternahm man 1855/56 im nur zeitweise überfluteten Wattenmeer mit dem Leuchtturm **Hohe Weg,** 25 km nordwestlich von Bremerhaven. An der dortigen stabilen Bake wurde eine hochwasserfreie Unterkunftshütte für die Bauarbeiter errichtet, in einiger Entfernung außerdem auf Pfählen ein Schuppen zur Lagerung von Material.
Für die Gründung des mit 1500 t Gewicht veranschlagten Turmes ließ der mit der Durchführung betraute, aus Holland stammende Baurat Johannes Jacobus van Ronzelen 120 Pfähle in den Sandboden rammen,

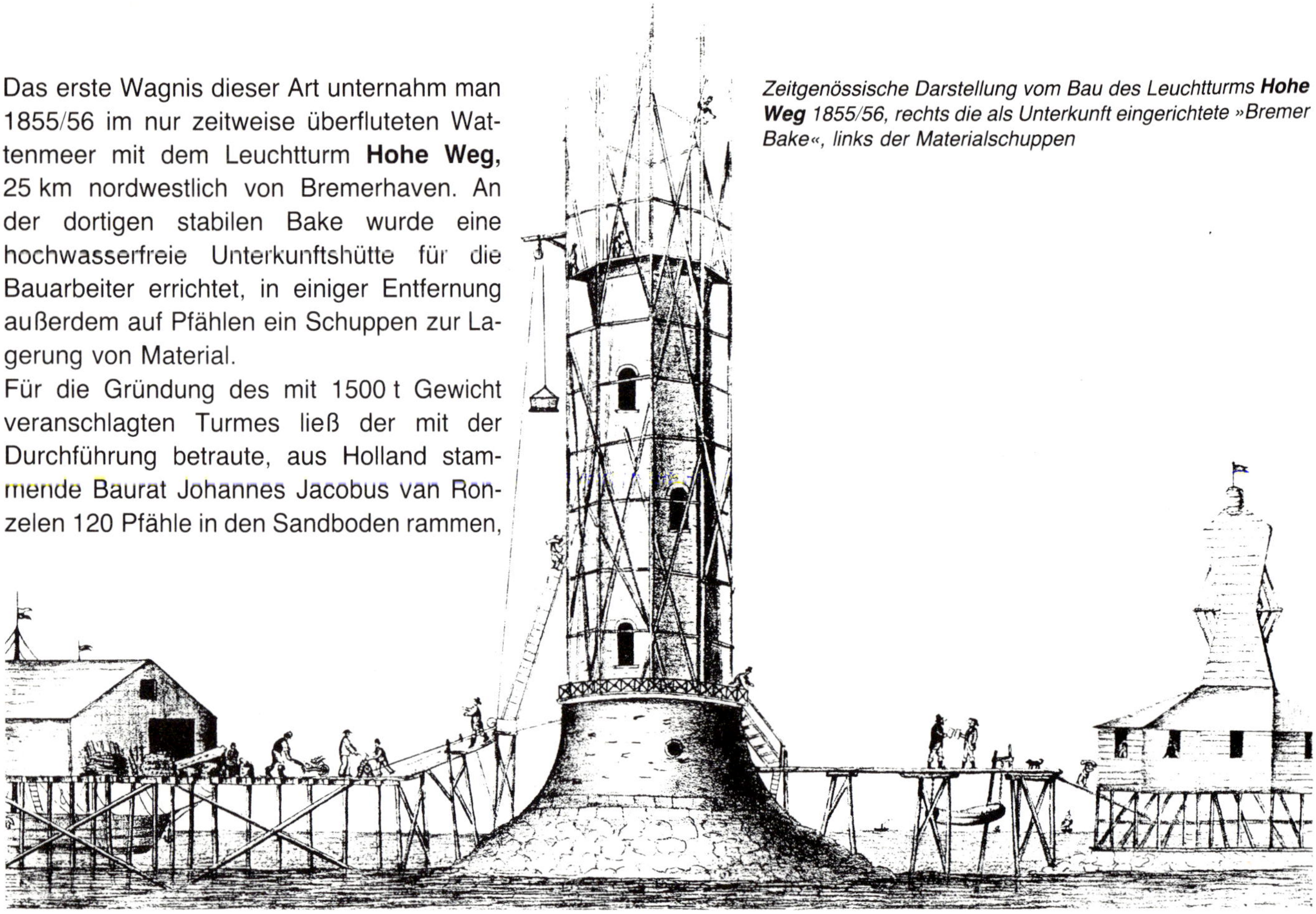

Zeitgenössische Darstellung vom Bau des Leuchtturms ***Hohe Weg*** *1855/56, rechts die als Unterkunft eingerichtete »Bremer Bake«, links der Materialschuppen*

mit Ketten zusammenkoppeln und mit einer 8eckigen Kernwand umschließen. Zum Schutz gegen Wellenschlag und Eisgang ließ er außen herum eine konkav ansteigende Steinböschung anlegen und mit einer hölzernen Spundwand einfassen. Auf diesem massiven Sockel mauerte man anschließend den Turm hoch.
Der Bau des Fundamentes war ein Wettlauf mit den Gezeiten, denn es konnte immer nur bei Ebbe gearbeitet werden; in dringenden Fällen nutzte man auch das nächtliche Niedrigwasser aus und erleuchtete die Baustelle mit Fackeln. Oft genug zerstörten Sturmfluten das kurz zuvor Geschaffene wieder. Bei einem Orkan wurde sogar die Unterkunftshütte an der Bake fast völlig vernichtet. Zum Glück gelang es einem der ersten damaligen Schleppdampfer, die Menschen aus höchster Not zu retten.
Trotz aller Rückschläge wurde der Turm in 15 Monaten fertig. Einige Jahre später stattete man ihn noch mit einer Löschbrücke aus, an der die Versorgungsschiffe bei Hochwasser anlegen konnten (siehe auch Seiten 91 und 93).

Als kühnstes und schwierigstes Unterfangen seiner Art galt der Bau des ersten Leuchtturmes im Meer selber, auf halbem Wege zwischen Bremerhaven und Helgoland. Es handelte sich um den berühmten **Rotesand,** errichtet 1883/85 unter Leitung des jungen Regierungsbaumeisters Walter Körte.

Schleppzug mit dem Caisson, unterwegs von Bremerhaven zur Baustelle Roter Sand, Mai 1883, nach einem Gemälde von Heinrich Hellhoff (früher Museum für Meereskunde, Berlin)

Bei fast 10 m Wassertiefe versuchte er es mit einer sog. Brunnen- oder Druckluftgründung. Hierzu wird der Brunnen, ein riesiger, unten offener Eisenkasten, auch Caisson genannt, wie eine Taucherglocke auf den Meeresboden herabgelassen. Nun schafft man in ständiger Arbeit den Sand unter der überstülpten Fläche aus dem Senkkasten heraus, bis dieser durch sein Gewicht auf die vorgesehene Tiefe abgesackt ist. Derweil wird auf ihm möglichst schon laufend Beton oder Mauerwerk aufgestockt, damit das Gewicht zunimmt und die Oberkante immer hoch über Wasser bleibt. Außerdem füllt man den Caisson mit wasserfestem Beton aus – wasserfest, weil das Eisen im Laufe der Zeit wegrostet. Anschließend wird dann der eigentliche Turm auf diesem künstlichen Felsen im Meer errichtet.

Die Arbeiten im Caisson müssen, damit kein Sand oder Wasser eindringen kann, unter einem Luftdruck ausgeführt werden, der erheblich größer ist als der Außendruck – für die Menschen darin eine ungeheure Belastung, zumal auch die Temperaturen fast unerträglich hoch sind. Damals waren noch besondere Dampfmaschinen erforderlich, um Druckluftpumpen und Kräne zu betreiben.

Der erste Bauversuch zwei Jahre zuvor war daran gescheitert, daß stürmische See den bereits herabgelassenen Caisson plötzlich zerschlagen hatte.

Man mußte wieder ganz von vorne anfangen.

Stürmische See zerschlug auch 80 Jahre später (am 28. 7. 1961) eine ähnliche Stahlhülle beim Bau des **Rotesand**-Ersatzturmes **Alte Weser**. Dabei kamen zwei Menschen ums Leben. Auch hier gelang erst der zweite Versuch, ob-

*Alte Darstellung vom Leuchtturm **Roter Sand***
links: der Caisson während der Bauarbeiten, rechts: der fertige Turm

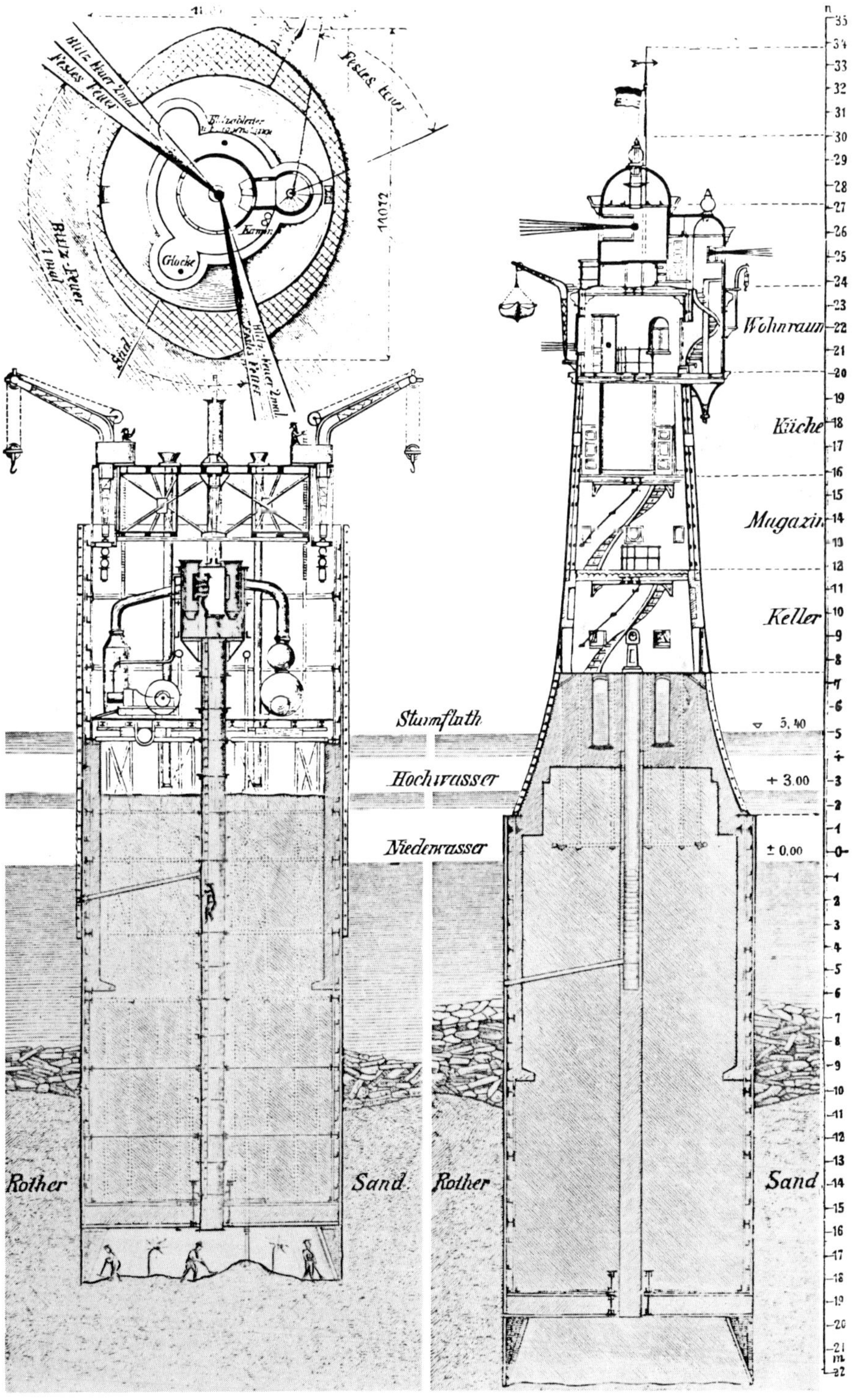

wohl wesentlich bessere und modernere technische Mittel zur Verfügung standen.
Für Transport und Montage der drei vorgefertigten Turmteile benutzte man eine Hubinsel, wobei es einen weiteren Bau-Unfall gab. Am 18. 8. 1962 rutschte die Plattform plötzlich an einer Seite ab, fing sich jedoch so, daß das auf ihr lagernde Turmteil nicht ins Wasser glitt. Alle an Bord befindlichen Menschen kamen mit dem Schrecken davon. Erst mit Hilfe einer zweiten Hubinsel konnten die Arbeiten fortgesetzt werden.

*Hauptphasen beim Bau des Leuchtturms **Alte Weser** 1962/63*

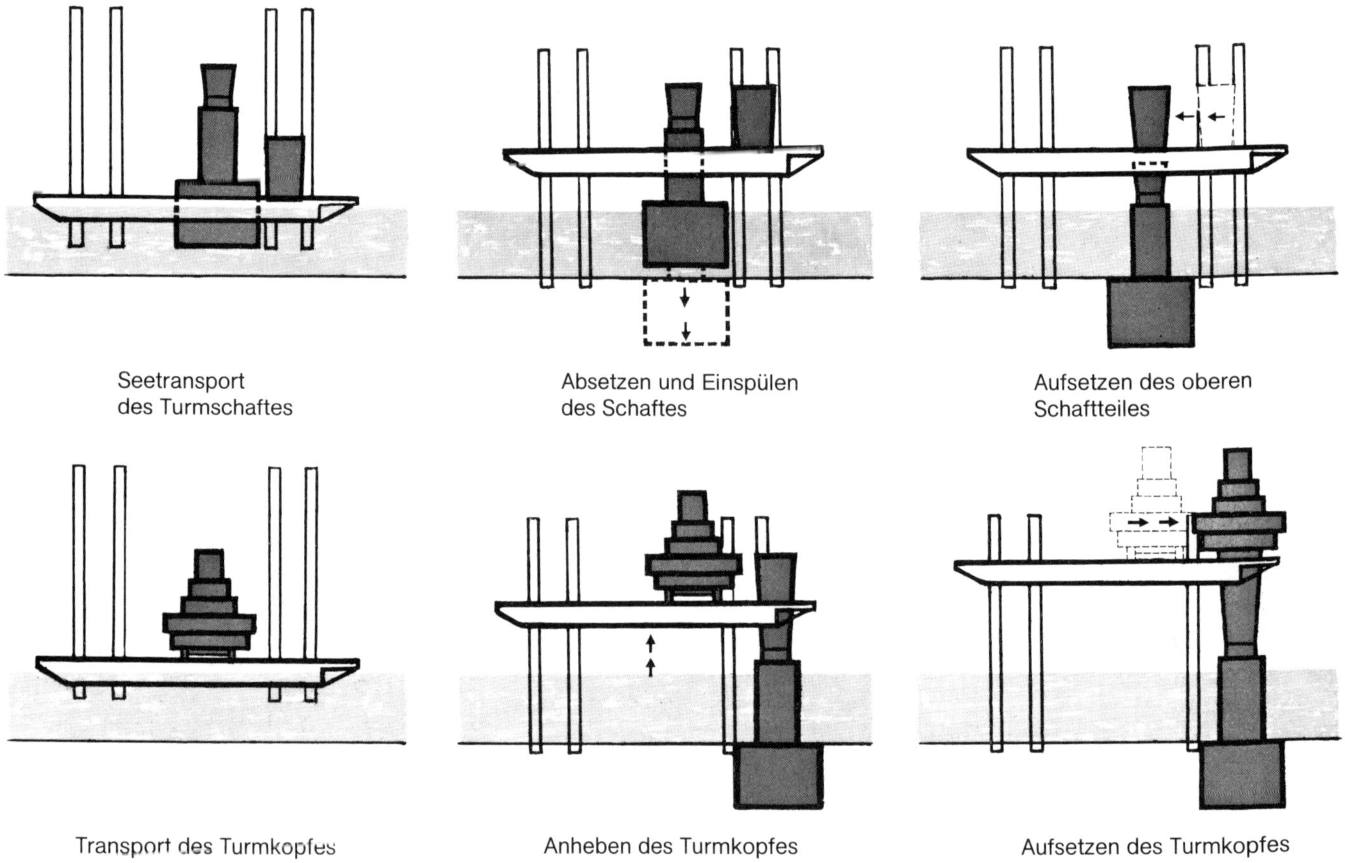

Letzte Phase: Aufsetzen des Turmkopfes ▸

Hilfestellung für die abgerutschte Hubinsel

Weniger bekannt ist eine weitere Brunnengründung, und zwar für **Mellumplate,** einen Turm im Meer östlich von Wangerooge (siehe Seite 79). Dieser Koloß wurde 1940/42 ebenfalls unter ungeheuren Schwierigkeiten und Gefahren errichtet, aber nicht als Leuchtturm, sondern als Flak-Turm mit Geschützen und Scheinwerfern. Er mußte damals auch noch die 40köpfige Bedienungsmannschaft aufnehmen. Erst nach dem Kriege wurde er zum Leuchtfeuerträger umgerüstet.

Nicht so gefährlich ist das seit etwa 1960 praktizierte »Einspülen« von vorgefertigten Turmunterteilen in den sandigen Meeresboden, die sog. Großrohrgründung. Bei dieser Technik wird mit starken Wasserstrahlen so lange unter das einzupflanzende Gründungsrohr gespült, bis dieses durch sein Eigengewicht auf die vorgesehene Tiefe abgesackt ist. Anschließend füllt man den eingepflanzten Schaft mit Beton aus und setzt die noch fehlenden Teile mit einem Schwimmkran auf. Allerdings muß das untere, in den Meeresboden eingelassene Rohrteil gegen Ausspülungen durch strömendes Wasser (Auskolkungen) gesichert werden. Das geschieht durch Versenken von Buschmatten und Steinen rund um das Rohr.

Im Idealfall erfolgt die Einspülung des Gründungsrohres an einem einzigen Tag; 1965 wurde der sogar völlig vorgefertigte 46 m lange Leuchtturm **Tegeler Plate** in wenigen Stunden eingespült. Da ein genau senkrechtes Einspülen nicht immer gelingt, ging man inzwischen allerdings wieder dazu über, zunächst nur das Gründungsrohr einzupflanzen und erst danach die Oberteile exakt lotrecht aufzusetzen. Als bisher höchster und schwerster wurde 1973/74 der Leuchtturm **Großer Vogelsand** in der Außenelbe auf diese Weise errichtet.

Ziel aller neuen Methoden ist es, die risikoreiche Bauzeit in See auf ein Minimum zu reduzieren. Die einzelnen Turmteile können an Land bzw. im Hafen vorgefertigt werden.

Einspülen des Gründungsrohres für den Leuchtturm ***Großer Vogelsand*** *in der Außenelbe 1973*

In der Ostsee gibt es zwar keine Gezeitenströme und nicht so hohe Wellen wie in der Nordsee, dafür aber größere Eisgefahr. Außerdem erfordert der völlig anders geartete Meeresboden auch andere Gründungsmethoden.

Der erste Leuchtturm sollte Anfang unseres Jahrhunderts auf der gefährlichen Oderbank in der Pommerschen Bucht errichtet werden. Das Projekt scheiterte jedoch an technischen und finanziellen Schwierigkeiten, und man begnügte sich mit dem Auslegen von Leuchttonnen.

Aufsetzen des Turmes auf das Gründungsrohr

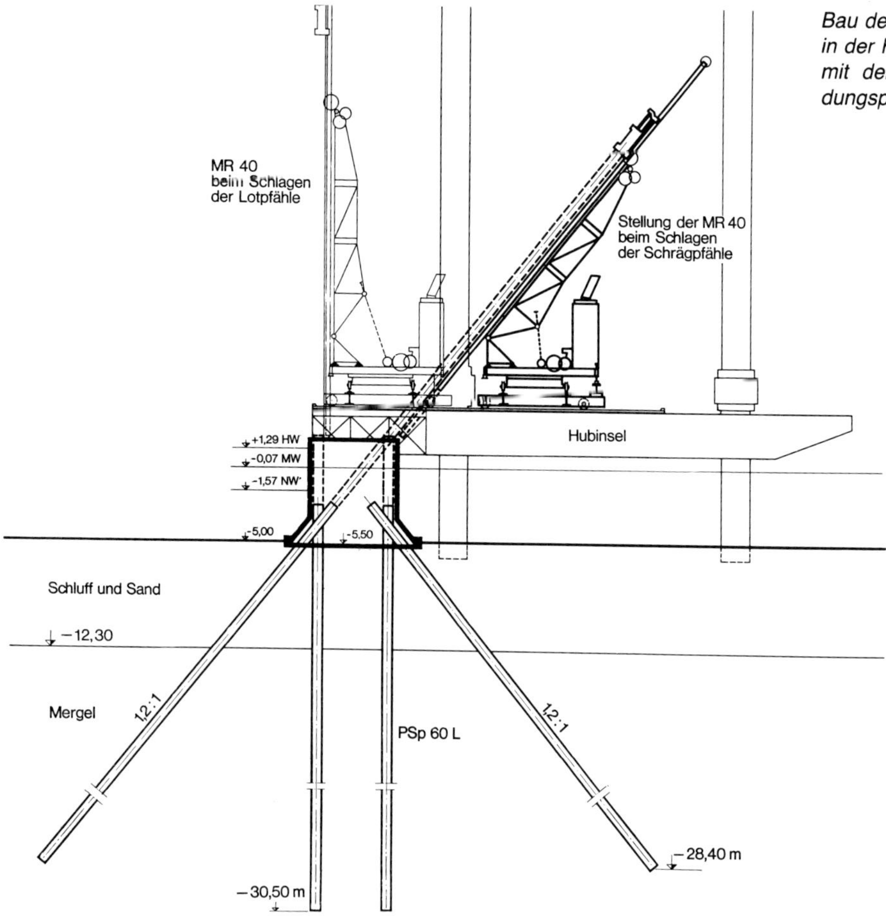

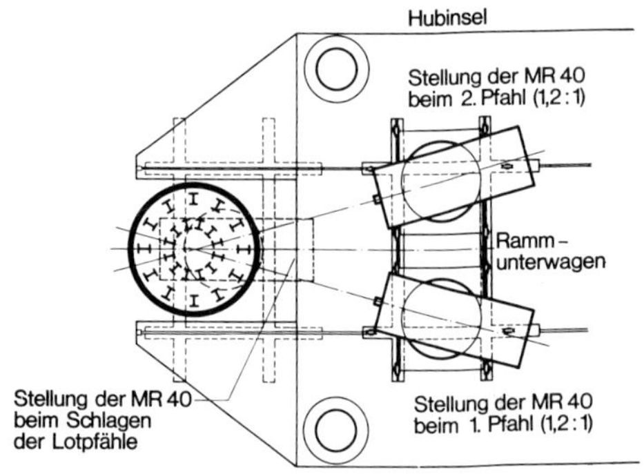

*Bau des Leuchtturms **Kalkgrund** in der Flensburger Außenförde 1962/63: Die Betonglocke mit den Führungslöchern zum Einschlagen der Gründungspfähle ist auf der Skizze dick umrandet*

Erst 60 Jahre später, 1962/63 wurde dann wirklich der erste deutsche Leuchtturm in der Ostsee errichtet, und zwar auf dem Kalkgrund vor der Flensburger Förde in fünf Meter Wassertiefe. Zum Bau verwendete man eine Stahlbetonglocke mit Führungslöchern für die einzuschlagenden Pfähle. Auf diesem Fundament wurde dann der eigentliche Turm aus Beton erbaut und mit Kacheln verkleidet. Als Arbeitsplattform diente auch hier eine Hubinsel.

Obwohl die Arbeiten während des Winters drei Monate lang unterbrochen werden mußten, konnte der Turm schon 15 Monate nach Baubeginn in Betrieb genommen werden. Die reine Bauzeit in See betrug sogar nur 6 Monate.

Der Leuchtturm **Kalkgrund** ersetzte das Feuerschiff FLENSBURG.

Als Ersatz für das Feuerschiff KIEL, von dem aus auch die Lotsen versetzt wurden, sollte in 13 m Wassertiefe erstmals eine Kombination von Leuchtturm und Lotsenstation errichtet werden. Dazu wurde nach eingehenden Modellversuchen 1964/67 eine völlig neue Bauweise angewendet, die Schwimmkastengründung: Man schleppte drei gewaltige, an Land hergestellte Beton-Schwimmkästen über den vorbereiteten Untergrund, versenkte sie zentimetergenau, füllte sie mit Sand und setzte den vorgefertigten Aluminiumturm mit einem Schwimmkran obendrauf. Die Betonkästen sind nun Molen, sie stehen im rechten Winkel zueinander, so daß

*Der vorgefertigte Leuchtturm **Kiel** wird am 3. 11. 1965 auf die abgesenkten Molen gesetzt*

die Lotsenversetzboote bei jeder Windrichtung einen ruhigen Liegeplatz in Lee finden.
Das hört sich sehr einfach an, war aber ein kompliziertes Unternehmen. Die Bauzeit betrug insgesamt vier Jahre. Davon wurde ein Jahr für die Herstellung der Schwimmkästen benötigt, ein Sommer für den Rohbau auf See, ein Sommer für den Innenausbau und ein gutes halbes Jahr für die Innenausrüstung. In zwei Wintern mußte die Seebaustelle jeweils für fünf Monate stillgelegt werden.

Ein Leuchtturm soll nicht nur bei Nacht an seinen Lichtzeichen zu erkennen sein, sondern auch bei Tage als Sichtzeichen. Deshalb müssen seine Tagesfarben klar und deutlich leuchten. In der Bundesrepublik Deutschland ist jetzt rot/weiße Bänderung vorgeschrieben, weil sich diese am besten gegen jeden Hintergrund abhebt. Nur in bestimmten Ausnahmefällen blieb es bei dem früher an der rechten Fahrwasserseite üblichen Schwarz/Weiß; dicht am Schiffahrtsweg müssen die schwarzen Bänder jedoch demnächst in grüne verwandelt werden.

Der von Zeit zu Zeit notwendige Neuanstrich ist keine billige Angelegenheit. Für einen normalen Eisenturm z. B. werden einige 100 Kilogramm Lack benötigt, ganz abgesehen von den Konservierungsmitteln. Und nicht nur Hausbesitzer wissen, wie teuer Gerüstbau und Handwerkerstunden sind.

In der Bundesrepublik werden deshalb seit etwa 1960 neue Außenverkleidungen verwendet, von denen man erwartet, daß sie auf die Dauer weniger Unterhaltungskosten verursachen.

Zunächst versuchte man es mit Kacheln. Diese behielten zwar ihre klare Farbe bei, jedoch lösten sich in einigen Fällen schon nach wenigen Jahren große Flächen an der Sonnenseite aufgrund der Wärmeausdehnung. Aus Sicherheitsgründen mußten auch alle restlichen Kacheln abgeschlagen werden. Bei der Neuverkleidung ließ man daraufhin entsprechende Fugen.

Abgeplatzte Stellen an der Sonnenseite eines gekachelten Betonturmes

Neuverkleidung eines Turmes

*Alter Leuchtturm **Bülk**, mit neuen Platten umkleidet* ▸

Inzwischen hatte man weitere Materialien erprobt und gute Erfahrungen mit Kunststoff, Asbestzement und Aluminium gemacht. So wurden mehrere ältere Bauwerke, aber auch einige neue, zuvor gekachelte Türme von oben bis unten mit weißen und roten bzw. schwarzen Platten aus einem dieser Werkstoffe umkleidet.
Die Turmröhren aus glasfaserverstärktem Kunststoff (GFK) werden gleich bei der Herstellung rot/weiß eingefärbt.
Ganz dicht am Fahrwasserrand stehende Bauwerke werden bei Dunkelheit von außen angestrahlt. Bei der 1967 errichteten Molenbake **Travemünde** verwendete man versuchsweise Glasbausteine für eine Ausleuchtung von innen. Auf diese Weise ist sie nachts wohl gut sichbar, jedoch läßt sich der Abstand schwerer schätzen als bei einer Anstrahlung. Deshalb blieb es bisher bei diesem einen Versuch.
All diese Türme brauchen nicht mehr gestrichen, sondern nur noch ab und zu gereinigt zu werden.

*Molenbake **Travemünde** mit Glasbausteinen bei Tage . . .*

. . . bei Nacht

Wie teuer sind Leuchttürme?

Hier einige Beispiele mit ganz groben Preisangaben:

Jahr	Türme an Land	Höhe ca.	Kosten ca.	
1796	**Memel**	17 m	6000	Thaler
1859	**Swinemünde**	68 m	60000	Thaler
1879	**Borkum**, großer Leuchtturm	60 m	260000	Mark
1907	**Westerheversand**	40 m	220000	Mark
1968	**Wangerooge**	64 m	1700000	Deutsche Mark

	Türme im Meer	Höhe über Wasser	Höhe unter Wasser		
1885	**Roter Sand**	28 m	25 m	1 Mio.	Mark
1964	**Alte Weser**	38 m	23 m	9 Mio.	Deutsche Mark
1975	**Großer Vogelsand**	44 m	39 m	15 Mio.	Deutsche Mark

Der Pharos von Alexandria (283 v. Chr.) soll 800 Talente (= umgerechnet 6 Mio. DM) gekostet haben.

Leuchttürme mit Besichtigungsmöglichkeit

Leuchttürme waren von jeher, besonders für Badegäste, Attraktion oder Ausflugsziel. Früher durften die meisten besichtigt werden. Nach der in den letzten beiden Jahrzehnten erfolgten Automatisierung gibt es in der Bundesrepublik nur noch diese wenigen, die im Sommer, allerdings zu örtlich unterschiedlichen Zeiten, gegen eine geringe Gebühr zur Besichtigung freigegeben sind:

Eintrittskarte

Borkum, großer Leuchtturm
Campen/Unterems
Norderney
Wangerooge, alter Leuchtturm (mit Museum)
Neuwerk
Amrum
sowie **Lindau**/Bodensee
außerdem der Richtfunkturm Bremerhaven mit Aussichtsplattform in 65 m Höhe. Demnächst soll auch der alte Leuchtturm **Travemünde** zur Besichtigung freigegeben werden.

Im Ostteil Deutschlands sowie in den heute polnischen und sowjetischen, früher deutschen Gebieten sind die meisten Leuchttürme in militärische Bereiche einbezogen und dürfen nicht aus der Nähe betrachtet werden. Zur Besichtigung zeitweise freigegeben sind nur:

Warnemünde,
Rozewie (früher **Rixhöft**/Westpr.) mit Museum.

Die höchsten Leuchttürme

Der höchste ist eigentlich kein Leuchtturm, sondern das Appartement-Hotel »Maritim« in Travemünde. Da dieser Neubau den alten Leuchtturm verdeckte, montierte man die Laterne auf dem Dach des Hochhauses.

Leuchtturm	Baujahr	Höhe
1 **Travemünde** (Maritim)	1972/74	114 m
2 **Swinemünde**	1857/59	68 m
3 **Campen**/Unterems	1889/90	65 m
4 **Wangerooge,** neuer Turm	1966/67	64 m
5 Oberfeuer **Voslapp**	1961	61 m
6 **Borkum,** großer Leuchtturm	1879	60 m
zum Vergleich:		
7 **Travemünde,** alter verdeckter Leuchtturm	1539	31 m

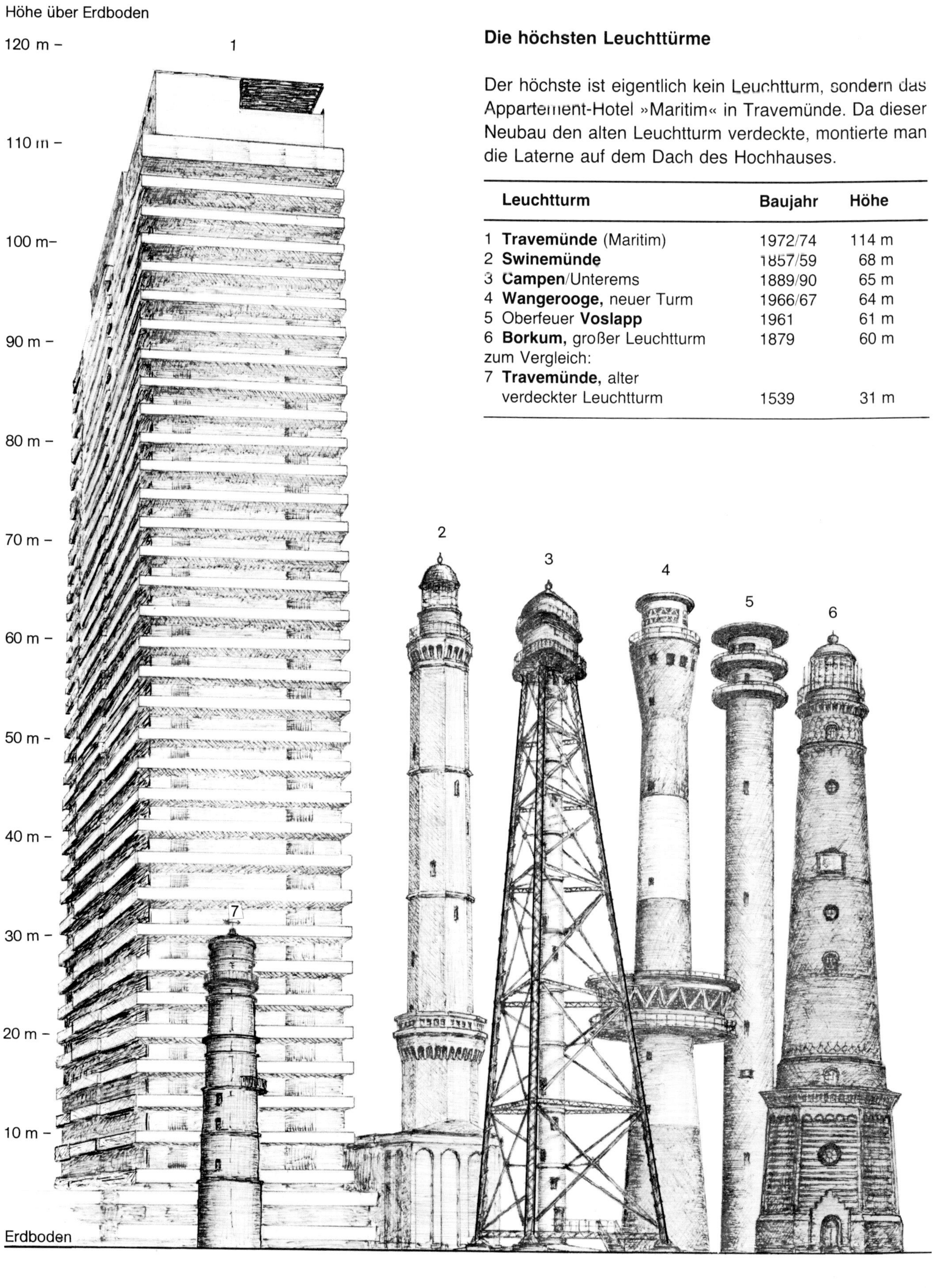

Auf Bodenerhebungen an der Küste, wie Dünen oder Kliffs, erzielt man bereits mit relativ niedrigen Türmen die gewünschte Feuerhöhe über dem Meeresspiegel.
Hier einige Beispiele:

Leuchttürme auf Bodenerhebungen

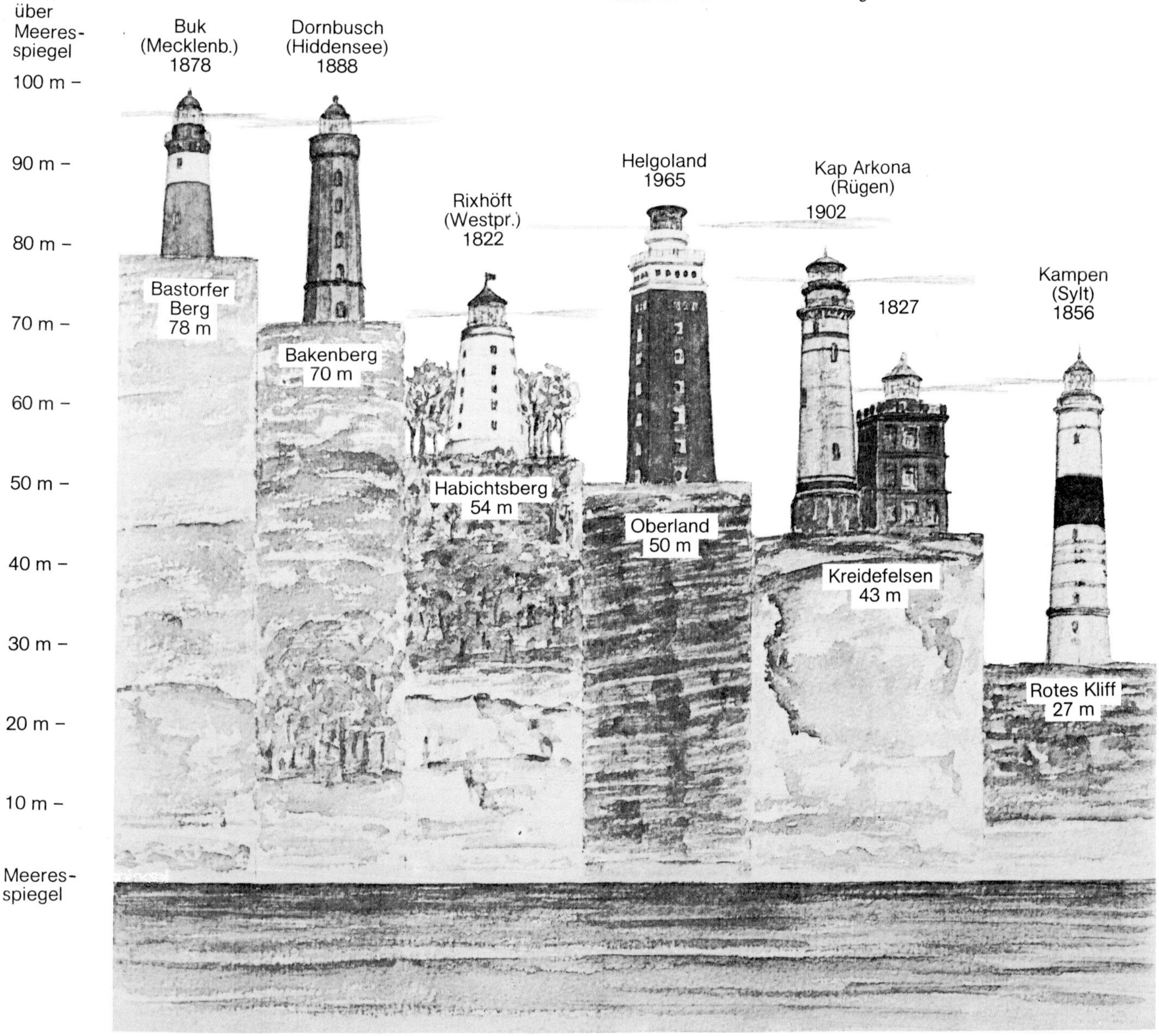

Die Lichtquellen

Von der Petroleumlampe bis zur elektrischen Glühbirne

Alle anfangs genannten Lichtquellen – Holzfeuer, Kerzenlaternen, Kohlenblüsen, Öllampen – genügten den wachsenden Anforderungen der Schiffahrt bald nicht mehr; denn wenn sie am nötigsten gebraucht wurden, nämlich bei Sturm, Regen, Schneefall, konnte man sich am wenigsten auf sie verlassen. So suchte man schon

Argandsche Lampe mit Glaszylinder

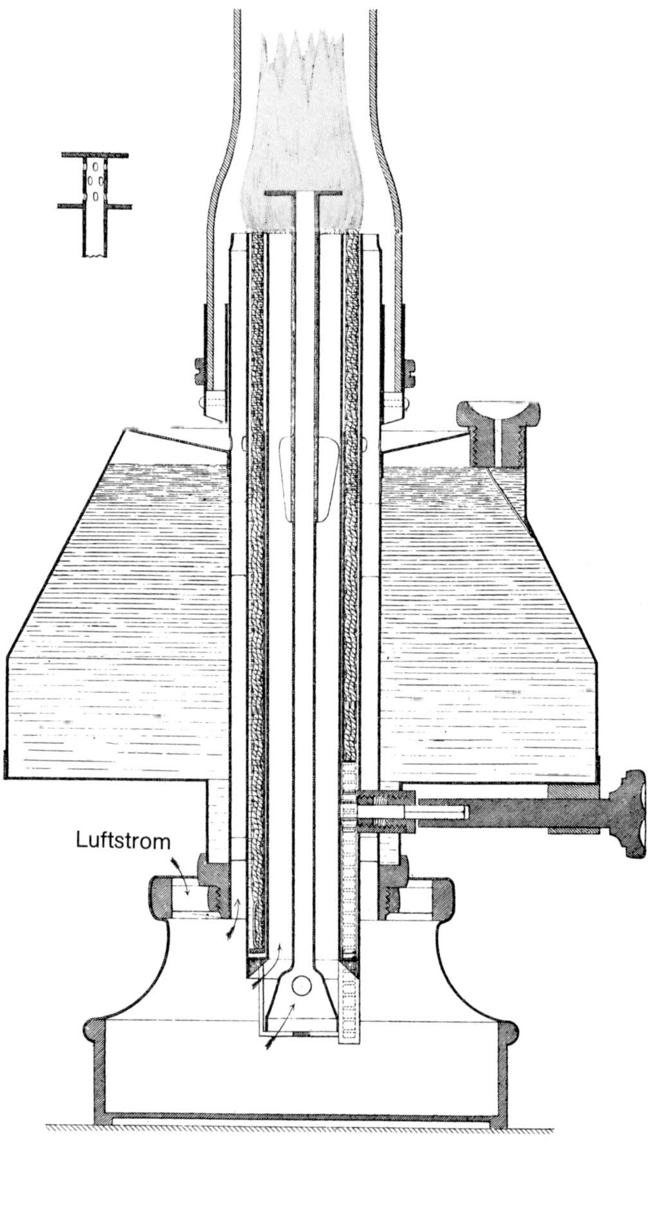

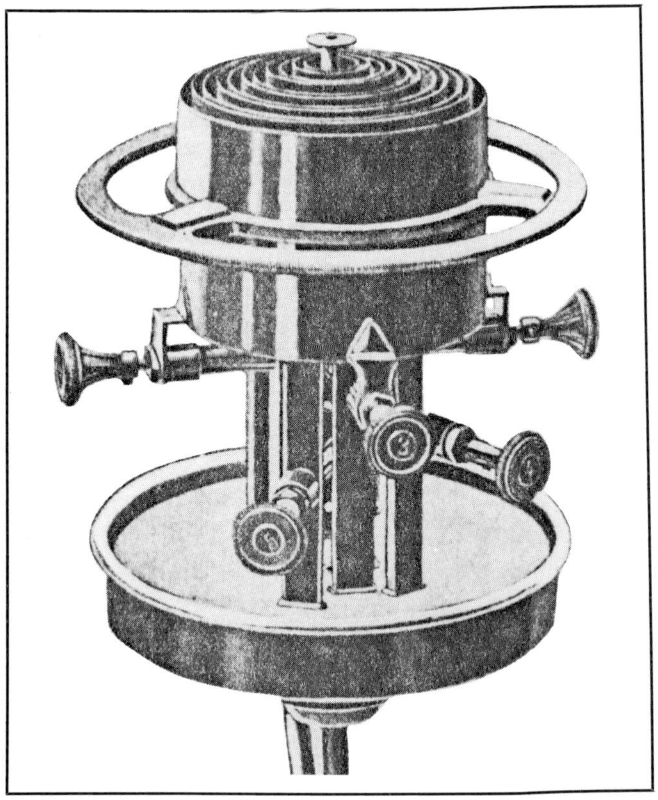

5dochtiger Brenner (Zylinder abgenommen), deutlich sichtbar die 5 Stellschrauben für die einzelnen Dochte

seit längerer Zeit nach besseren Lichtquellen zur Küstenbeleuchtung.

1782 gelang dem in Genf geborenen französischen Physiker Aimé Argand (1755–1803) eine damals für das ganze Beleuchtungswesen entscheidende Erfindung, die er sich 1784 patentieren ließ: die bis heute als Petroleumlampe bekannte Leuchte mit Hohldocht im Glaszylinder. Aufgrund ihrer doppelten Luftzufuhr, welche die Flamme sowohl von außen als auch von innen bestreicht, gibt sie helles, gleichmäßiges, rußfreies Licht.

Anfangs noch mit Rüböl, ab etwa 1870 mit dem billigeren Mineralöl gespeist, leitete diese Argandsche Lampe auch im Leuchtfeuerwesen ein neues Zeitalter ein. Ab etwa 1800, zunächst in einfachen, später in verbesserten Ausführungen mit bis zu sechs ineinandersteckenden Röhrendochten, bildete sie für fast ein Jahrhundert die günstigste Lichtquelle. Sie war die erste, die sich gut mit optischen Einrichtungen kombinieren ließ. Große Brenner verbrauchten allerdings über 1000 g Petroleum pro Stunde = ca. 4000 kg pro Jahr. Ihr Jahresverbrauch an Dochten lag bei 50 Metern. Um die Flammenhöhe konstant zu halten, mußten die einzelnen Dochte von Zeit zu Zeit nachgestellt werden.

Inzwischen war auch das Leuchtgas erfunden worden, und zwar – wie der Name sagt – eigentlich zur Beleuchtung. In einem Strahler mit vielen Flammen brannte es recht hell und sogar noch sauberer als Argands Lampe. Leider stand es zunächst nur in wenigen größeren Städten und Häfen zur Verfügung, nicht aber an einsamen Küsten. So kam es lediglich vereinzelt als Lichtquelle für Leuchtfeuer zur Verwendung. Den Anfang machte Danzig, das 1818 für zwei Leuchttürme in Neufahrwasser sogar extra eine kleine Gasanstalt errichten ließ.

Erheblich mehr Leuchteffekt erhält eine Gasflamme dadurch, daß man in ihr einen festen Körper stark erhitzt. Ab Anfang des 19. Jahrhunderts experimentierte man mit allen möglichen Stoffen, um solch ein Gasglühlicht zu erzeugen. Aber richtigen Erfolg hatte erst 1885 der kaum 27jährige Österreicher Carl Auer v. Welsbach (1858–1929) mit einem chemisch präparierten Seiden-Glühstrumpf, den er durch ein Gas/Luft-Gemisch zum hellen Leuchten brachte. Diese Erfindung war derartig bahnbrechend, daß schon wenige Jahre später Straßen und Häuser in der ganzen Welt durch Auersche Glühstrümpfe erleuchtet wurden, zumal sich alle Verbrennungsgasarten dafür eigneten.

Auch im Leuchtfeuerwesen fand diese Lichtquelle sehr bald Verwendung, weil sie wesentlich heller leuchtete als Dochtlampen und nachts keine weitere Bedienung erforderte. Bevorzugt wurde meist das Petroleumglühlicht,

Erster unbemannter Leuchtturm, errichtet 1880 auf der Nordermole in Pillau. Das Gas kam durch eine 1080 m lange Rohrleitung aus einem Behälter an Land.

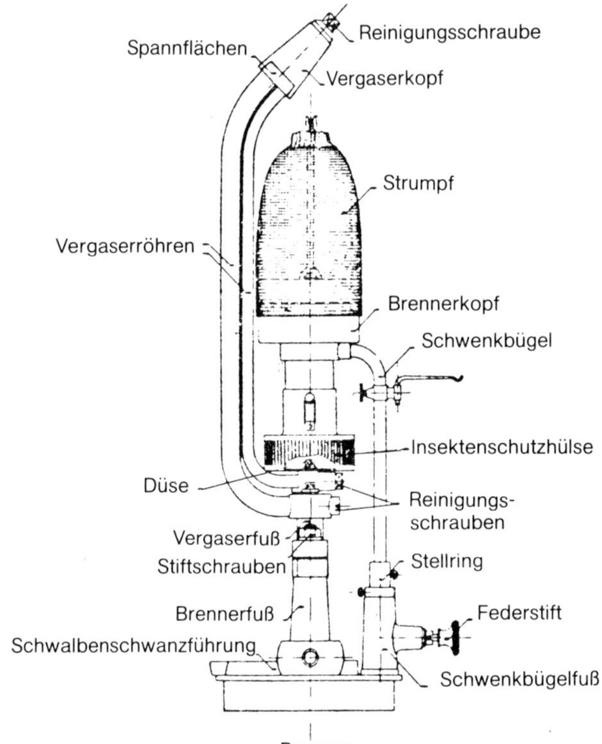

Brenner
1 : 5.

Glühlichtbrenner für Petroleum

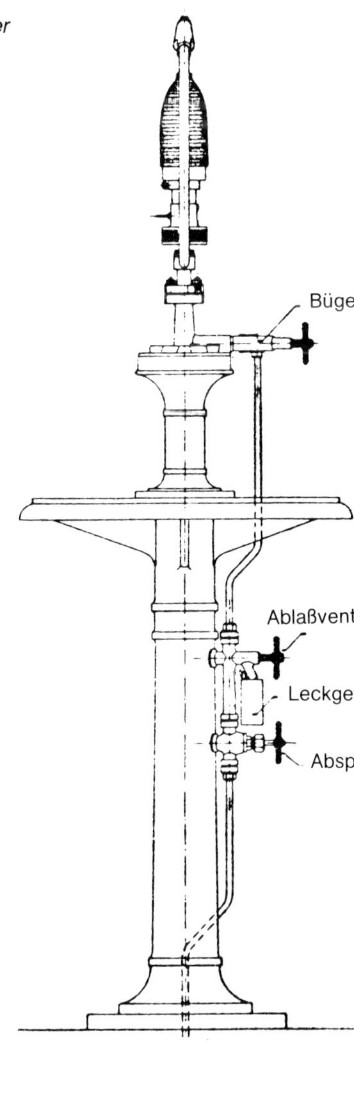

aber man verwendete auch andere Gaserzeuger, wie Spiritus, Karbid, Benzol, Acetylen usw. Die Glühstrümpfe für Leuchttürme hatten 3 bis 10 cm Durchmesser und bis zu 20 cm Höhe.
Schon zuvor hatte man entdeckt, daß sich Öl- oder Fettgas stark komprimieren, ja sogar verflüssigen und in Behältern transportieren läßt. So wurde es z.B. möglich, Eisenbahnwaggons mit Gasbeleuchtung auszustatten. Erfinder dieser Anlagen, die bald in die ganze Welt exportiert wurden, war der Berliner Julius Pintsch (1810–1884). Seine Versuche hatte er als Klempnergeselle in einer Kellerwerkstatt begonnen.
Im folgenden entwickelte er Leuchtbojen und Leuchtbaken, die einige Monate lang ohne jede menschliche Bedienung ständig brannten. 1880 wurde auf dem oft von Wellen überspülten Nordermolenkopf in **Pillau** der erste unbemannte kleine Leuchtturm errichtet. Zahlreiche weitere folgten an anderen schwer zugänglichen oder einsamen Stellen.
Typisch und auffallend bei all diesen kleinen Feuern sind die einheitlichen Laternen (wie auf Seite 18 rechts) und die kesselartigen Gasbehälter. Das Fettgas dafür wurde anfangs von der Eisenbahn bezogen. Bald konstruierte die Firma Pintsch auch Uhrwerke mit Selbstaufzug, die

Dieselmotor aus dem Jahre 1906 zum Antrieb des Generators, zu besichtigen in der Leuchtfeueranstalt ***Campen****/Unterems*

Elektrische Bogenlampe: Der Lichtbogen brannte zwischen den Spitzen der beiden sichtbaren Kohlenstäbe, die automatisch nachgeschoben wurden

über Tag das Gas bis auf eine kleine Zündflamme abstellten, so daß eine Füllung des Behälters nun noch einige Monate länger reichte.
Die Elektrizität – obwohl schon lange bekannt – trat mit brauchbaren Lichtquellen erst relativ spät in Erscheinung. Bevor zuverlässige und genügend lichtstarke Glühlampen für Leuchtfeuer zur Verfügung standen, verwendete man Lichtbogenlampen. Diese drei Leuchttürme machten um 1890 den Anfang: **Neufahrwasser, Campen**/Unterems und neuer Turm **Borkum**. Der nächtliche Betriebsstrom kam aus Akkumulatoren, die bei Tage in wenigen Stunden wieder aufgeladen wurden. Das hatte den Vorteil, daß die Lampe gleichmäßig brannte und nicht bei jeder Störung der kleinen örtlichen Stromerzeugungsanlage verlöschte; außerdem brauchten die Generatoren nicht die ganze Nacht über zu laufen.
Wie allgemein, so setzte sich auch im Leuchtfeuerwesen das elektrische Licht erst nach mehreren Jahrzehnten gegenüber dem störungsfrei arbeitenden Gas-Glühlicht durch.
Heute werden elektrische Leuchtfeuer aus dem öffentlichen Netz gespeist. Für die Türme im Meer ist dazu eine meist schwierige Kabelverlegung erforderlich. Aber nach wie vor traut man dem Netzstrom nicht so recht, weil er gerade in stürmischen Winternächten, in denen Leuchtfeuer unbedingt brennen müssen, ausfallen kann. Deshalb sind nunmehr größere Türme mit Notstromaggregaten, andere mit Notstrombatterien ausgerüstet, die bei Ausfall des Netzstromes einspringen.
An der Entwicklung elektrischer Lichtquellen beteiligten sich unzählige Erfinder. Von der Edison-Glühlampe 1879 bis zu heutigen Hochdruck-Entladungslampen war es ein

weiter Weg. Lichtausbeute und Brenndauer wurden enorm gesteigert.

In vielen Fällen mußten zunächst fußballgroße Glühstrumpf-Ersatzlampen eingesetzt werden, weil die Optiken für die Lichtmasse der vorher verwendeten Dochtlampen oder Glühstrümpfe berechnet waren.

Viele ältere Türme wurden – zum Teil mehrmals – auf modernere Lichtquellen umgerüstet. In manchem kleineren Turm diente allerdings noch lange ein mit Propangas betriebener Glühlichtbrenner als Reserve-Lichtquelle. Außerdem wird Propangas weiterhin in einigen Leuchtbaken, Revierfeuern und vielen Leuchtbojen verwendet. Es läßt dort nach wie vor den altvertrauten Glühstrumpf erstrahlen, der nunmehr allerdings meist mit modernen Zünd- und Regeleinrichtungen gekoppelt ist.

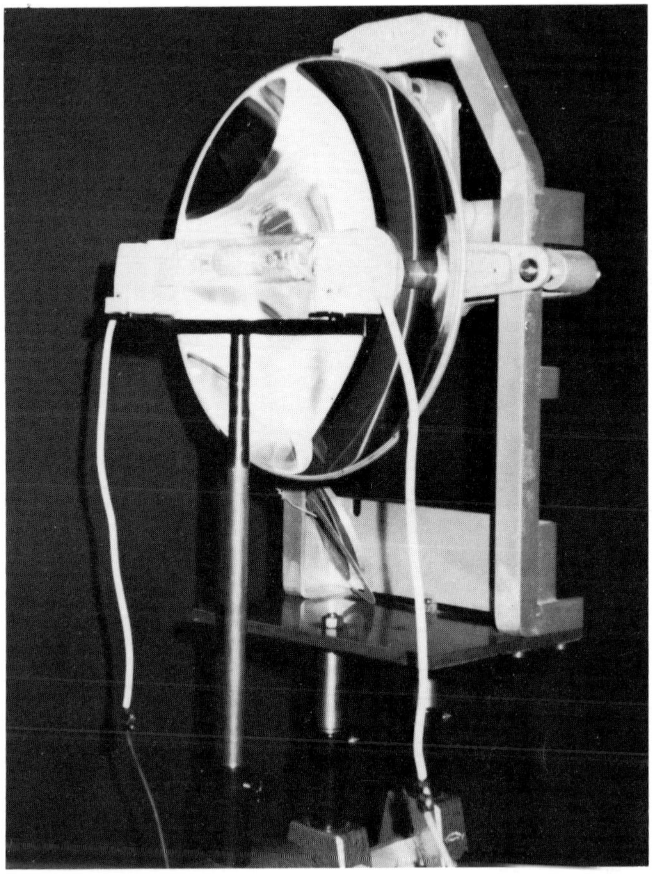

Kleinste und hellste elektrische Lichtquelle für moderne Optiken: Metallhalogen-Hochdruckentladungslampe, Brenndauer 3000 bis 4000 Betriebsstunden

Fußballgroße elektrische Glühstrumpf-Ersatzlampen für ältere Optiken, 2000 Watt

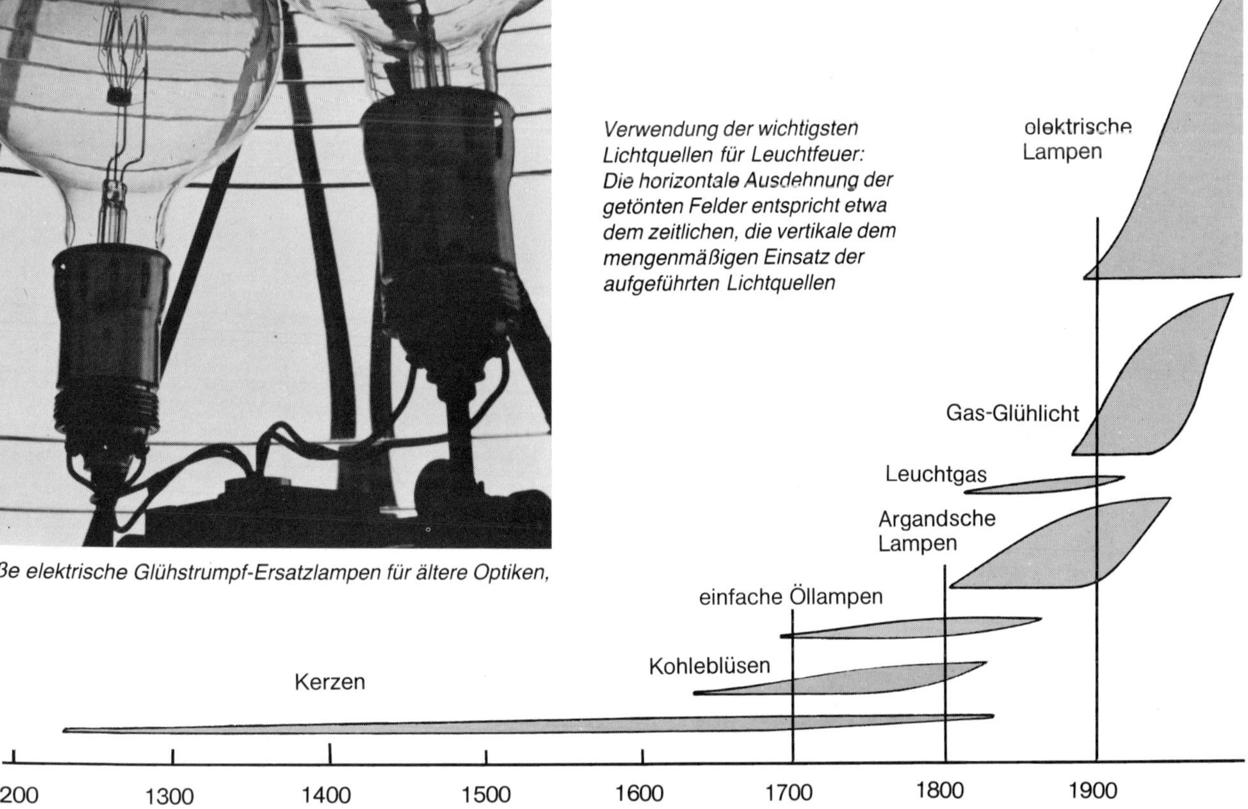

Verwendung der wichtigsten Lichtquellen für Leuchtfeuer: Die horizontale Ausdehnung der getönten Felder entspricht etwa dem zeitlichen, die vertikale dem mengenmäßigen Einsatz der aufgeführten Lichtquellen

Erster Hohlspiegel, zusammengesetzt aus lauter ebenen Einzelspiegeln

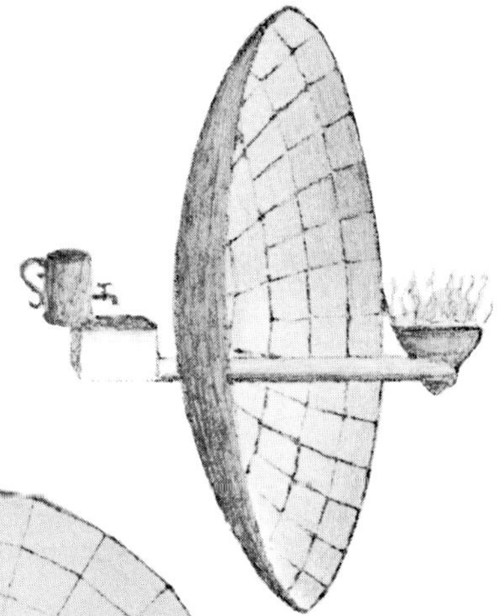

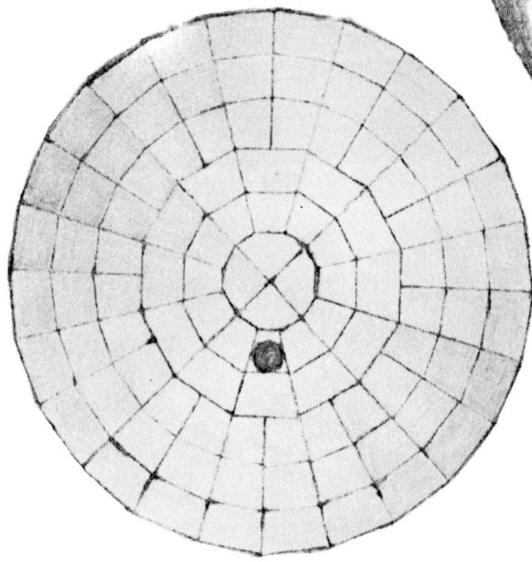

Die Optiken

Vom Parabolspiegel bis zur Lichtkanone

Unbeeinflußt strahlt jedes Licht nach allen Seiten kugelförmig aus und nimmt mit dem Quadrat der Entfernung an Sichtbarkeit ab. Feuer für die Schiffahrt brauchen jedoch lediglich in horizontaler Ebene, davon sogar oft nur in einem begrenzten Sektor sichtbar zu sein. Alles übrige und damit das weitaus meiste Licht verstrahlt also umsonst. Auch für andere Zwecke suchten Erfinder schon früh nach Möglichkeiten, das Licht zu bündeln und in eine bestimmte Richtung zu lenken.
Um 1700 experimentierte man erstmalig mit Hohlspiegeln. Da gekrümmte Glasspiegel noch nicht hergestellt werden konnten, wurde die Spiegelfläche aus lauter kleinen ebenen Einzelspiegeln zusammengesetzt, oder es wurden Spiegel aus poliertem Blech verwendet.

Kombination von Parabolspiegel und Argandlampe

Strahlenverlauf bei einem Parabolspiegel mit Lichtquelle im Brennpunkt

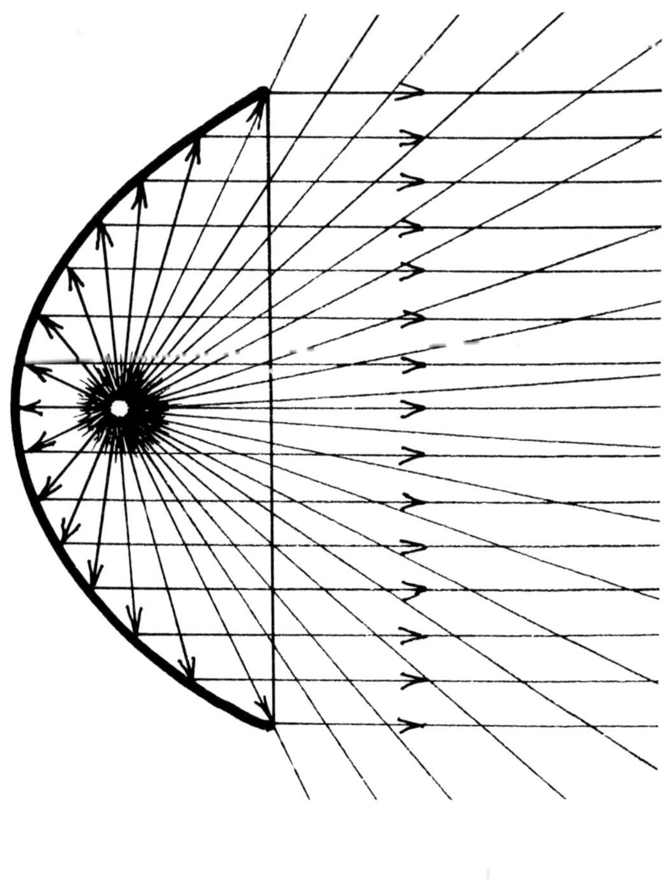

1765 erkannte der erst 18jährige Franzose Lavoisier, daß ein Hohlspiegel in Parabolform mit einer Lichtquelle im Brennpunkt die nach innen fallenden Strahlen parallel in eine Richtung reflektiert. Der Spiegelscheinwerfer – wie heute noch in jeder Fahrradlampe – war erfunden. Die damit erzielbare Lichtkonzentration auf einen kleinen Winkel nutzte man bald auch für Leuchtfeuer aus, insbesondere seit die Argandsche Lampe als Lichtquelle zur Verfügung stand.

Die Herstellung der Parabole war zunächst recht schwierig. Sie wurden aus Kupfer getrieben und an der Innenfläche versilbert, vereinzelt sogar vergoldet, damit sie gut spiegelten. Oben ließ man eine Öffnung für den Glaszylinder der Argandlampe.

Die Kombination von Parabolspiegel und Lichtquelle wurde Reverbere genannt. Um den ganzen Horizont bzw. den gewünschten Sektor auszuleuchten, mußte man allerdings zahlreiche Reverberen kreisbogenförmig nebeneinander aufstellen, bei ungenügender Plattformgröße sogar in zwei oder drei Etagen.

Diese Hohlspiegel-Anlagen waren trotz der vielen Lampen billiger in der Unterhaltung und zumeist auch weitreichender als die bisher gebräuchlichen Kohleblüsen. Sie stellten für mehrere Jahrzehnte die optimale Lösung dar, zumal sowohl Brenner als auch Spiegel im Laufe der Zeit immer weiter verbessert wurden. Alle bestehenden Seefeuer wurden auf Reverberen umgerüstet, Neubauten damit ausgerüstet. Der erste Turm war **Memel** 1796, der letzte **Bremerhaven** 1855.

Sparsamer im Verbrauch waren Anlagen mit nur relativ wenigen Reverberen auf einer langsam rotierenden Plattform. Das ergab eine Art Blinkfeuer mit auf- und abschwellendem Licht, erstmalig 1827 auf dem Leuchtturm **Hela** angewendet.

Anfänglich waren Laternen mit Parabol-Scheinwerfern vornehmlich in England und Frankreich entwickelt und auch von dort bezogen worden – bis der deutsche Mechanikus Johann Georg Repsold (1770–1830) begann, sie im Eigenbau herzustellen. Seine Laternen waren bald billiger und besser als die ausländischen. Dabei betrieb er die Herstellung optischer Geräte gewissermaßen nur als Hobby, denn er war eigentlich Spritzenmeister in Hamburg, wo er auch bei einem Brand ums Leben kam. Die Hamburger setzten ihm 1837 sogar ein Denkmal, weil er maßgeblich zum Aufbau ihrer Sternwarte beigetragen hatte.

Von nun an trugen alle größeren Leuchttürme die typische verglaste Laterne, wie wir sie noch heute kennen. Da senkrechte Verbindungsstreben zwischen den einzelnen Glasscheiben das Licht in ihrer Richtung etwas verdecken, ordnet man sie gelegentlich versetzt, neuerdings grundsätzlich schräge an. Damit sich kein Schnee festsetzen kann, werden die Scheiben erforderlichenfalls etwas nach unten geneigt oder wie Auto-Heckscheiben beheizt. Alle nicht verglasten Innenflächen der Laterne sind mattschwarz gestrichen, um unerwünschte Reflexe zu vermeiden.

Der Raum unter der Laterne diente den damaligen Wärtern zum Aufenthalt während der Nacht. Meist war er mit Betten oder Kojen ausgestattet. Ein Ofen spendete im Winter die nötige Wärme. Das Ofenrohr führte durch den Laternenraum hindurch, um ihn zusätzlich zu erwärmen. Denn nur bei genügender Temperatur blieb das Öl für die Leuchten flüssig und die Verglasung eisfrei.

Das Parabolspiegel-Prinzip wurde noch auf eine andere Art angewendet, beim sog. Sideral-Apparat, erfunden um 1800 von dem Franzosen Bordier-Marcet. Dieser Apparat bestand aus je einem oberen und einem unteren spiegelnden Teller, deren Querschnitte zusammen zwei sich etwas überschneidende Parabeln ergaben. Eine im

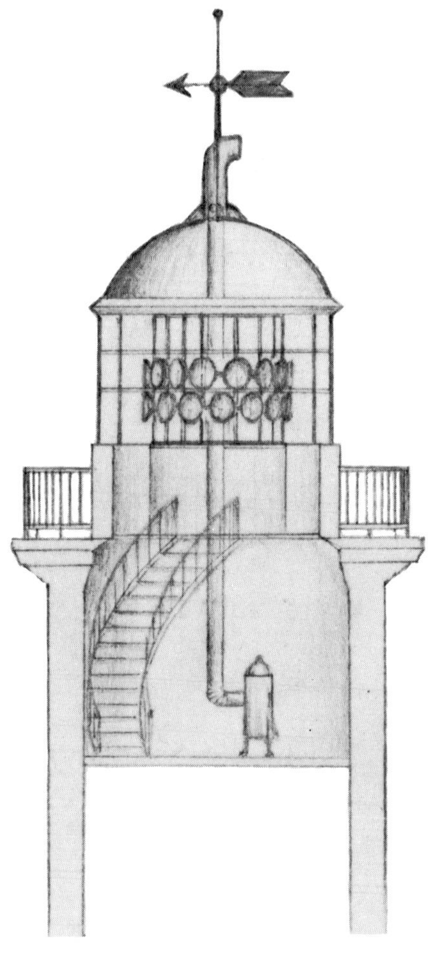

Leuchtturmspitze zu Anfang des 19. Jahrhunderts: Anordnung der Reverberen in 2 Etagen, unter der Laterne Wärterraum mit Ofen

gemeinsamen Brennpunkt befindliche Lichtquelle verteilte das Licht gleichmäßig rundum mit Konzentration auf die Horizontale. Die größten Sideral-Apparate hatten einen Durchmesser von ca. 80 cm und eine Tiefe von ca. 40 cm. Ihre Tragweite blieb jedoch hinter der der Reverberen erheblich zurück. Deshalb wurden sie mit zwei Ausnahmen (**Greifswalder Oie** 1832–1855 und **Warnemünde** 1836–1898) nur für Hafen- und Molenfeuer verwendet.

Bei den bisher beschriebenen Opitken handelte es sich ausschließlich um katoptrische oder Spiegelsysteme. Dioptrische oder lichtbrechende Glassysteme waren zwar schon bekannt und z. B. bei Teleskopen auch angewendet, aber ansonsten noch ziemlich unerforscht.

Die für Leuchtfeuer wichtigste Erfindung gelang 1820 dem französischen Physiker Augustin Jean Fresnel (1788–1827) mit seiner Gürtellinse. Sie besteht aus mehreren um eine Lichtquelle angeordneten Linsenringen, die das auftreffende Licht in horizontale Richtung lenken. So entsteht eine waagerechte Lichtscheibe, vergleichbar dem Saturnring mit erweiterter Ebene. Das Prinzip ist bis heute unverändert geblieben, selbst jede moderne Positionslaterne ist danach gefertigt. Bei größeren Ausführungen für Leuchtfeuer wird auch noch das nach oben und unten vorbeistrahlende Licht durch Spiegeleinrichtungen in die Horizontale umgelenkt.

Fresnels Prinzip zu Verringerung der Linsen-Glasmasse: Das um den Brennpunkt horizontal gedrehte Profil ergibt die Gürtellinse

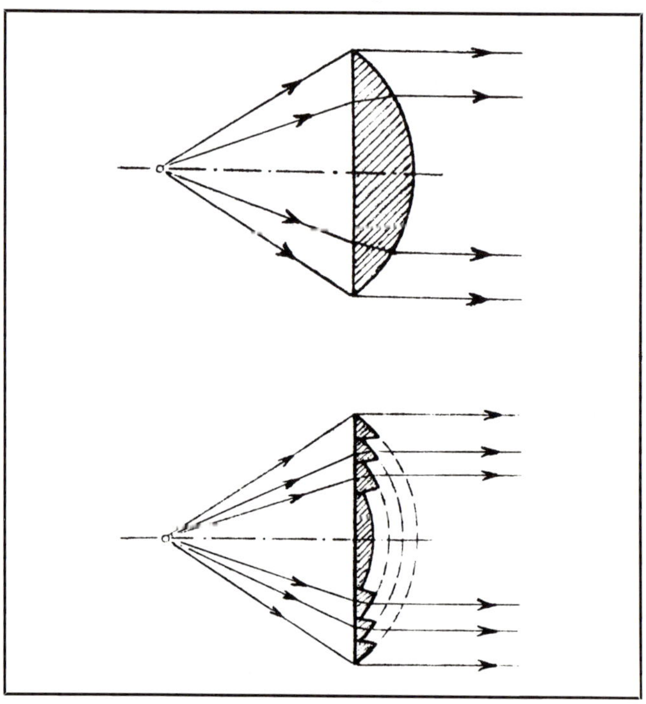

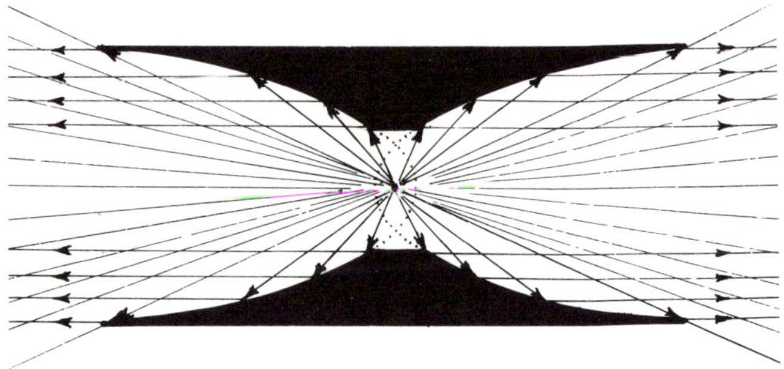

Lichtstrahlenverlauf in einem Sideral-Apparat

Anfänglich konnte man allerdings noch keine gekrümmten, geschweige denn ringförmigen Linsen und Prismen herstellen. Deshalb wurden die Glasringe bei den ersten Fresnelschen Apparaten aus vielen graden Einzelteilen zusammengesetzt.
Im Gegensatz zu den Parabolfeuern wird nur eine einzige, allerdings stärkere Lichtquelle benötigt. Die Lichtausbeute, die bei einem Parabolspiegel aufgrund der Fehlstreuung nur ca. 20 % beträgt, erreicht hier etwa 80 %, ist also kaum noch zu übertreffen.
So erwiesen sich diese bienenkorbförmigen Fresnelschen Apparate den bisher gebräuchlichen Parabolspiegel-Anlagen als derart überlegen, daß sie allmählich das Leuchtfeuerwesen der ganzen Welt revolutionierten. Von französischen Firmen, die sich auf die schwierige Herstellung spezialisierten, wurden sie ab 1826 in sechs,

Gürtellinse als Positionslaterne

später in sieben Größenordnungen an mehr und mehr Staaten exportiert. Auch in Deutschland wurde ein

Verbesserter Fresnelscher Apparat: Der Mittelteil ist die eigentliche Gürtellinse, darüber und darunter Prismenringe, die auch das oben und unten vorbeistrahlende Licht in die Horizontale lenken

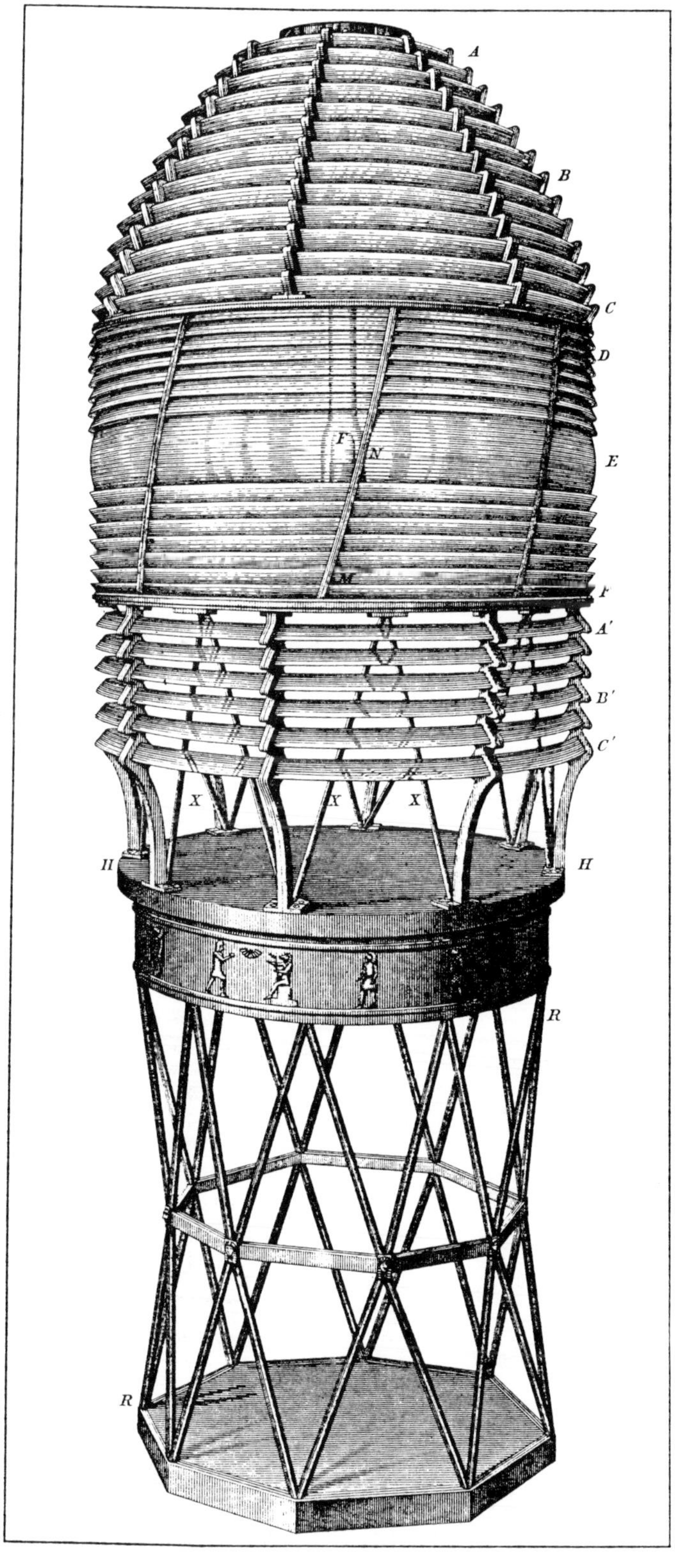

Leuchtturm nach dem andern damit ausgerüstet, als erster kleinerer 1843 der neue eiserne Molenleuchtturm **Neufahrwasser,** als erster größerer 1846 **Brüsterort**. Mehrere Exemplare mußte Frankreich nach dem Krieg 1870/71 als Reparation an das neue Deutsche Reich liefern. Allmählich übernahmen aber auch einheimische Betriebe die Herstellung, vor allem die Firma Wilhelm Weule in Goslar.

1900 gab es in Deutschland bereits fast 100 solcher Linsenapparate. Die größten wurden auf den Leuchttür-

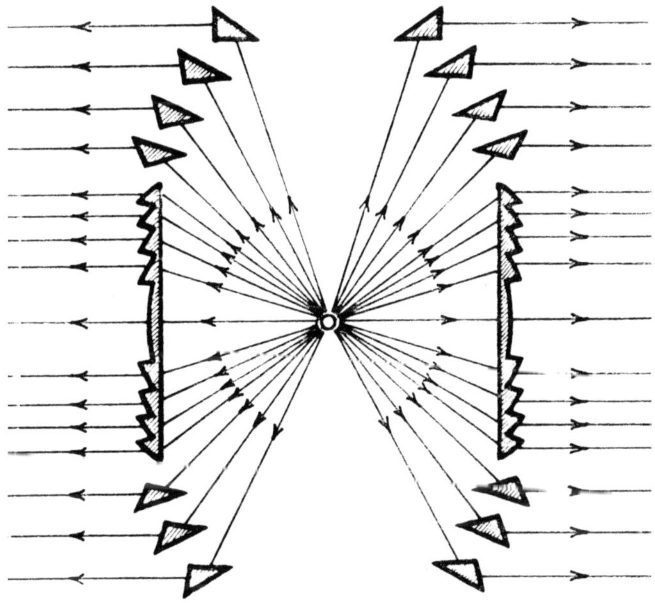

Verlauf der Lichtstrahlen

men einiger Nordseeinseln sowie an der langen Ostseeküste von Mecklenburg bis Ostpreußen installiert. Sie haben eine Brennweite von 92 cm, also einen Durchmesser von etwa zwei Metern. Sorgfältig aus über 1000 handgeschliffenen Linsen und Prismen zusammengesetzt, und zwar teils mit durchsichtigem Kanadabalsam gekittet, teils mit Messingeinfassungen zusammengehalten, beträgt ihr Gewicht über 4 t. Sie kosteten vor 100 Jahren schon etwa 60000 Mark. Heute wären diese Kunstwerke kaum noch zu bezahlen. Zum Glück kommt man jetzt aufgrund stärkerer Lichtquellen mit kleineren Optiken aus, die in modernen Glashütten einfacher und schneller hergestellt werden als damals.

Fast alle Leuchtfeuer-Optiken sind nach besonderen oder örtlichen Erfordernissen konstruiert. Soll z. B. nur die Seeseite ausgeleuchtet werden, so spart man die ganze Glasapparatur zur Landseite hin aus. Um möglichst viel Licht nutzbar zu machen, reflektiert man es im Dunkelsektor durch Spiegeleinrichtungen auf den zu beleuchtenden Winkel.

Denkt man sich Fresnels Linsenprofil um eine waagerechte Achse gedreht, so ergeben sich senkrecht stehende Ringe. Um den gemeinsamen Brennpunkt mit der Lichtquelle angeordnet, strahlen diese Ringe das Licht in ihrer Richtung aus. Läßt man das Gebilde rotieren, entsteht Blinkfeuer. Drehfeuer unterschiedlichster Art baute man schon in der zweiten Hälfte des vorigen Jahrhunderts auf zahlreichen Leuchttürmen ein. Eine Umdrehung der schwersten Apparate dauerte bis zu 12 Min.
Aber die Forschung ruhte nicht. Aufgrund der Forderung nach immer größerer Tragweite wurden zahlreiche Experimente durchgeführt, insbesondere nach Erfindung der elektrischen Lichtbogenlampe mit ihrer enormen Helligkeit. Man kombinierte alle möglichen optischen, elektrischen und mechanischen Systeme. Nachdem 1885 Johann Siegmund Schuckert (1846–1895) eine Schleifmaschine für Glasparabole erfunden hatte, erlebte der Parabolscheinwerfer eine Renaissance. Für die Marine entwickelte Scheinwerfer mit einer Lichtbogenlampe im Brennpunkt eines Glasparabolspiegels erzielten ungeahnte Reichweiten.
Auch im Leuchtfeuerwesen nutzte man diese Erfahrung. Wenn man einen Scheinwerfer um eine senkrechte Achse dreht, wandert sein Lichtfinger am Horizont entlang und wirkt auf den Beobachter wie ein Blink oder Blitz, je nach der Drehgeschwindigkeit.
Ein Musterbeispiel mit extremer Tragweite sollte das 1902 einzurichtende Schnellblitzfeuer **Helgoland** werden. Drei besonders konstruierte Parabolscheinwerfer, um 120 Grad versetzt, sowie ein weiterer darüber als Reserve wurden auf einer Plattform montiert. Die ganze Apparatur ließ man so rotieren, daß Lichtblitze von $\frac{1}{10}$ Sek. entstanden. Diese waren tatsächlich derartig intensiv, daß man das Feuer seinerzeit als das stärkste in Deutschland rühmen konnte. Die Stromstärke dieser Einrichtung betrug über 100 A.
Vereinzelt werden auch heute Parabolspiegel-Drehfeuer gebaut, nur kleiner und mit modernen Lampen als Lichtquelle. Doch im allgemeinen kehrte man für Blitzfeuer schnell wieder zum Fresnelschen Prinzip der senkrechtstehenden Linsenringe zurück. Heutige Scheinwerferlinsen erzeugen einen ganz spitzen Lichtkegel, weit konzentrierter noch als beim Parabolscheinwerfer.
Eine kleine Streuung – übrigens bei allen Optiken – kommt dadurch zustande, daß jede Lichtquelle eine gewisse Ausdehnung, die sog. Lichtmassengröße,

Blick von innen durch die Prismen einer Optik mit 16 Strahlenfeldern

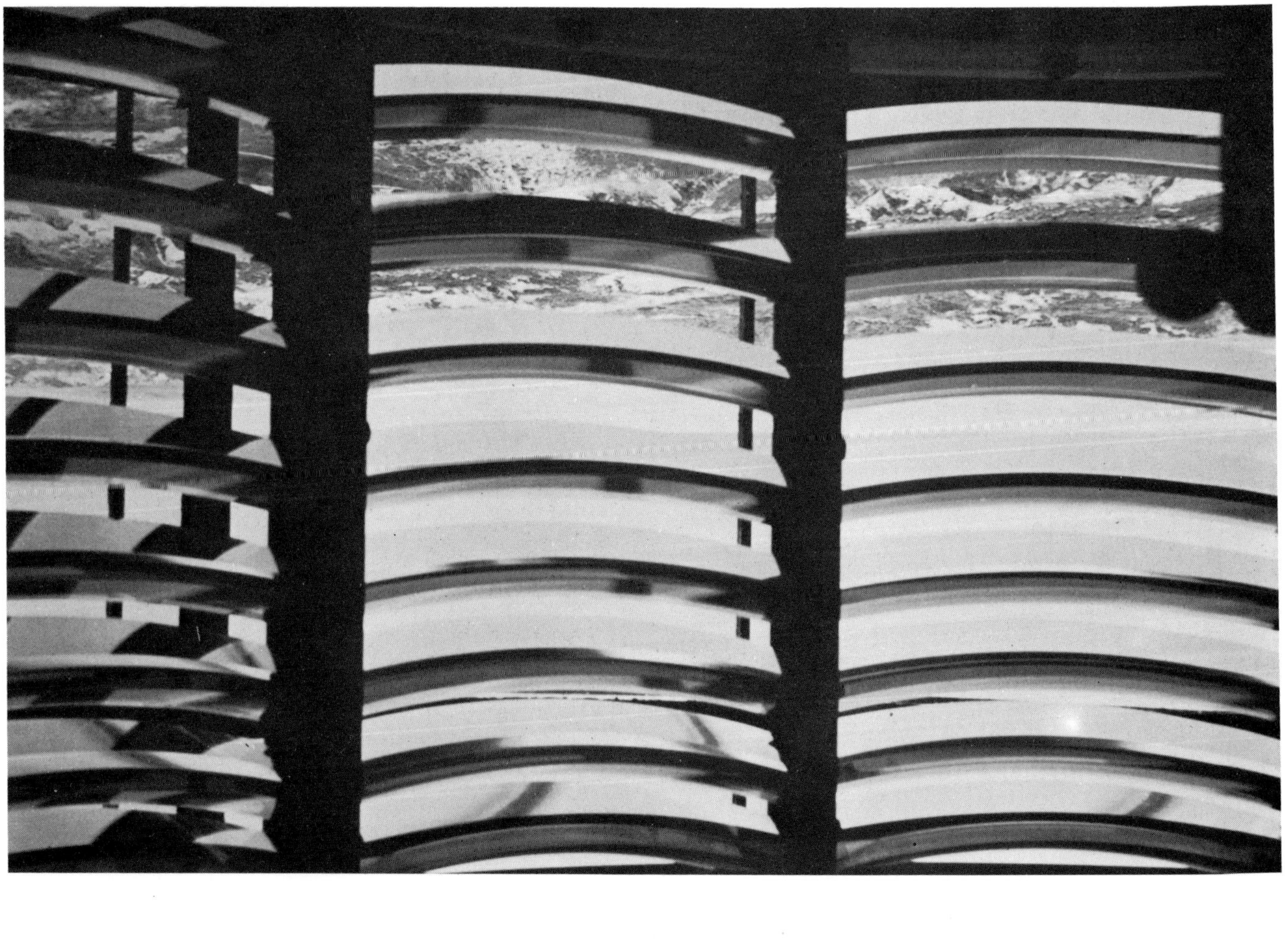

besitzt. Erforderlichenfalls wurden aber noch besondere Zerstreuerlinsen vorgesetzt. Moderne Blitzfeueranlagen haben meist drei oder vier versetzt angeordnete Scheinwerferlinsen, die sich um die im gemeinsamen Brennpunkt befindliche feststehende Lichtquelle drehen.
Im Laufe der Zeit wurden zahlreiche weitere Verbesserungen und Neuerungen ausgeklügelt. Als eine der letz-

Größter Typ eines Fresnelschen Apparates, hier als Drehfeuer mit 8 Strahlenfelder (1870)

*Parabolscheinwerfer mit Lichtbogenlampen, auf Drehtisch montiert (Schnellblitzfeuer **Helgoland** 1902)*

*Scheinwerferlinse mit 60 cm Durchmesser; 3 Exemplare sind drehbar um eine Xenon-Hochdrucklampe angeordnet (Schnellblitzfeuer **Helgoland** 1965)*

ten entwickelte das Seezeichenversuchsfeld – eine Zentralbehörde des Bundesverkehrsministeriums für das Schiffahrtszeichenwesen – eine sog. Lichtkanone. Diese arbeitet nach dem Kino-Projektionsverfahren und eignet sich mit ihrem scharf begrenzten Strahl von höchster Lichtstärke hervorragend als Präzisionssektorfeuer. Lichtstrahlenverlauf und Funktionsweise sind auf Seite 49 ersichtlich.

Welche enormen durchschnittlichen Tragweiten mit neuzeitlichen optischen Systemen gegenüber früheren Leuchtfeuern erzielt werden, geht aus nachstehender Graphik hervor. Als Tragweite wird die äußerste Entfernung bezeichnet, auf die ein Licht bei normalen Sichtverhältnissen gerade noch mit bloßem Auge zu erkennen ist. Aufgrund der subjektiven Beurteilung und uneinheitlicher Überlieferung können die Entfernungsangaben für frühere Leuchtfeuer allerdings nur grob sein. Inzwischen hat man international den Begriff »Nenntragweite« für die Tragweite bei einem bestimmten Sichtwert eingeführt. Bei besserer Sicht ist die Tragweite größer, bei schlechterer Sicht geringer.

Natürlich darf die grade Linie von der Lichtquelle bis zum Beobachterauge – genannt geographische Sichtweite – nicht durch die Erdkrümmung unterbrochen sein. Hierbei spielt sowohl die Höhe des Feuers (Lichtpunkthöhe oder Feuerhöhe) als auch die Höhe des Beobachterauges über dem Meeresspiegel eine Rolle. So sind niedrige Feuer nicht weit zu sehen. Bei sehr großen Feuerhöhen, z.B. durch hohe Leuchttürme auf Bodenerhebungen, würde dagegen wohl eine erhebliche theoretische Sichtweite erzielt, es bestünde aber die Gefahr, daß das Feuer bei kurzer Distanz über den Beobachter hinwegstrahlt oder daß es von Wolken verdeckt wird. Andererseits kann auch die Tragweite begrenzt bleiben, denn höher als 25 m über dem Wasserspiegel ist selbst auf den größten heutigen Superschiffen kaum eine Brücke mit dem Beobachter. Feuerhöhe und Tragweite sollten daher in vernünftiger Relation zueinander stehen.

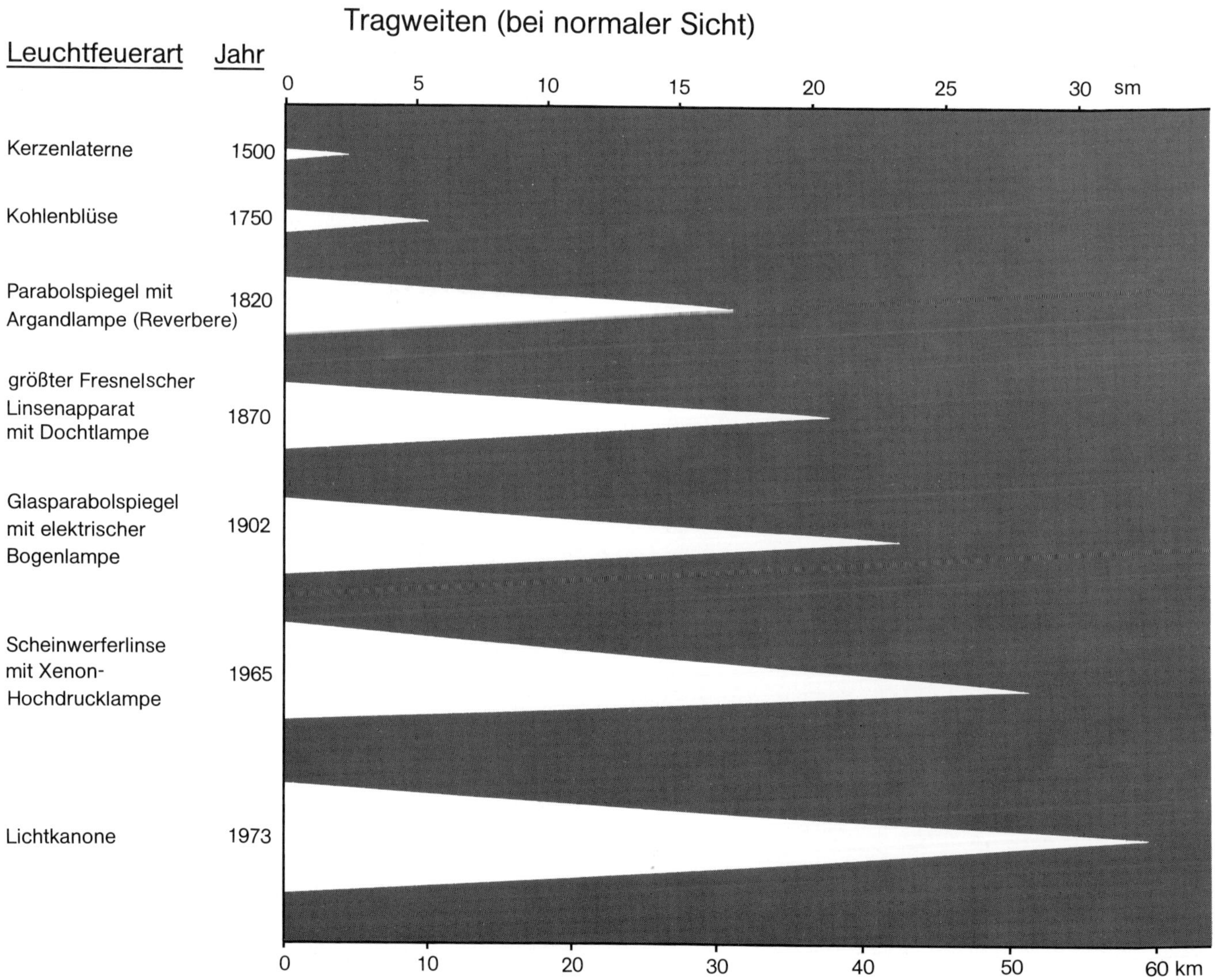

Die nächtlichen Wegweiser

Vom Festfeuer bis zum Leitfeuer

Die ersten Leuchtfeuer strahlten ihr Licht gleichmäßig und ununterbrochen aus. Man würde sie heute als »feste Feuer« bezeichnen. Sie standen auch so weit voneinander entfernt, daß Verwechslungen ausgeschlossen waren. Als diese Gefahr mit zunehmender Verdichtung des Leuchtfeuernetzes aufkam, suchte man nach Möglichkeiten zur Unterscheidung.

Im 18. Jahrhundert gab es erste Versuche in dieser Richtung, indem man Zwillingsfeuer – zwei Kohleblüsen nebeneinander – betrieb oder zwei Lampen übereinander hängte. Im 19. Jahrhundert wurden Blinkfeueranlagen mit auf- und abschwellendem Licht eingerichtet. Das waren zunächst die erwähnten Parabolscheinwerfer auf Drehtischen, sodann die ersten, noch aus graden Linsen- und Prismenstücken zusammengesetzten rotierenden Fresnelschen Apparate und später die Drehfeuer mit Strahlenfeldern.

Für eine echte Individualisierung jedes einzelnen Feuers durch unverwechselbare, periodisch wiederkehrende Lichterscheinungen (Charakteristiken oder Kennungen, ähnlich den Morsezeichen) mußte die Lichtquelle jedoch zeitlich exakter abgedunkelt und wieder freigegeben werden. Dies wurde ab etwa 1830 durch Dreh- oder Umlaufblenden ermöglicht, 50 Jahre später auch durch rotierende Prismenstäbe, die das Licht nicht verlorengehen lassen, sondern seitlich ablenken. Beide Arten gibt es nach wie vor.

Zum kurzfristigen Auf- und Abblenden verwendet man sog. Otterblenden; das sind senkrechtstehende, jalousieartige Lamellen, 1876 von dem Schweden v. Otter erfun-

Otterblenden vor einer Scheinwerferlinse ▸

Drehblendeneinrichtung auf dem Prüfstand (um 1900)

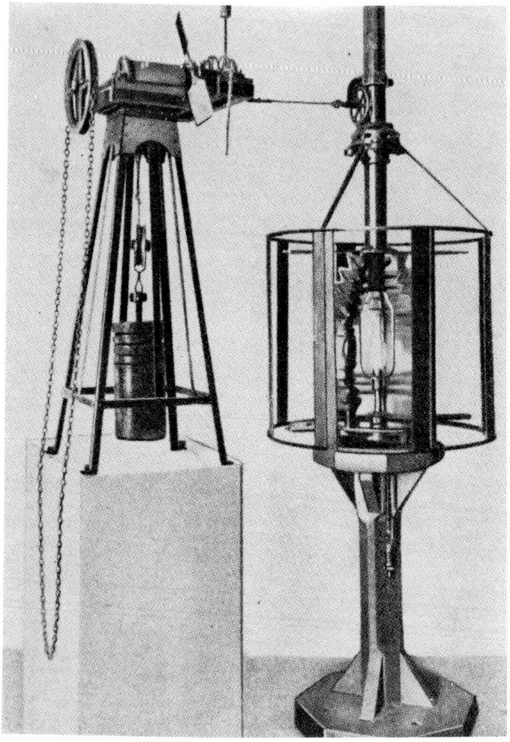

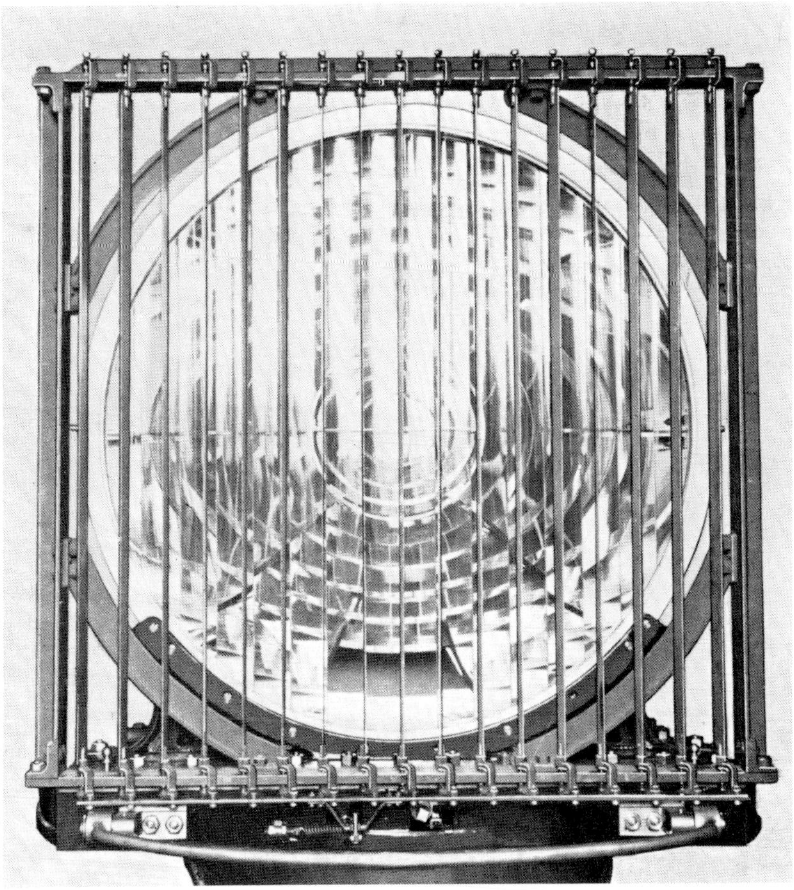

den. Sie sind gruppenweise verbunden und werden durch eine Mechanik im vorgesehenen Rhythmus auf- und zugeklappt.

Bei kleineren Feuern benutzte man ab etwa 1890 für mehrere Jahrzehnte auch Überzylinder aus Metall, die taktmäßig über die Dochtlampe gestülpt wurden.

Eine besonders originelle Blendeneinrichtung bestand aus Blechflügeln, die sich wie bei einer Windmühle drehten und die Lichtquelle zeitweise verdunkelten.

All diese taktmäßigen Vorgänge und Rotationsbewegungen von Blenden und Drehfeuern wurden jeweils durch ein großes Uhrwerk mit Regulator, ähnlich dem einer Turmuhr, bewirkt. Als Antrieb diente ein zentnerschweres Gewicht, das dabei langsam in einem besonderen Schacht, meist mitten im Turm, absackte. Es mußte vom Leuchtturmwärter am Tage wieder hochgekurbelt werden.

Im Zeitalter der relativ langsam fahrenden Segelschiffe glaubte man, daß zur Erkennung und zum Einpeilen eines Feuers Lichterscheinungen von mindestens fünf Sek. Dauer erforderlich seien. Deshalb setzte man die Charakteristiken aus langen Lichterscheinungen zusammen. Ein Ablauf mit anschließender Pause dauerte bis zu 4 Min. Bald wurde jedoch wissenschaftlich festgestellt, daß Lichtblitze von 1/10 Sek. genügen, wenn sie schnell genug aufeinander folgen.

Seit Aufkommen der Dampfschiffahrt mit immer höheren Geschwindigkeiten forderten Kapitäne und Navigatoren verständlicherweise rasch erkennbare Leuchtfeuer. Außerdem sollten diese sich klarer von dem ständig wachsenden Lichtermeer an Häfen und Küsten unterscheiden. Ab etwa 1900 stattete man daher neue Leuchttürme mit Optiken für kürzere, dafür aber hellere Lichterscheinungen, so auch mit den damals am weitesten sichtbaren Blitzfeuern aus.

Bei einigen vorhandenen Leuchttürmen wurde das Problem dadurch gelöst, daß man Umlaufblenden und Drehlinsen nach entsprechenden technischen Veränderungen schneller rotieren ließ. So wurden die Ablaufzeiten der Charakteristiken z. T. erheblich verkürzt.

Drehmaschine für schwere Optik (1875)

Turm mit Drehfeuer. Die Drehmaschine befindet sich unter dem Rollenlager in dem Kasten mit Kurbel. Deutlich ist auch das im Turmschacht hängende Antriebsgewicht erkennbar.

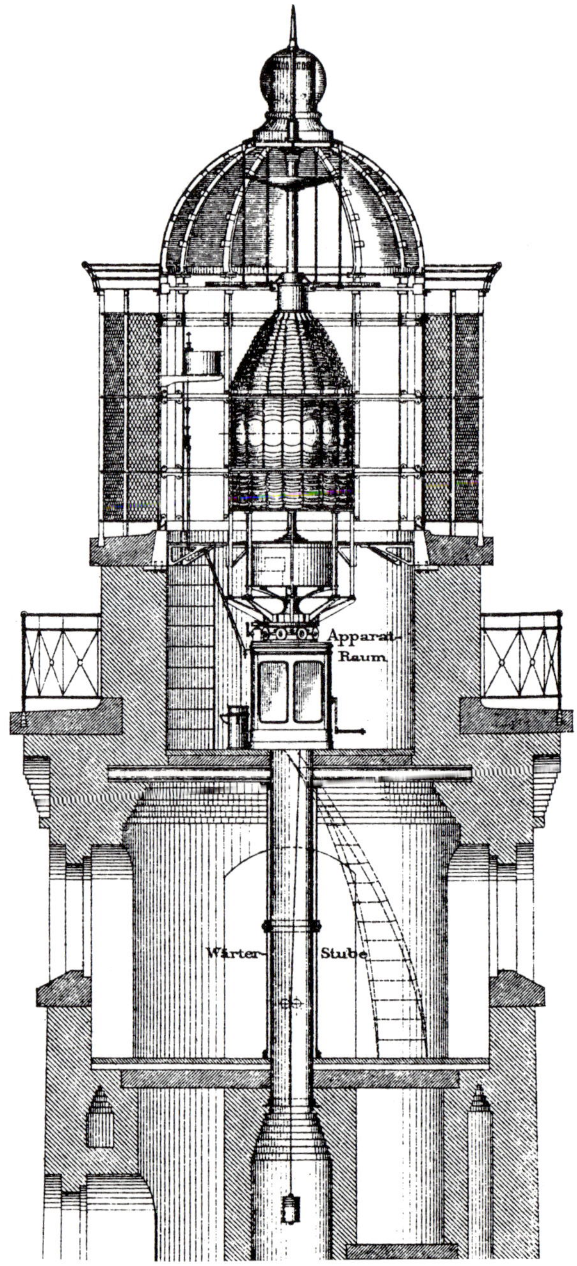

Die Kugellager der tonnenschweren Drehlinsenapparate mußten dazu allerdings entlastet werden. Das geschah, indem man den Sockelring des Rotors als Schwimmer ausbildete und in einem ringförmigen, mit Quecksilber gefüllten Gefäß laufen ließ. So konnte man selbst die schwersten Apparate bis zu zehnmal so schnell kreisen lassen.

Nun sackten die Antriebsgewichte der Drehmaschinen natürlich schneller nach unten, so daß einige schon während des Betriebes wieder hochgekurbelt werden mußten. Eine sinnreiche Seilführung sorgte dafür, daß der Rotor derweilen nicht stehenblieb.

Einige dieser unverwüstlichen Gewichtsantriebe taten über 100 Jahre ihren Dienst, die letzten bis in unsere Tage. Inzwischen haben Elektromotoren ihre Aufgabe übernommen.

Um die Jahrhundertwende versuchte man es auch mit kleinen hängenden Umlaufblenden, die durch die aufsteigende Warmluft der Lampe bewegt wurden, ähnlich wie bei der weihnachtlichen Kerzenpyramide mit Luftturbine. Nur haperte es hier mit der Genauigkeit.

Bei selbsttätigen Leuchtfeuern mit Gasbetrieb wurde die Kennung unter Ausnutzung des Gasdruckes durch eine ventilgesteuerte Blinkvorrichtung erzeugt.

Elektrische Lampen lassen sich dauernd ein- und ausschalten. Neuerdings macht man mehr und mehr von dieser Möglichkeit in Verbindung mit elektronischen Kennungs- oder Taktgebern Gebrauch. Dies sind kleine Apparate, die durch Auswechselung des Programmsteckers auf jede beliebige Kennung eingestellt werden können.

Zahlreiche Feuer haben nicht nur weißes, sondern in bestimmten Sektoren rotes oder grünes Licht auszustrahlen. Dies wird durch außen an der Laterne befindliche gefärbte Glasscheiben bewirkt. Die Tragweite wird dadurch allerdings erheblich herabgesetzt, da farbiges Glas einen großen Teil des Lichtes verschluckt.

Aufgrund der kleinstaatlichen Zerrissenheit gab es lange Zeit kein einheitliches Seezeichenwesen in Deutschland. So blinkte auch jedes Feuer zunächst nach mehr oder weniger willkürlicher Maßgabe der jeweiligen Hafen- oder Landesbehörden. Erst 1886, 15 Jahre nach der Reichsgründung, wurde damit begonnen, das Leuchtfeuerwesen zu zentralisieren. Seit 1904 gelten endlich für alle Seefeuer die nach einheitlichen Richtlinien festgelegten Kennungen oder Charakteristiken. Außerdem wurden klare Definitionen geschaffen für die einzelnen Lichtzeichen (Schein, Blink, Blitz, Gruppe usw.) sowie für Leit- und Richtfeuer.

Heute wird das Seezeichenwesen in der Bundesrepublik Deutschland von den Wasser- und Schiffahrtsbehörden, in der DDR von den Seehydrographischen Dienststellen wahrgenommen.

Wie Straßen für Fahrzeuge auf dem Lande, so gibt es für Schiffe Seewege, z. T. sogar als Einbahnstraßen – wie Autobahnen mit Mittelstreifen. In Küstennähe und Flußmündungen handelt es sich meist um ausgebaggerte Fahrwasser. Gewundene Strecken hat man in gerade

Durch Warmluft angetriebene Drehblende

Abschnitte unterteilt. Für die Fahrt bei Tage sind sie mit Tonnen markiert.

Die wichtigsten »Wegweiser« für die Fahrt bei Nacht sind Richt- und Leitfeuer.

Richtfeuer bestehen aus zwei Leuchttürmen hintereinander, dem niedrigeren Unterfeuer und dem weiter entfernten Oberfeuer, beide genau in der verlängerten Fahrwasserlinie. Sie müssen bis zum Kurswechselpunkt in Deckpeilung gehalten werden. Die Zusammengehörigkeit von Ober- und Unterfeuer wird bei Tage durch möglichst gleichartige Turmköpfe, bei Nacht neuerdings durch Gleichgängigkeit, d. h. gleichzeitige Lichterscheinungen verdeutlicht.

Die erste Richtfeueranlage wurde schon 1775 in Neufahrwasser in Gestalt von zwei hintereinanderstehenden Kohleblüsen geschaffen, die erste Richtfeueranlage mit je einem Scheinwerfer auf zwei verschieden hohen Leuchttürmen 1815 auf Neuwerk.

Beim Leitfeuer wird die Fahrrinnenachse durch den ganz schmalen Lichtsektor eines einzelnen Leuchtturmes bezeichnet. Weicht ein Schiff von dieser Leitfeuerlinie ab, so verwandelt sich der Leitstrahl in Blitze. In diesen sog. Warnsektoren zeigen gerade oder ungerade Blitzzahlen an, nach welcher Seite man steuern muß, um wieder in die Linie zurückzukehren. In der Leitfeuerlaterne werden die Blitze durch rechts und links vom Leitstrahl angebrachte Otterblenden erzeugt, bei Präzisionssektorfeuern durch in den Lichtstrahl hineinragende rotierende Kennungsräder; das sind Scheiben mit entsprechenden Aussparungen.

Der Kurswechselpunkt wird bisher meist von einem Quermarkenfeuer angezeigt. Es strahlt drei Lichtsektoren aus. Der mittlere bescheint genau die Stelle, an der das Schiff von der bisherigen auf die neue Richt- oder Leitfeuerlinie übergehen muß. Da diese Stelle durch die sich kreuzenden Feuerlinien ohnehin genau erkennbar ist, verzichtet man neuerdings mehr und mehr auf Quermarkenfeuer.

In einem Turm können auch mehrere Feuer untergebracht sein, z. B. Leitfeuer nach verschiedenen Richtungen mit ihren Warnsektoren, Quermarkenfeuer und reine Orientierungsfeuer. Die Leuchttürme im Meer **Alte Weser** und **Großer Vogelsand** sind typische Beispiele dafür.

Zunächst hatten Schiffe die Leit- oder Richtfeuer jeweils nur bei einer Fahrtrichtung voraus in Sicht, bei der anderen Fahrtrichtung achteraus. In letzterem Fall besteht die Gefahr, daß die nötige Aufmerksamkeit nach vorne vernachlässigt wird. Deshalb installiert man, wenn irgend möglich, auch am anderen Ende der Strecke solche Feuer, sog. Gegenrichtfeuer. Bei breiten Fahrwassern mit besonders dichtem Verkehr gibt es neuerdings sogar für jede Fahrtrichtung eine Einbahnstraße mit Richtfeuern voraus. In den genannten Fällen können sich sowohl einkommende als auch ausgehende Schiffe nach voraus befindlichen Feuern orientieren.

Schema eines Fahrwassers mit Richtfeuern

A und C = Ankündigungssektoren
B = Ausführungssektor für Kurswechsel

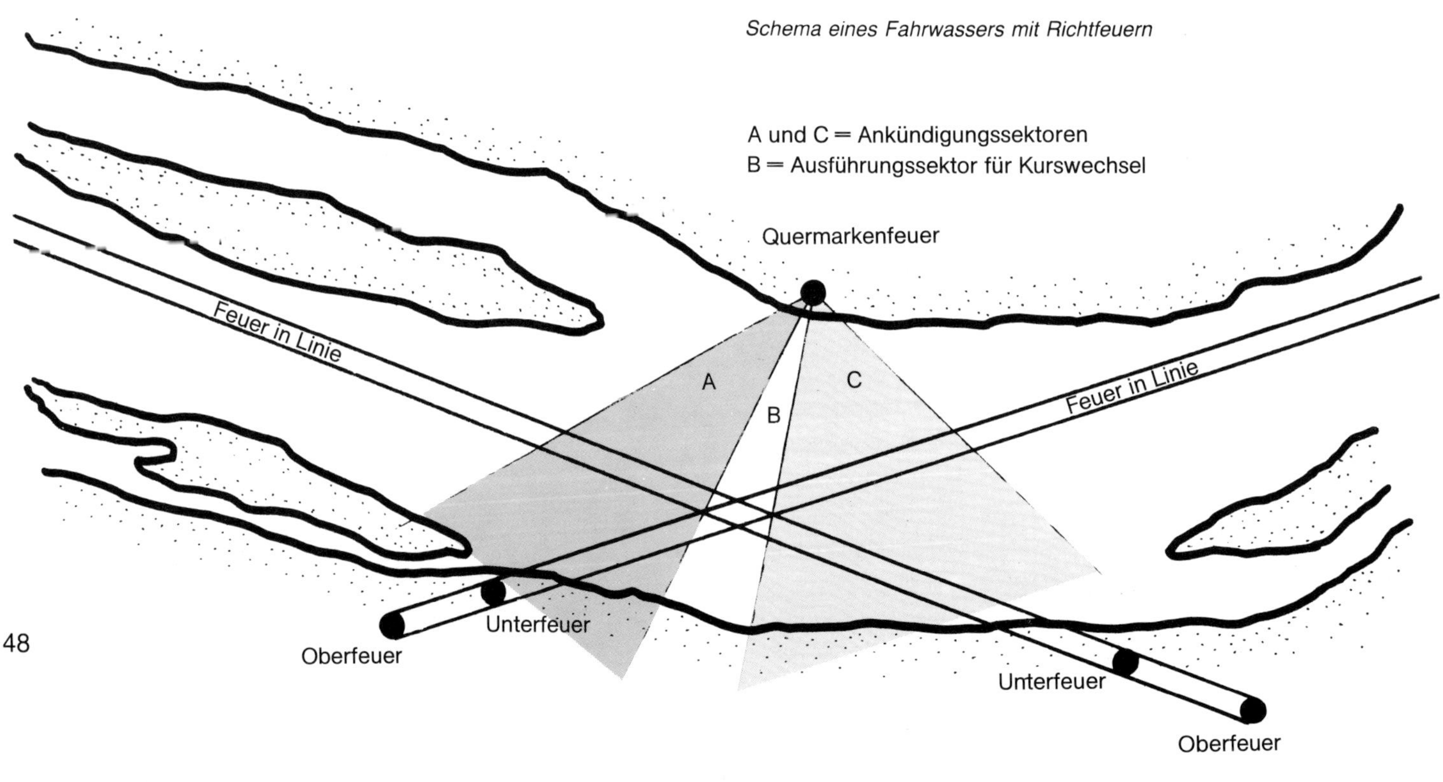

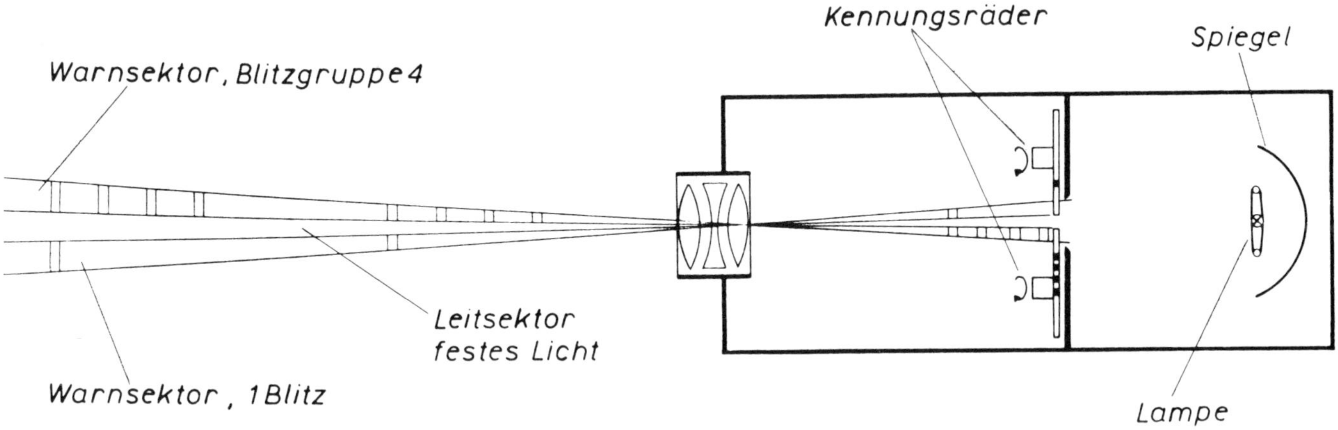

Wirkungsweise eines modernen Leitfeuers (Präzisionssektorfeuer, von oben gesehen)

Ober- und Unterfeuer mit gleichartigen Turmköpfen

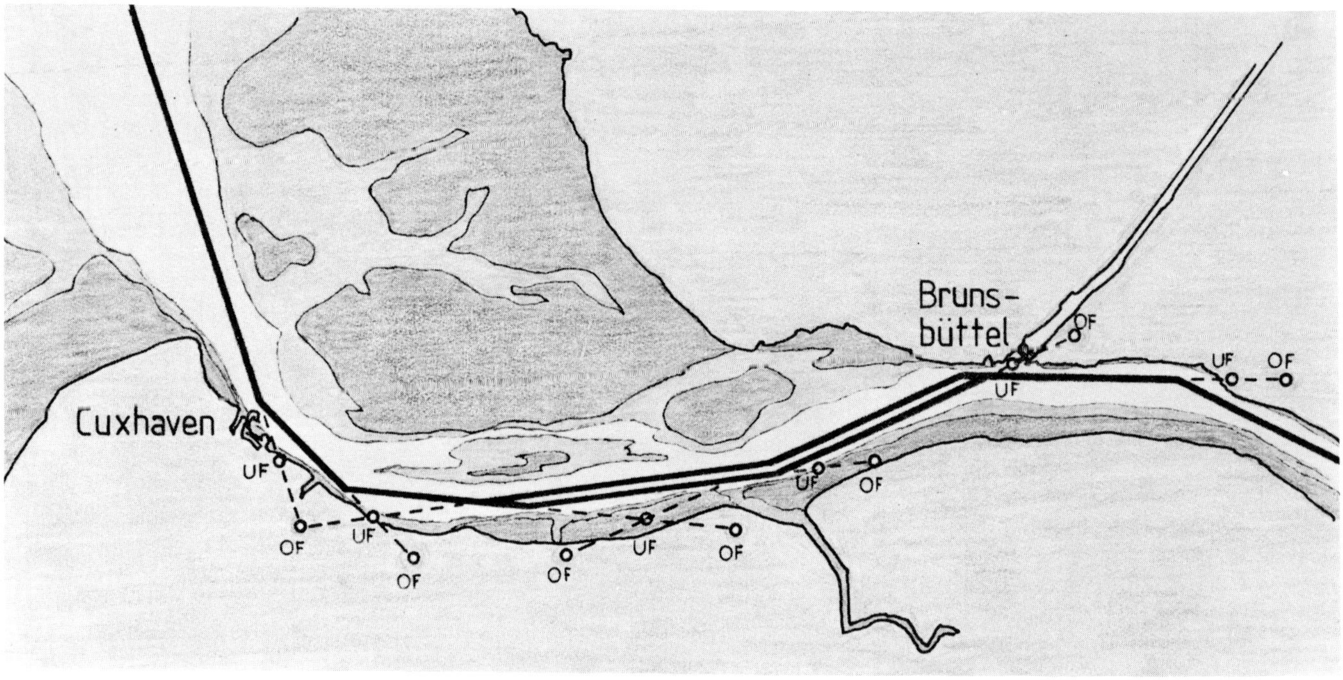

Richtfeuerlinien an der Unterelbe (übersichtshalber sind nur die Ober- und Unterfeuer des Hauptschiffahrtsweges eingezeichnet, Quermarken- und sonstige Feuer wurden fortgelassen); in zwei Fällen dient ein Turm als Unterfeuer für jeweils zwei verschiedene Richtfeuerlinien

Bei Fahrwasserveränderungen müssen natürlich auch die Richtfeuerlinien entsprechend angepaßt werden. Um Neubauten zu vermeiden, hat man in einigen Fällen den ganzen Leuchtturm versetzt, z.B. an der Elbe 1905 Unterfeuer **Wittenbergen,** 1979 Unterfeuer **Lühe**. Bei natürlichen Flußbettverlagerungen ist dies billiger als Aufrechterhaltung des Fahrwassers durch ständiges Ausbaggern.

Schmale und krümmungsreiche Fahrwasser in Flußrevieren werden durch Uferfeuer bezeichnet. Das sind einfache Laternenmasten, an Weser und Trave – übrigens auch am Nord-Ostsee-Kanal – neuerdings mit Natriumdampflampen bestückt, die gelblich leuchten und auch bei nebligem Wetter gut erkennbar sind. Sie stehen paarweise gegenüber und erleichtern durch ihre Torfeuerwirkung den Schiffsführern das Einhalten der Fahrwassermitte.

Hafeneinfahrten werden an der – von See aus gesehen – rechten Seite durch ein grünes, an der linken durch ein rotes Feuer gekennzeichnet. Diese auf kleinen Türmen oder auch nur Masten befindlichen Molenfeuer sind zwar nicht vom gleichen Zauber wie große Leuchttürme umgeben, dienen aber ebenfalls einem wichtigen Zweck. Als zusätzliche Sichthilfe für die Nacht werden viele Molenköpfe von außen angestrahlt.

*Verschiebung des 29 Meter hohen Unterfeuers **Wittenbergen** um 9 m vom linken auf den rechten Sockel (1905)*

Erste Optik des Leuchtturms ***Hohe Weg*** *(Gürtellinse von 1856), jetzt ausgestellt im Deutschen Schiffahrtsmuseum Bremerhaven*

»Tingelturm« in Bremerhaven mit der letzten, bis heute betriebenen Nebelglocke

Mensch und Technik

Vom Blüsenmeister bis zum Seezeichentechniker

Die Leuchtfeuerwärter vergangener Zeiten führten keineswegs ein beschauliches Dasein, wie es gern in Anekdoten und Witzen dargestellt wird.
Die Blüsenmeister und ihre Feuerknechte mußten die ganze Nacht über – im Winter bis zu 16 Stunden – bei jedem Wind und Wetter das Feuer versorgen und bewachen, Kohlen schleppen, bei Flaute den Blasebalg betätigen, Asche beseitigen, um nur die wichtigsten Arbeiten zu nennen.

Die Leuchtturmwärter des 19. Jahrhunderts brauchten zwar nur noch gelegentlich im Freien zu arbeiten, z. B., um bei Schneesturm die Laterne zu säubern, sie hielten aber auch Nacht für Nacht – oft bei schaurigem Sturmgebraus – Wache oben im Turm. Vom einwandfreien Funktionieren »ihres« Feuers konnte das Leben vieler Seeleute abhängen. Sie mußten schon rechtzeitig vor Sonnenuntergang die Lampen anzünden und die Dochtbrenner dann bis zum Morgen immer wieder regulieren. Besonders geschickte Wärter brachten sich ein privates Spiegelsystem so an, daß sie die zu betreuende Lichtquelle von ihrem Aufenthaltsraum aus beobachten konnten.

Aber auch bei Tage gab es zu tun: Abfüllen des Brennstoffes im Keller und Transport nach oben, Hochkurbeln der schweren Antriebsgewichte bei Drehfeuern, Putzen der riesigen Optiken oft bei großer Hitze in der Laterne, Wartung und Instandhaltung aller Einrichtungen. Einen kleinen Einblick in die Fülle dieser Aufgaben vermittelt die nebenstehende Abbildung der »Dienstanweisung für die Wärter der mit Fresnelschen Apparaten ausgerüsteten und mit Petroleum befeuerten Leuchttürme« aus dem Jahre 1893.

Zu den Nebenaufgaben gehörte auch die Überwachung der nahe gelegenen anderen Schiffahrtszeichen wie Baken, Tonnen usw., in einigen Fällen darüber hinaus die Beaufsichtigung des Dünenschutzes.
In den meist einsamen Gegenden war das Leben für sie und ihre dort wohnenden Familien beschwerlicher als in Ortschaften. Und wie verlassen waren die Wärter auf den

Abschnitt VIII.
Morgen- und Vormittagsdienst.

§ 47.

Auslöschen des Feuers.

Bei Tagesanbruch wird der Regulirungshahn geschlossen und werden, noch ehe die ersten Sonnenstrahlen erscheinen, die Vorhänge der Laterne heruntergelassen oder vorgehängt. Es werden dann die Dochte heruntergeschraubt und, mit dem äussersten beginnend, nach und nach gelöscht, wobei die Klappe des Regulators allmälig zugedreht und zuletzt ganz geschlossen wird. Das Löschen der einzelnen Dochte muss in Zwischenräumen erfolgen, damit der Cylinder sich nur langsam abkühlt.

§ 48.

Reguliren und Feststellen der Drehmaschine.

Während dieser Pausen ist bei veränderlichen Feuern der richtige Gang der Maschine zu prüfen und die etwa erforderliche Berichtigung desselben herbeizuführen. Das Gewicht der Drehmaschine ist sodann aufzuwinden und abzufangen und sind die Laufrollen des Drehwagens durch Einsetzen und Aufschrauben der Hebestützen zu entlasten.

Abnehmen der Cylinder.

Der Cylinder wird darauf mit dem Wollentuch umwickelt abgenommen und nachdem er erkaltet ist, sauber gereinigt und wieder mit dem Tuch umwickelt in das dafür bestimmte Fach gelegt.

§ 49.

Putzen und Bedecken der Brennvorrichtung.

Die Dochte, Brenner und Cylinderträger werden geputzt, das Rauchrohr wird von dem Russ, der sich etwa darin angesetzt hat, gereinigt und die Lampe mit der Haube bedeckt.
Die ein- und zweidochtigen Lampen werden Behufs des Putzens aus dem Apparat herausgenommen und nachdem sie gereinigt sind, wieder eingesetzt und mit der Kappe bedeckt.

Putzen und Verhängen des Apparates.

Nachdem der Apparat vorschriftsmässig gereinigt und geputzt ist, wird derselbe mit seinen Vorhängen bedeckt.

Putzen der Drehmaschine.

Die sämmtlichen Theile der Drehmaschine sind sorgfältig zu reinigen, zu schmieren und so weit sie aus blankem Eisen und Stahl bestehen, zu poliren.

Füllen des Oelbehälters.

Der Oelbehälter wird vollständig mit Oel gefüllt und mit dem Deckel geschlossen. Es ist darauf zu achten, dass der Regulirungshahn, wie auch der an dem unteren Ende des Zuleitungsrohres befindliche Hahn gut und dicht schliesst.

Putzen der Laterne.

Endlich sind die Scheiben der Laterne von innen und aussen abzuwischen, abzutrocknen und zu poliren, und die Vorhänge wieder herabzulassen.

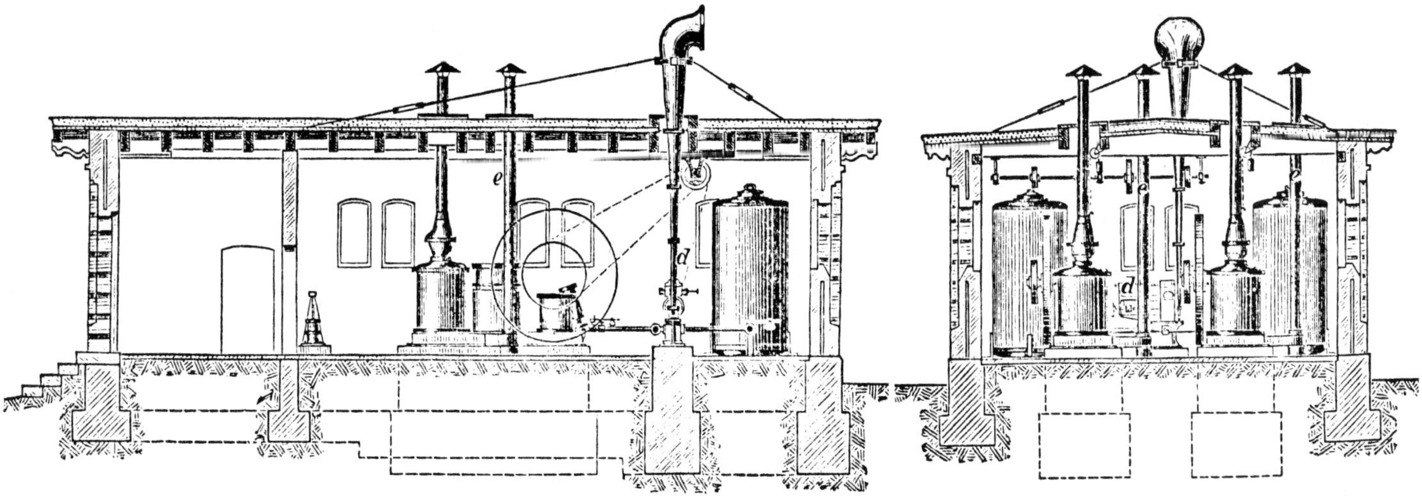

Nebelsignalstation Rixhöft (1877)

ersten beiden Leuchttürmen im Meer, **Hohe Weg** und **Roter Sand**! Die aus zwei bis vier Mann bestehenden Besatzungen mußten monatelang auf ihren umbrandeten Türmen ausharren, ehe sie für zwei, später für vier Wochen Urlaub abgelöst wurden. Die Ablösung beim **Rotesand** war nur bei nicht allzu bewegter See möglich. Wenn das Schiff wegen Seeganges nicht anlegen konnte, wurde die Verbindung mit einem Seil hergestellt, an dem die Wärter einzeln in einem Korb befördert wurden. Ansonsten gab es Ablösung und Urlaub zunächst nur, wenn zwei oder mehr Wärter in einem Bereich vorhanden waren.

Im Treppensteigen waren die Leuchtturmwärter Weltmeister. Sie bestiegen die vielen Stufen bis zur obersten Plattform – bei hohen Türmen über 300 – oft mehrere Male bei Tag und Nacht, z.T. mit Lasten.

Und der Lohn für diesen verantwortungsvollen Dienst war relativ gering. So betrug das Monatsgehalt für Leuchtturmwärter im Jahre 1800 ganze acht Reichstaler, 80 Jahre später vielerorts kaum über 30 Mark. Als Entlohnung für die nebenberufliche Wartung der Roßbake Cuxhaven im 18. Jahrhundert durfte der Schullehrer die Kerzenstummel behalten.

Erst ab Ende des 19. Jahrhunderts, als immer mehr handwerkliche und technische Kenntnisse verlangt wurden, wuchs das Einkommen allmählich auf 100 Mark monatlich. Viele Leuchtturmwärter blieben jedoch auf Nebeneinnahmen, z.B. aus Landwirtschaft, angewiesen. Bei größeren, interessanten Türmen, die zur Besichtigung freigegeben waren, durften sie den größten Teil der Eintrittsgelder behalten, mußten dafür aber an den Öffnungszeiten zur Verfügung stehen und ggf. nachher den Turm mit den vielen Stufen wieder reinigen.

Nebelsignalturm Stilo (1906), im Hintergrund der Leuchtturm

Zur Sicherheit der Schiffahrt wurden im Laufe der Zeit an vielen Leuchttürmen oder in deren Nähe immer mehr technische Einrichtungen installiert, die auch von den Wärtern bedient und gewartet werden mußten.
Am ältesten sind Nebelwarngeräte; denn Nebel, der alles Licht verschluckt, war und ist bis heute der schlimmste Feind des Seemannes. Bis in unser Jahrhundert hinein gab es nur eine einzige Möglichkeit, Nebel zu durchdringen: das akustische Signal. Je weiter es zu hören war, desto besser. Neben Megaphonen und Gongs wurden sogar Musikinstrumente wie Trompeten und Trommeln benutzt.
Im technischen Zeitalter erfand man Zungenhörner, Heuler, Stentorhörner und Sirenen, die wesentlich weiter reichten. Neben mehreren Leuchttürmen wurden ab 1875 besondere Nebelsignalstationen eingerichtet. Dazu gehörten Maschinenhäuser, in denen Dampf oder Preßluft für die Nebelhörner erzeugt wurde.
Bis in unsere 30er Jahre verwendete man vielerorts kleine alte Schiffskanonen zur Abgabe von Warnschüssen mit Knallpatronen. Sie waren nicht nur weit zu hören, sondern beim Aufblitzen auch weit zu sehen, besonders nachts. Bei länger anhaltendem Nebel wurde diese Methode allerdings recht teuer. Außerdem war die Handhabung mit Schießbaumwolle und Knallraketen gefährlich. Dabei kam 1905 der Leuchtturmwärter von **Hela** sogar ums Leben.
Weniger gefährlich, aber in der »Milchsuppe« ebenfalls schaurig anzuhören, waren Nebelglocken, die in bestimmten Intervallen angeschlagen wurden, zunächst von Hand, später durch eine Mechanik mit Gewichtsantrieb. Das letzte Exemplar befindet sich in Bremerhaven. Es läutet heute noch bei Nebel über die Wesermündung, allerdings vorwiegend, um seinem originellen Träger die netten Beinamen »Kleiner Glockenturm«, »Tingelturm« und »Klingelturm« zu erhalten (abgebildet auf Seite 52).
Bei den neueren Luft-Nebel-Schall-(LNS-)Anlagen handelt es sich um elektrisch betriebene Membransender, genannt Nautophone, 20 km weit zu hören. Und die Leuchtturmwärter mußten diesen nervtötenden Lärm aus der Nähe mit anhören und ertragen, solange die Sicht schlecht war, manchmal Tage und Nächte.
Nach der Jahrhundertwende wurden bei Nebel von Leuchttürmen und Molen aus lange Zeit hindurch auch Unterwasserschallsender betrieben. Diese Methode setzte sich jedoch auf Dauer nicht durch, weil dazu besondere Unterwasser-Horchgeräte, wie auf Kriegsschiffen, erforderlich sind.
Alle akustischen Signale haben den Nachteil, daß sie nicht genau zu lokalisieren sind. Die Technik hat inzwischen bessere Orientierungsmethoden für die Fahrt bei Nebel entwickelt. Deshalb werden Schallzeichen heute

5-cm-Bronze-Kanone zur Abgabe von Warnschüssen bei Nebel

fast nur noch zur Warnung und als Objektschutz eingesetzt.

Für die Leuchtturmwärter war es eine Selbstverständlichkeit, mit den Männern der Rettungs-, Lotsen- und Signalstationen zusammenzuarbeiten und ihnen in Notfällen zu helfen. In mehreren Ostseehäfen waren ohnehin Leuchtfeuer, Lotsen- und Signalstationen in einem gemeinsamen Gebäude oder Turm untergebracht. Die Signalmasten für Sturmwarnungen, Wassertiefen und Lotsensignale standen meist neben oder sogar auf Leuchttürmen.
Zuweilen halfen Leuchtturmwärter den Lotsen auch bei der schwierigen Bedienung ihrer Winkbaken an den Hafeneinfahrten. Das waren Holzgestelle oder Türmchen

Winkbake Swinemünde (1910)

mit einem schwenkbaren Mast. Damit gab man den bei widrigem Wetter ohne Lotsen einsegelnden Schiffen an, welchen Kurs sie steuern mußten, man »winkte« sie in den Hafen herein. Solche Winkbaken wurden ab Mitte des vorigen Jahrhunderts auf den Molen zahlreicher Ostseehäfen errichtet und meist auch mit einem kleinen Leuchtfeuer ausgestattet. Fast alle blieben bis zum Ersten Weltkrieg in Betrieb. Das größte Exemplar ist bis heute erhalten, und zwar in Swinemünde.

Nach Erfindung der Telegraphie verlegte man Kabel zu exponierten Leuchttürmen, das erste 1857 zum Leuchtturm **Hohe Weg,** um schon von dort aus per Morsetaste interessierte Stellen über die glückliche Ankunft von Schiffen zu informieren. Das war der Anfang des heutigen Schiffsmeldedienstes. Nicht nur Segler, sondern auch Dampfer wurden damals nach wochenlanger Reise aus Übersee oft sehnlichst erwartet, zumal es ihnen nicht möglich war, sich von unterwegs zu melden.

Die Wärter auf diesen Leuchttürmen konnten nun auch Wettermeldungen an die damalige Seewarte durchgeben und telegraphisch mit der Post verkehren. Zum Austausch von Telegrammtexten mit passierenden Schiffen war zu jener Zeit nur optischer Signalverkehr mit Winkgeräten möglich. Dazu benutzte man an Häfen und auf Leuchttürmen montierte sog. Seetelegraphen, auch

Windsemaphor Cuxhaven (errichtet 1884)
Borkum: Südostwind Stärke 4
Helgoland: Südsüdostwind Stärke 6

Semaphore genannt. Das waren Metallmasten, deren schwenkbare Arme Buchstaben oder Zahlen bedeuteten, ähnlich dem »Winkern« der Matrosen. Auf diesen Leuchttürmen mußten die Wärter auch noch des »Signalisierens kundig« sein, wie es damals hieß.

Die Telegraphie ermöglichte es auch, nachdem Borkum und Helgoland eine Kabelverbindung erhalten hatten, die Windverhältnisse dieser vorgeschobenen Stellen an Hafenstädte durchzugeben. So konnte man auslaufenden Schiffen durch sog. Windsemaphore in Cuxhaven (seit 1884) und am Leuchtturm **Hohe Weg** (seit 1893) Windrichtung und -stärke bei Borkum (B) und Helgoland (H) anzeigen. Einige Jahre später wurden auch an der Ostsee Windsemaphore errichtet. In Hela, Schievenhorst und Pillau zeigten sie die Windwerte für Rixhöft (R) und Brüsterort (B), in Memel für Brüsterort (B) und Libau (L) an. Jeder quergestellte Flügel bedeutete zwei Windstärken. Die Windrichtung wurde durch die drehbaren Pfeile nach der Windrose angezeigt, Pfeil unten bedeutete Südwind.

In kleineren Ostseehäfen errichtete man – meist neben den Leucht- und Lotsentürmen – sog. Windsäulen, die den Fischern Windrichtung und -stärke bei Arkona und Brüsterort anzeigten, und zwar durch Buchstaben und Zahlen, z. B. »NO 4« (Nordostwind Stärke 4). Dazu wurden Tafeln mit den entsprechenden Buchstaben und Zahlen auf Leisten eingeschoben.

Heutige bessere Übermittlungsmethoden für das Seewetter machten alle Semaphore und Windsäulen überflüssig. Sie sind inzwischen abgebaut, bis auf Windsemaphor Cuxhaven, das aus Traditionsgründen zur Demonstration betriebsfertig blieb. So kann man den Landratten weiterhin vorlügen, links seien die Tagespreise für Bücklinge, rechts für Heringe angezeigt.

Zur Standortbestimmung auf hoher See waren damals u. a. genau gehende Chronometer von höchster Wichtigkeit. Um Schiffern die Möglichkeit zum Zeitvergleich zu geben, errichtete man ab 1875 in allen größeren Häfen Zeitsignalstationen. Das waren hohe Masten, an denen täglich kurz vor Mittag ein Signalball emporgezogen und Punkt 12 Uhr wieder fallen gelassen wurde wie der Startball bei einer Regatta. Eine Stunde später wurde das Zeitsignal wiederholt. Diese Masten standen bei Lotsenstationen oder Leuchttürmen, in Neufahrwasser auf dem kombinierten Leucht- und Lotsenturm.

Anfangs erfolgte die Auslösung des Falles örtlich nach Maßgabe einer in jeder Zeitballstation befindlichen genau gehenden Uhr auf mechanischem Wege. Später löste eine astronomische Pendeluhr in der damaligen königlichen Sternwarte Berlin den gleichzeitigen Fall aller Bälle durch elektrische Kabel aus. Das war gewissermaßen die erste Fernsteuerung für Schiffahrtszeichen.

*Kombinierter Leucht- und Lotsenturm **Neufahrwasser** mit Zeitballeinrichtung*

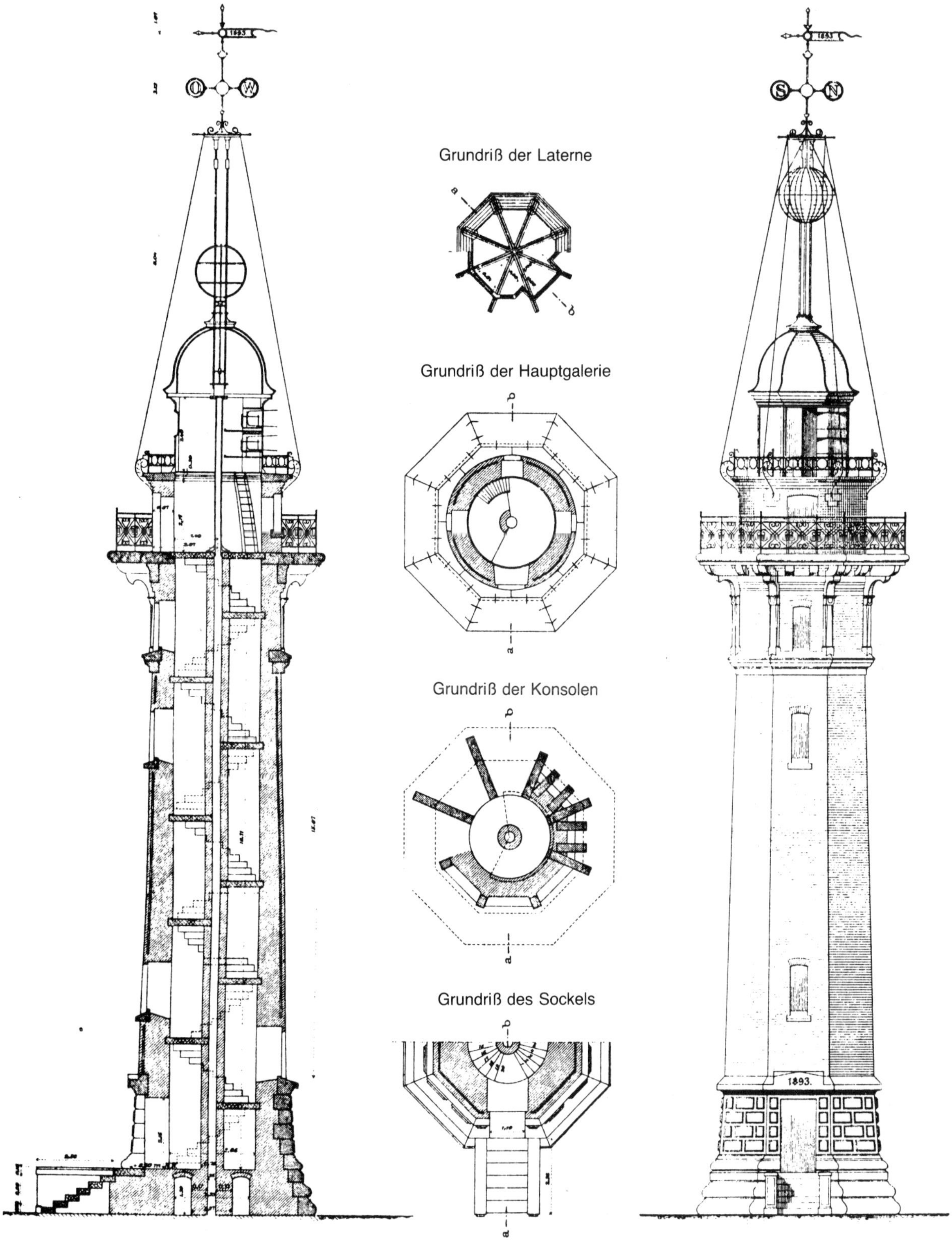

Zu den bislang nur optischen und telegraphischen Möglichkeiten trat ab 1900 die Funktechnik. In diesem Jahr erhielt der neue, schon elektrisch betriebene Leuchtturm auf Borkum als erster drahtlose Telegraphie, gleichzeitig aber auch das 35 km weiter in See liegende Feuerschiff BORKUMRIFF. Alle aus dem Englischen Kanal kommenden Ozeandampfer mußten nämlich dieses Feuerschiff als westlichste deutsche Station passieren. So konnte ihr Eintreffen über Funk nach Borkum und von dort aus über das Telegraphenkabel zum Festland gemeldet werden.

Nun ging es mit Riesenschritten weiter. Große Reedereien und die damalige Kaiserliche Marine waren besonders interessiert und trieben die Entwicklung der Funktechnik voran.

Bald wurden auf einigen Leuchttürmen die ersten Sendeanlagen für Funkfeuer eingerichtet, die analog zu den sichtbaren Leuchtfeuern unsichtbare Strahlen mit ebenfalls festgelegten Kennungen aussenden konnten. Auch Dreh- und Richtfunkfeuer wurden eingeführt. Bei letzteren arbeiten zwei Richtstrahlsender auf gleicher Frequenz, jedoch mit abwechselnden, »komplementären«

Erster Leuchtturm mit Funkentelegraphie (Marconi-Station seit 1900)

Der gleiche Turm 1980 mit Radar-Antenne (seit 1970), daneben ein 55 m hoher Gittermast für Richtfunkantennen

Tönen. Nur in der Kurslinie überschneiden sich beide Funkstrahlen, so daß sie gleichzeitig als Dauerton zu hören sind.
Heute ist eine Reihe von exponierten Leuchttürmen in beiden Teilen Deutschlands mit weitreichenden Seefunkfeuern ausgestattet. Nach ihnen können Schiffe, die über entsprechende Bordgeräte verfügen, jederzeit, natürlich auch bei Nebel, ihren ungefähren Standort bestimmen.
Inzwischen wurden weitere und noch genauere Funknavigationsverfahren zur Ortsbestimmung auf See und in Küstennähe entwickelt.

Schon bald nach dem Zweiten Weltkrieg zeichnete sich ein rapides Wachstum des Seeverkehrs, besonders in den Ballungsräumen, ab. Tatsächlich passieren heute jährlich etwa 80000 Schiffe die Unterelbe, 30000 die Weser und 10000 die Ems. Aber nicht nur die Schiffszahlen stiegen, sondern auch die Schiffsgrößen, die Geschwindigkeiten und vor allem der Umfang gefährlicher Ladungen. An verantwortlicher Stelle erkannte man zum Glück sehr früh, daß auf den meistbefahrenen Schiffahrtsstraßen weitere Maßnahmen zur Sicherung und einwandfreien Abwicklung dieses Verkehrs, insbesondere bei unsichtigem Wetter, zu treffen waren.
So wurde bereits 1958 mit dem Aufbau eines neuartigen Leitsystems auf den Großschiffahrtswegen Elbe und Weser, einige Jahre später auf Ems und Jade begonnen. Grundlage für dieses auch bei Nebel funktionierende System ist das im Kriege entwickelte Funkmeßverfahren Radar (**ra**dio **d**etecting **a**nd **r**anging). Für die dazu erforderlichen Land-Radarketten errichtete man anfangs nicht nur besondere Türme oder Gerüste, sondern nutzte auch vorhandene Leuchttürme und andere Objekte als Träger für die Drehantennen aus. Andererseits wurden in einige der neuen Antennenträger Leuchtfeuer eingebaut. Die ersten Radar-Anlagen wurden 1962 an der Elbe in Betrieb genommen.

Die Radarbilder gelangen über Richtfunk oder Kabel als Video-Übertragung an die Radarzentrale des Reviers, Knock für die Ems, Wilhelmshaven für die Jade, Bremerhaven für die Weser, Cuxhaven und Brunsbüttel für die Elbe und Hamburg für den eigenen Hafenbereich.

In diesen Radarzentralen wird der Schiffsverkehr rund um die Uhr durch erfahrene Kapitäne mit dem höchsten nautischen Patent, bei ungünstigen Sichtverhältnissen darüber hinaus durch Lotsen überwacht und ausgewertet. Die Ergebnisse werden den Schiffen vom Radar-Lotsen als Beratung oder Information über UKW-Sprechfunk mitgeteilt. Verantwortlich bleibt jedoch stets der Kapitän an Bord. Der Sprechverkehr wird, wie beim Fluglotsensystem, auf Tonband festgehalten.

Landradarkette der Außenweser

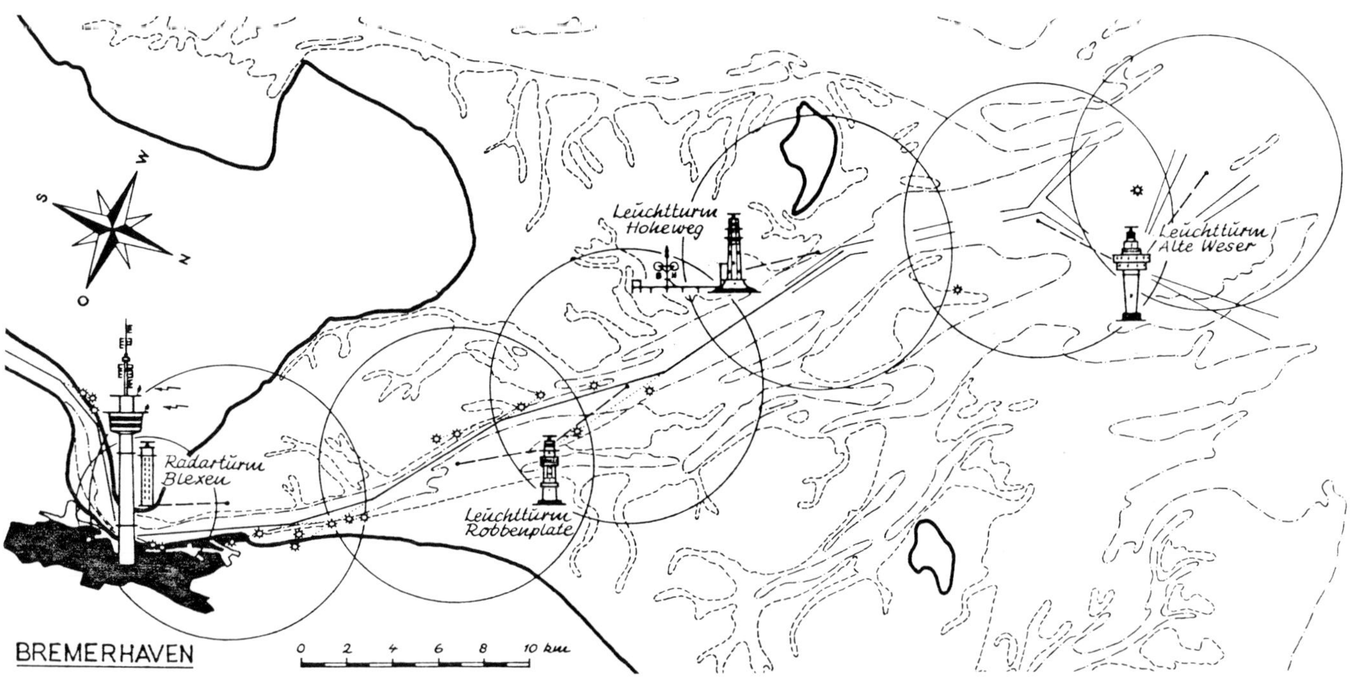

Nach 20 Jahren ununterbrochenem Betrieb haben die ältesten Geräte ausgedient. Da der Umbau auf modernere Geräte längere Zeit in Anspruch nehmen würde, der Radarbetrieb aber auf keinen Fall unterbrochen werden darf, müssen z. T. neue Antennenträger errichtet werden. Zweckmäßigerweise baut man daher seit einiger Zeit versetzbare Einheitsradartürme nach dem Baukastensystem, bei denen die gesamte Technik in Containern untergebracht ist. Diese auf der 30 m hohen Plattform stehenden genormten Kästen können jederzeit schnell und einfach durch neue mit noch modernerer Technik ersetzt werden.

Im Aufbau ist darüber hinaus ein Funkortungssystem zur automatischen, auf das Fahrwasser bezogenen optischen Standortanzeige nicht nur in der Revierzentrale an Land, sondern auch auf besonderen Geräten an Bord. Es arbeitet mit UKW-Präzisionspeilern nach dem Verfahren der Kreuzpeilung und soll besonders großen Schiffen und Schiffen mit gefährlicher Ladung als zusätzliche Navigationshilfe dienen.

Radarzentrale mit Richtfunkturm an der Ems, seit 1972 in Betrieb

Schema der Radarbild-Fernübertragung durch Richtfunk

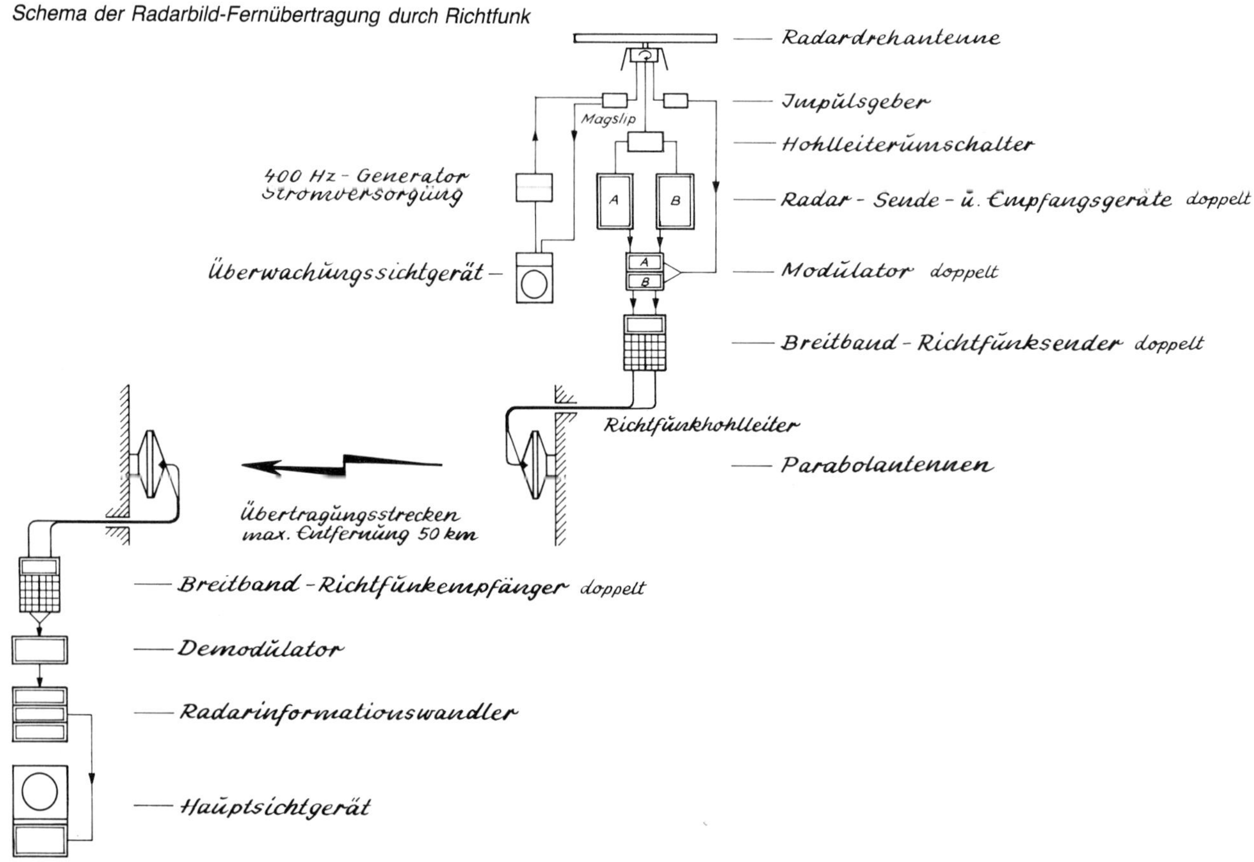

Moderner Einheitsradarturm mit auswechselbaren Containern für die Technik ►

Mit diesen neuen Radar- und Peiltechniken ist eine rechnergesteuerte Überwachung und Lenkung der einzelnen Schiffsobjekte nach individuellen Kriterien möglich. Der Verkehrsablauf wird so transparent gemacht, daß z.B. die Begegnung und das Überholen von Schiffen vorausberechnet werden kann. Die Radar- und Peilketten sind in das System der Schiffahrtszeichen integriert. Gemeinsam bilden sie eine Navigationshilfe, die die Schiffahrtswege zu den deutschen Nordseehäfen zu den modernsten und sichersten der Welt macht.

Bildschirme in der Radarzentrale

Schiffe mit eigenem Radar können sich notfalls auch alleine im Fahrwasser entlangtasten. Zu diesem Zweck wurden auf vielen Fahrwassertonnen Radar-Reflektoren installiert, die einfallende Sendeimpulse zurückstrahlen und sich deshalb auf den Bord-Bildschirmen besonders deutlich abzeichnen. Weitreichender sind Radar-Antwortbaken, auch Racon (**ra**dar responder bea**con**) genannt, die zusätzlich mit eigener Energie zur Verstärkung arbeiten. Da sie schon aus etwa 30 sm Entfernung auf den Bildschirmen erkennbar sind, hat man sie vorzugsweise auf vorgeschobenen Leuchttürmen und Feuerschiffen eingebaut. Besonders von See her kommende Schiffe benutzen sie gerne zur Ansteuerung.

Eine neuartige Orientierungshilfe für den Einsatz im Küstenvorfeld sind Navigationsbaken. Die ersten zehn wurden 1980 in der Außenelbe als seitliche Begrenzung des Fahrwassers eingepflanzt. Obwohl sie natürlich weiter auseinanderstehen als Chausseebäume, bürgerte sich schnell der Spitzname »Pappelallee« ein. Diese 25 m aus dem Wasser ragenden, mit besonders effektiven Radar-Reflektoren ausgerüsteten Schiffahrtszeichen sind nicht nur bei Tage, sondern auch bei Nacht gut auszumachen, denn sie haben einen durchsichtigen Kopf, der nachts von innen heraus leuchtet. Der erforderliche Strom kommt aus einer Pufferbatterie, die bei Wind ständig von einem oben angebrachten Windkraft-Generator aufgeladen wird. Sie kosten zwar eine Million DM pro Stück, man spart aber die teure Kabelverlegung zum Festland, weil kein Strom aus dem Netz benötigt wird.

Außer Wind gibt es übrigens weitere natürliche Energiequellen, wie Sonnenstrahlung, Strömungs- und Wellenbewegung, an deren Ausnutzung man ebenfalls schon lange arbeitet. Doch dies alles leitet bereits über in das nächste Kapitel »Technik ohne Menschen«.

Navigationsbake mit Windkraft-Generator

Technik ohne Menschen

Vom Uhrwerk bis zum vollautomatischen Leuchtturm

Seit eh und je ist der Mensch bestrebt, Hilfsmittel zu erfinden, die ihm die Arbeit erleichtern. Heute im Zeitalter der Automation können technische Hilfsmittel dem Menschen die Arbeit weitgehend und in vielen Fällen sogar ganz abnehmen. Auch Leuchtfeuer können heute ihre verantwortungsvollen differenzierten Aufgaben erfüllen, ohne daß Menschen vor Ort dazu nötig sind.

Die anfangs manuellen Tätigkeiten, z. B. Auf- und Abblenden durch Überzylinder oder Anschlagen der Nebelglocke, übertrug man mechanischen Apparaturen, angetrieben wie Uhrwerke durch Gewichte. Nebelhörner wurden eines Tages nicht mehr mit dem Mund geblasen oder mit Blasebalg betrieben, sondern mittels Dampf oder Preßluft, Handsirenen durch Elektromotoren.

Ein erster Schritt von der rein mechanischen zur elektrischen Automatik waren Elektromagnete zur Betätigung von Otterblenden, die ihre taktmäßige Erregung von elektrisch gedrehten Schaltern erhielten. Durch solche Schalter wurde anfänglich auch das Blinken elektrischer Lampenfeuer erzeugt.

Wie bereits geschildert, lassen sich gasbetriebene Leuchtfeuer durch ein Ventil steuern. Den bescheidenen Anfang einer Fernsteuerung im Leuchtfeuerwesen machten etwa ab 1925 elektrische Zündkabel zur Steuerung dieser Ventile. Sie ermöglichten erstmalig Schaltungen von einer Zentralstelle aus sowie das gleichgängige Blinken von Ober- und Unterfeuer. Nach entsprechender Umrüstung einiger kleinerer Türme wurden hierdurch die ersten Leuchtturmwärter eingespart bzw. bei Neueinrichtungen gar nicht erst vorgesehen. Die Schiffahrtsstraßen von Swinemünde nach Stettin und von Pillau nach Königsberg wurden damals als erste mit ausschließlich unbewachten Leuchtfeuern dieser Art versehen.

Seit der Umstellung auf elektrische Lichtquellen begann man, auch für diese Feuer Schaltgruppen mit Überwachung von einer besetzten Stelle aus einzurichten. Für all diese meist kleineren Türme war jetzt nur noch routinemäßige Wartung durch relativ wenige Menschen erforderlich.

Dies waren die Schritte zur Automation bis zum Zweiten Weltkrieg. Mit Hilfe der nach dem Kriege weiterentwickelten Regel- und Funktechnik sowie der Elektronik wurde es möglich, auch schwierige Vorgänge zu automatisieren und über große Entfernungen zu steuern.

In der Bundesrepublik war die Forderung nach unbemanntem Betrieb inzwischen immer dringlicher geworden. Leuchtturmstandorte werden nämlich seit eh und je nach nautischen Gesichtspunkten festgelegt; oft liegen sie weitab von Ortschaften oder Städten, wo heute niemand mehr hinziehen will.

Als Arbeitskräfte immer teurer wurden und der Job auf solch einem einsamen Leuchtturm überhaupt nicht mehr gefragt war, entschloß man sich im Rahmen der ohnehin

Steuerschrank eines automatischen Leuchtturms

Arbeitsplatz in einer Hauptschaltstelle

erforderlichen Modernisierung des Leuchtfeuernetzes zu folgenden drastischen Rationalisierungsmaßnahmen:

- Automatisierung aller noch bemannten Leuchttürme als Voraussetzung für Fernsteuerung,
- Umrüstung dieser Türme auf Fernsteuerung,
- bei Neubauten von vorneherein Einrichtung für vollautomatischen Fernsteuerbetrieb,
- Zusammenfassung aller Leuchtfeuer eines Reviers und Steuerung von einer Zentrale aus.

Diese gewaltigen technischen Veränderungen wurden in den 60er und 70er Jahren durchgeführt. Von wenigen Ausnahmen abgesehen, hat jeder Leuchtturm in der Bundesrepublik Deutschland jetzt eine Fernsteueranlage für Normalbetrieb sowie eine Ortssteueranlage für Not- und Wartungsfälle.

Kabel oder Richtfunk stellen die Verbindung zur jeweiligen Schaltzentrale her, wo Fachleute den automatischen Betrieb aller angeschlossenen Leuchttürme überwachen und notfalls durch ferngesteuerte Impulse eingreifen können. Fernwirksystem heißt das Ganze.

Wo irgend möglich, hat man zweckmäßigerweise Schaltzentrale, offiziell heißt sie Hauptschaltstelle, und Radarzentrale in benachbarten Räumen untergebracht und dafür die gemeinsame Bezeichnung Revierzentrale eingeführt.

Unbemannter Betrieb erfordert ein Höchstmaß an Zuverlässigkeit. Deshalb sind alle wichtigen technischen Einrichtungen, von denen nur eine begrenzte Lebensdauer zu erwarten ist, doppelt vorhanden. Bei Störungen oder Ausfällen erfolgt eine automatische Umschaltung auf die jeweilige Reserveanlage.

Mittels eines elektronischen Systems werden auf einer übersichtlichen Wartetafel im Turm und gleichzeitig auf einer entsprechenden Steuer- und Überwachungstafel in der Hauptschaltstelle normale Betriebszustände durch weißes Ruhiglicht, Störungen und Ausfälle durch rotes Blinklicht angezeigt. Bei schwerwiegenden Störungen gibt es in der Zentrale außerdem akustischen Alarm. Ein automatisches Schreibgerät zeichnet jede gewollte und ungewollte Veränderung auf und protokolliert sie.

Läßt sich eine schwerwiegende Störung nicht durch Fernsteuerimpulse beseitigen, ist ein Eingreifen an Ort und Stelle durch Techniker des mobilen Wartungsteams erforderlich. Diese Männer sind ohnehin fast ständig unterwegs, um die Routineprüfungen durchzuführen.

In den Türmen automatisch überwacht und auf den Tafeln angezeigt werden nicht nur Lampen und Kennungsgeber, sondern z.B. auch Funkfeuer, Nebelschallanlagen, Notstromaggregate, Heizung und Temperatur, ja selbst der Türverschluß gegen unbefugtes Eindringen. Sicherheitshalber erhalten die örtlichen Steuer- und Fernwirkanlagen ihren Strom aus Batterien, die – ähnlich wie beim fahrenden Auto – ständig aufgeladen werden.

Der erste vollautomatisch arbeitende Leuchtturm ist der 1962/63 mitten in der Flensburger Außenförde errichtete **Kalkgrund**. Das zuvor dort stationierte Feuerschiff FLENSBURG wurde eingezogen, die Besatzung von zweimal sieben Mann eingespart.

Auch in der DDR wird die Automation der Leuchtfeuer und ihre Steuerung von ständig besetzten Schaltzentralen aus vorangetrieben.

Hier einige Beispiele, wie man die früher von Leuchtturmwärtern ausgeführten Tätigkeiten durch automatisch arbeitende Geräte ersetzen läßt:

- Das Ein- und Ausschalten der Leuchtapparate für die Nacht wird durch astronomische Schaltuhren bewirkt. Eine in der Hauptschaltstelle befindliche Elektronik ruft zur Sonnenuntergangszeit (SUZ) alle ihre Feuer ab, ob sie gezündet haben. Während des Tages setzt ein in jedem Turm vorhandener Dämmerungsschalter den Leuchtapparat in Tätigkeit, solange durch Wolken, Schneetreiben oder dgl. ein bestimmter Helligkeitswert unterschritten wird.
- Die Sichtweite wird an vielen Leuchttürmen und sonstigen Stellen der Schiffahrtswege durch elektronisch arbeitende Meßgeräte, die auf Lufttrübung reagieren, ermittelt. Die Werte aller angeschlossenen Geräte werden laufend zur jeweiligen Hauptschaltstelle übermittelt und sind dort auf einer Tafel ablesbar. Hier muß nun allerdings der Mensch ggf. die erforderlichen Maßnahmen auslösen. Nur an einigen Hafeneinfahrten werden Nebellampen und Schallsignale durch das dortige Sichtweitenmeßgerät automatisch gesteuert.
- Das Ablesen der meteorologischen Meßwerte und des Pegelstandes wird durch Sensoren besorgt. Die Werte werden in der Revierzentrale angezeigt, gespeichert und zu bestimmten Zeiten zusammen mit anderen wichtigen Informationen über Revierfunk der Schiffahrt mitgeteilt.
- Die bei Ausfällen erforderliche Umschaltung auf Ersatzgeräte erfolgt in Sekundenschnelle durch elektromagnetische Apparate. Für die Lichtquelle besorgt das eine – übrigens schon Anfang des Jahrhunderts erfundene – Lampenwechselvorrichtung, die automatisch eine Reservelampe in den Brennpunkt schwenkt und zündet.
- Fällt der Netzstrom aus, läuft das örtliche Notstromaggregat, meist ein Dieselgenerator, an. Der für den elektrischen Starter erforderliche Strom kommt aus besonderen Batterien.

Für Türme im Meer stellt das Übersetzen der Männer des erwähnten Wartungs- und Reparaturdienstes oft ein schwieriges Problem dar, besonders in der Nordsee. Geschieht dies durch ein Seezeichenschiff, so ist es bei

Sichtweitenmeßgerät

Gezeitenstrom, Seegang und Winddruck jedesmal ein Meisterstück des Kapitäns, so zu manövrieren, daß die Männer überspringen können. Materialien und Gepäck werden mit einem Korb befördert. Auf den Türmen **Mellumplate** und **Großer Vogelsand** hat man eine Landeplattform mit Fangnetz für Hubschrauber geschaffen. Beim Leuchtturm **Kiel** kann ein Hubschrauber notfalls auf

Eine der ersten Lampenwechselvorrichtungen für elektrische Feuer

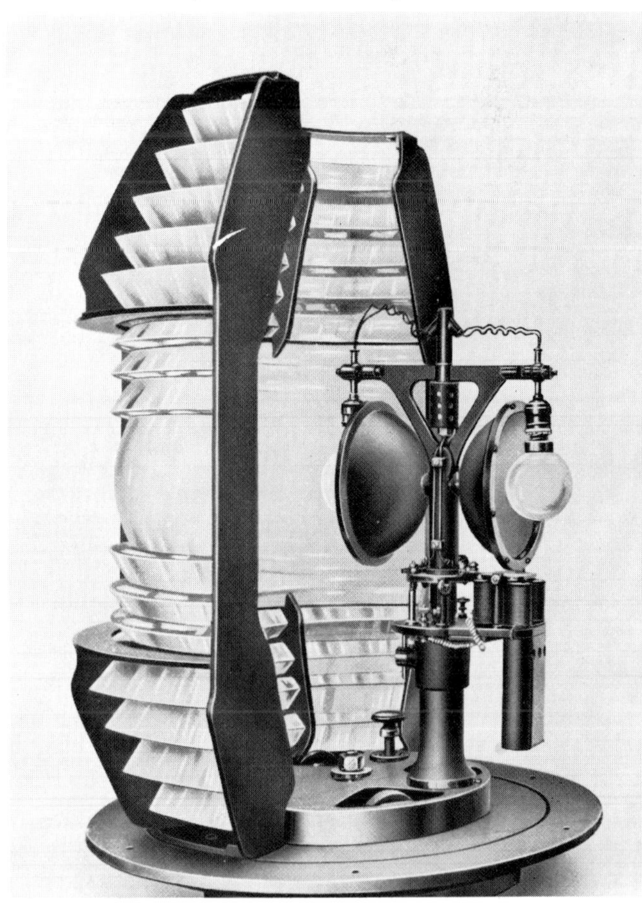

der Westmole landen. In besonderen Fällen wird vom Hubschrauber aus abgeseilt, zumal es sich auch bei den heutigen Piloten um wahre Künstler handelt.
Am schwierigsten zu ersetzen ist natürlich die örtliche Beobachtung durch die einzelnen Leuchtturmwärter und ihre sofortige Reaktion bei besonderen Vorkommnissen, z.B. Seenotfällen. Die »künstlichen Augen«, die sogar bei Dunkelheit und Nebel sehen, müssen ihre Blickfelder und Wahrnehmungen über z.T. große Entfernungen auf die Bildschirme und Überwachungstafeln in den Zentralen übertragen. Hier arbeiten Nautiker und Techniker, die aufgrund von Bildschirmbeobachtungen und aufleuchtenden Lämpchen reagieren und Maßnahmen auslösen müssen. Selbstverständlich besteht in den Zentralen Telefon- oder Funkverbindung zu allen wichtigen Stellen, wie Wasserschutzpolizei, Lotsenstationen, Küstenfunkstationen, Hafen- und Schiffahrtsbehörden sowie zu den Seenotrettungskreuzern der Deutschen Gesellschaft zur Rettung Schiffbrüchiger.
Ganz ohne Menschen geht es also auch im Zeitalter der Automation nicht. Nur sind es jetzt relativ wenige hochqualifizierte Fachleute, die sich mit komplizierter Technik und Elektronik auskennen müssen.
Erfreulicherweise ist von den »eingesparten« Menschen niemand auf die Straße gesetzt worden. Sozialpläne sorgten für vernünftige Lösungen. Auch findet man viele jüngere Leute an anderer Stelle wieder, z.B. auf dem Tonnenhof, auf dem Bagger eines Wasser- und Schiffahrtsamtes oder gar als Mechaniker in der Funkwerkstatt, frühere Feuerschiffskapitäne als nautische Berater in Radarzentralen.

Wie bei allen Verkehrseinrichtungen, so wird auch auf dem Gebiet der Schiffahrt die technische Entwicklung nicht stehenbleiben. Nachdem alle Seezeichen zunächst reine Orientierungshilfen darstellten, kommt ihnen jetzt immer mehr verkehrslenkende Bedeutung zu.
Durchaus denkbar wäre ein automatisches Leitsystem, bei dem das Schiff mittels eines im Fahrwasser verlegten Leitkabels oder gar über Funk gesteuert wird. Der Lotse würde dann von Land aus seine Funktion ausüben.
Vielleicht werden dann mehr und mehr Leuchttürme überflüssig, und man benötigt sie nur noch für die Kleinschiffahrt oder als Träger von technischen Einrichtungen zur automatischen Schiffslenkung.
Zum Glück hat die Nostalgiewelle nun auch Leuchttürme erfaßt. Manches ausgediente Exemplar wird nicht abgerissen, sondern verkauft, verschenkt, ja, sogar unter Denkmalschutz gestellt. Dort, wo sich Land, Meer und Himmel treffen, werden hoffentlich viele von ihnen noch recht lange stehenbleiben als Zeugen einer wichtigen Epoche der Schiffahrtsgeschichte. Selbst wenn ihre Lichter längst erloschen sind, bleibt so vielleicht ein Stück Romantik erhalten.

*Ein Mann des Wartungsteams wird bei schwerem Wetter vom Leuchtturm **Großer Vogelsand** abgeholt*

Teil 2

Die einzelnen Leuchttürme

a) NORDSEE

Borkum

Diese westlichste Insel Deutschlands liegt vor der Emsmündung mit dem holländischen Hafen Delfzijl und dem deutschen Hafen Emden. Deshalb sind zwar von jeher beide Seiten an Schiffahrtszeichen für eine sichere Zufahrt interessiert, streiten sich aber, auch seit eh und je, um Hoheitsrechte und natürlich um die Kosten.

Zunächst gab es auf der Insel nur einen kleinen Glokkenturm als notdürftigen Navigationspunkt. Als Emden im 16. Jahrhundert durch seinen Getreidehandel wirtschaftlich aufblühte, ließ es 1576 an der gleichen Stelle einen 41 m hohen Backsteinturm bauen, dessen vier Seiten genau in die vier Himmelsrichtungen wiesen. Sein spitzes Dach war 200 Jahre lang ein markantes Sichtzeichen für die Schiffer, aber nur bei Tage.

Zu einer Zeit, in der andere Hafenzufahrten schon längst befeuert waren, so daß Schiffe auch nachts weitersegeln konnten, lag Borkum immer noch im Dunkeln. Endlich ergriff Emden wieder die Initiative und errichtete 1780 eine Kohlenblüse auf der Insel. 1792 wurde ihr Gestell von 11 auf 14,5 m erhöht.

Als es während der Napoleonischen Kontinentalsperre weder Seehandel noch Kohlen gab, mußte ihr Betrieb 1807 eingestellt werden. Erst 1814, nach Abzug der Franzosen, wurde wieder geblüst. Jedoch genügte die Leuchtwirkung den wachsenden Anforderungen nicht mehr, zumal andrerorts schon die ersten hohen Leuchttürme ihr Licht mit Parabolscheinwerfern ausstrahlten.

So kam man auf den Gedanken, den ohnehin seit 1576 vorhandenen massiven Turm zum Leuchtturm umzubauen. Nach Abtragung des Spitzdaches entstand eine schöne große Plattform, auf der eine überdimensionale, von dem Hamburger Mechanikus J. G. Repsold gefertigte Laterne mit 27 im Kreis aufgestellten Reverberen Platz fand. Vom 12. 3. 1817 an leuchtete dieses neue 40 m hohe Feuer 6 sm weit in die Runde und wies Schiffen nun auch nachts den Weg. 1857 wurde die Laterne gegen eine neue mit Fresnelscher Gürteloptik ausgewechselt und die Tragweite dadurch fast verdreifacht.

In der Nacht zum 15. 3. 1879 entzündeten Funken aus dem durchgerosteten Ofenrohr in der Wärterstube den hölzernen Dachstuhl, und das Gebälk des ganzen Turmes brannte aus. 2000 l brennendes Öl und stürmischer Wind sorgten für ein riesiges Feuerwerk. Die soliden alten Mauern blieben aber stehen, nur konnten sie jetzt keine schwere Laterne mehr tragen.

Zum Glück waren schon Pläne für einen neuen, 60 m hohen Leuchtturm vorhanden, dessen Bau allerdings aus finanziellen Gründen erst für später geplant war. Nun aber war Eile geboten, und man beauftragte den gleichen Unternehmer, der fünf Jahre zuvor den Leuchtturm **Norderney** erbaut hatte. Aufgrund seiner einschlägigen Erfahrungen gelang es ihm trotz aller Schwierigkeiten, den neuen Leuchtturm **Borkum** in der Rekordzeit von fünf Monaten hochzuziehen. Auf Seite 16 ist der Turm im Bau abgebildet. Alles Material mußte mit kleinen Kähnen vom Festland herangeschafft werden. Inselbewohner und -besucher kennen die 6 km lange Strecke vom Hafen, der damals noch gar nicht richtig existierte, durch unwegsames Gelände bis zum Leuchtturm mitten im Ort. Kurzentschlossen ließ der Bauunternehmer hier einen Schienenweg anlegen, auf dem mit »1 PS« gezogene Loren die 1 500 000 Klinkersteine transportierten. Auch die Lastenaufzüge wurden damals mit Pferdekraft bewegt. Die Bahn behielt man übrigens bei und stattete sie 1888 mit Lokomotiven und Personenwagen aus.

*Erster Leuchtturm **Borkum**,*
1576 als Landmarke erbaut, 1817 bis 1879 als Leuchtturm in Betrieb
(heutiges Aussehen s. Seite 14)

*Kleiner Leuchtturm **Borkum**, 1888/89 erbaut, 28 m hoch*

Leuchtturm ***Campen***

Einige alte Leuchtfeuer-Einrichtungen sind im Inselmuseum zu besichtigen, das neben Exponaten aus der Borkumer Vergangenheit auch viel Interessantes aus anderen Gebieten zeigt, u.a. von Flora und Fauna sowie Sandproben von allen Stränden der Erde.

Im Zuge der zwischen Deutschland und Holland vereinbarten großzügigen Befeuerung der Emsmündung wurde 1888/89 auf der Insel ein zweiter, der »kleine« Leuchtturm **Borkum** errichtet (abgebildet auf Seite 69): Er steht nahe der »heimlichen Liebe«, ist aus Gußeisen, kaum halb so hoch wie sein großer Bruder, aber historisch besonders interessant. Er wurde nämlich als einer der ersten elektrisch betrieben, bei den Borkumern heißt er noch heute »der elektrische Leuchtturm«. Er war auch der erste, der drahtlose Telegraphie erhielt, wie bereits auf Seite 58 geschildert.

*Leuchtturm **Memmert**, 1939 erbaut, 15 m hoch*

Wer per Schiff nach Borkum kommt, passiert schon beim Einlaufen eine dreibeinige Leuchtbake auf dem Leitdamm. Sie heißt **Fischerbalje** und beherbergt in ihrer Laterne ein Leit- und Sektorenfeuer.

Memmert

Südwestlich der Insel Juist bildete sich im 19. Jahrhundert eine Sandbank, die allmählich hochwasserfrei wurde. Sie wuchs inzwischen zur 100 Hektar großen Sandinsel Memmert und wurde mit der Zeit ein bevorzugtes Nistgebiet für Vögel. Deshalb erklärte man sie 1936 zum Vogelschutzgebiet. Besucher können die Insel nur von Juist aus bei Hochwasser mit flachgehenden Booten erreichen.
Seit 1939 steht der kleine Leuchtturm **Memmert** an der Südwestseite. Er wird nach wie vor mit Gas aus einem örtlichen Kessel betrieben, weil die Verlegung eines Kabels dorthin zu teuer wäre. Er ist auch der einzige nicht an die Fernsteuerung des Reviers angeschlossene Leuchtturm.

Campen/Unterems

Da der früher zeitweise mit K geschriebene Ortsname zu Verwechslungen mit Kampen auf Sylt geführt hatte, schreibt man ihn jetzt grundsätzlich mit C.
Bei dem 1889/90 erbauten Gitterturm (s. Seiten 18 und 70/71) handelt es sich um das größte Bauwerk der damals mit erheblichem Aufwand betriebenen Unterems-Befeuerung. Man bezeichnet den Turm mit seinen umfangreichen Anlagen für elektrischen Betrieb sogar gern als »Leuchtfeuer-Anstalt«. Der Diesel von 1906 ist übrigens auf Seite 36 abgebildet. Inzwischen hat ein neuer Diesel mit angeschlossenem Generator seine Funktion übernommen, aber nur als Notstromaggregat, denn normalerweise kommt der Strom jetzt aus dem Netz. Bei der Sturmflutkatastrophe 1962 allerdings kam er tagelang nicht aus dem Netz, weil dieses unterbrochen war. So mußte das Notstromaggregat hergeben, was es konnte. Es versorgte sogar noch einige elektrische Anlagen der Gemeinde.
Der Leuchtturm **Campen** hat die Aufgabe, Schiffe auf einem ungewöhnlich weitreichenden Leitstrahl, nämlich bis Borkum, zu führen. Deshalb ist er auch außergewöhnlich hoch und lichtstark.

*Neuer Leuchtturm **Wangerooge**, 1966/67 erbaut, 64 m hoch, links im Hintergrund der Nachbau des alten Westturmes*

Strandstraße 1910

Bis zur Fertigstellung des neuen Leuchtturms behalf man sich mit einem Notfeuer in Gestalt eines Mastes mit hochziehbarer Feuerschiffslaterne. Aber schon im November 1879 nahm der neue Leuchtturm mit einem Fresnelschen Drehlinsenapparat größter Art seinen Betrieb auf. Die Optik ist heute noch vorhanden, allerdings in etwas veränderter Form. Als Lichtquelle diente zunächst eine fünfdochtige Petroleumlampe, seit 1908 Petroleum-Glühlicht, ab 1925 elektrisches Glühlicht. Auf ⅔-Höhe des Turmes befindet sich ein vom Volksmund als »Blumenfenster« bezeichneter Erker, aus dem ein Leitfeuer strahlt.

Im Zweiten Weltkrieg ließ man kein Feuer auf der
brennen, um feindlichen Schiffen und Flugzeug
Orientierung nicht allzu leicht zu machen. De
wurde militärisch zur Luftbeobachtung genutzt
einem parabolischen Horchgerät ausgerüstet.
Seit 1977 wird die Leuchtfeueranlage von der Re
trale Knock aus ferngesteuert.
Über 100 Jahre steht der Turm nun schon als h
Bauwerk und Wahrzeichen auf der Insel. W
315 Stufen nicht scheut, kann bei klarer Sicht
Galerie aus die holländische und deutsche Küst
die Nachbarinsel Juist erkennen.

Strandstraße 1980

Sein Leitfeuer bestand anfangs aus einem Gürtellinsen-Ausschnitt mit seitlichen Otterblenden für die Warnsektoren. Wegen des gelblichen Lichtscheins der aus Frankreich stammenden Optik bezeichneten die Schiffer es etwas romantisch als »Mond von Campen«. 1976 war es vorbei mit der Romantik, denn das alte Leitfeuer wurde ausgebaut und durch ein Präzisionssektorfeuer ersetzt. In dem zu einem kleinen einschlägigen Museum umgestalteten Maschinenhaus kann man aber die ganze dort zur Demonstration wieder aufgebaute alte Leuchtfeuer-Einrichtung sowie das alte und das neue Stromaggregat besichtigen.
Bei guter Sicht genießt der Besucher nach einem Aufstieg im runden Treppenrohr mit 320 Stufen von der Galerie aus den herrlichen Rundblick auf das ganze Unteremsgebiet und die vorgelagerten ostfriesischen Inseln.

Pilsum

Dieser kleine dicke Eisenturm mit seinem Petroleum-Glühlicht-Blitzfeuer gehörte einst auch zur Unterems-Befeuerung. Als das Fahrwasser vor ihm immer mehr versandete und unbenutzbar wurde, löschte man 1919 sein Feuer, wie es amtlich hieß.
Nachdem auch den einstigen Wärter nichts mehr in dieser einsamen Gegend gehalten hatte, geriet er langsam in Vergessenheit. So rostete der in seiner aktiven Zeit gänzlich rote Bursche vor sich hin und bekam allmählich ein bißchen Schlagseite. Erst 1972 entsann man sich seiner und rettete ihn vor gänzlichem Verfall durch Entrostung und Neuanstrich. Nun kann er sich rühmen, der einzige rot/gelb gebänderte Leuchtturm »im Ruhestand« zu sein.

Norderney

1797 wurde auf dieser Insel zwar das erste Nordseebad Deutschlands eröffnet, aber einen Leuchtturm gab es noch lange nicht. Leuchttürme standen nur an den beiden Enden der langen ostfriesischen Inselkette, auf Borkum im Westen und auf Wangerooge im Osten. Dazwischen klaffte eine lange dunkle Lücke, die vielen Seeleuten zum Verhängnis wurde. In der Mitte dieser Lücke, auf Norderney, wurde 1872/74 endlich auch ein Leuchtturm erbaut und am 1. 10. 1874 in Betrieb genommen.
Weil Schiffe damals oft monatelang unterwegs waren, gab man in den Nachrichten für Seefahrer schon die beabsichtigte Errichtung eines Leuchtturmes etwa ein Jahr vorher bekannt. Leider war dies im Falle **Norderney** nicht geschehen. So glaubten manche Schiffer, es handele sich um einen anderen, ihnen bekannten Leuchtturm, was in mehreren Fällen zum Schiffbruch führte.
Der Leuchtturm **Norderney** war und ist ein markanter Punkt mitten auf der Insel. Die damals von Frankreich gelieferte Drehlinsen-Optik größter Ausführung läßt nach wie vor ihre Strahlen kreisen, nur wesentlich schneller als vor 100 Jahren. Die erste Lichtquelle, eine Petroleum-Dochtlampe, wurde zunächst durch Petroleum-Glühlicht, 1920 durch elektrisches Glühlicht ersetzt.
Die allmähliche Verwitterung des Mauerwerks versuchte man 1936, 1951 und 1957 durch Außenanstriche aufzuhalten. 1975 wurde dann aber doch eine gründliche Restaurierung erforderlich.
Nach dem Erklimmen von 253 Stufen hat man aus 50 m Höhe einen weiten Blick auf die Dünenlandschaft und den Flugplatzbetrieb.

*Leuchtturm **Pilsum,***
1890 bis 1919 in Betrieb, 11 m hoch

Leuchtturm ***Norderney,***
1872/74 erbaut, 54 m hoch

Wangerooge

Dieses Eiland wurde wie kaum ein anderer Küstenstrich immer wieder von verheerenden Sturmfluten heimgesucht. Was das Meer im Westen fortriß, spülte es allerdings meist im Osten wieder an. So wanderte die Insel im Laufe der Zeit immer weiter nach Osten, bis man Ende des vorigen Jahrhunderts wirksame Uferbefestigungen anlegen konnte. Trotzdem brach auch danach das Meer öfter durch und setzte große Flächen der Insel unter Wasser und zerriß sie einmal sogar in drei Teile.
Eine entsprechend bewegte Geschichte haben die Leuchtfeuer aufzuweisen. Denn auch unter ihnen wanderte die Insel nach Osten fort, so daß sie eines Tages dem Angriff der Sturmfluten ausgesetzt waren. Die meisten früheren Seezeichen hatten an Stellen gestanden, wo heute gar kein Land mehr ist, sondern Wasser. Die Überlieferung reicht zurück bis zu zwei im 14. Jahrhundert als Landmarken erbauten Kirchtürmen, die im 16. Jahrhundert nacheinander durch Sturmfluten verlorengingen.
1597–1601 errichtete man daraufhin mitten in dem neu angelegten Inseldorf einen für damalige Zeiten gewaltigen, über 40 m hohen Signal- und Wehrturm mit zwei Spitzen genau in Nord-Süd-Richtung. 1624 wurde noch eine Mittelspitze mit vielen Fenstern eingefügt, in der man versuchsweise nachts einige Öllampen brennen ließ. So nützlich der Turm mit nunmehr 56 m Höhe als Tagessichtzeichen war, so kümmerlich war er als Leuchtfeuer. Deshalb betrieb man ab 1630, wie schon an anderen Küsten üblich, eine Kohlenblüse.
Der hohe Signalturm – später Westturm genannt – wurde seitdem nicht mehr für Leuchtfeuer benutzt, sondern vornehmlich als Inselkirche und Zufluchtstätte. Bei den tagelangen Sturmfluten um die Jahreswende 1854/55 blieb er als einziges Bauwerk stehen, während das ganze Dorf um ihn herum von der See verschlungen wurde. Nun stand er außerhalb der Insel, von jeder Flut umbrandet, wie auf Seite 15 abgebildet. Nach Ausbruch des Ersten Weltkrieges 1914 wurde er gesprengt, weil die Marineleitung befürchtete, er könne sonst feindlichen Schiffen zur Orientierung dienen. Bei Ebbe sind seine Fundamente heute noch zu sehen.
Die 1933/34 etwa 800 m weiter südöstlich erbaute Nachbildung des Westturmes wird wohl nicht so lange stehenbleiben, weil schon relativ früh Verfallserscheinungen auftraten.

Doch zurück zu den Leuchtfeuern, bei denen sich eine tabellarische Aufstellung lohnt.

1. 1624–1630 Lampenfeuer im oben näher beschriebenen Signalturm;
2. 1630–1686 Holzgestell mit Kohlenfeuer;
3. 1687–1705 runder Steinturm, 11 m hoch, mit Kohlenfeuer, 1705 innen ausgebrannt;
4. 1706–1825 neuer massiver Steinturm, 10 m hoch, anfangs mit Kohlenfeuer, ab 1814 mit zwei Öllampen nebeneinander. 4. 2. 1825 durch Sturmflut zerstört;
5. 1825 Holzmast mit Öllampen-Laterne als Notleuchte bis zur Fertigstellunt von 6;
6. 1825–1830 Balkengerüst mit Kohlenfeuer (letzte Steinkohlenblüse an der Nordsee);
7. 1830–1856 Leuchtturm aus Stein, 23 m hoch, mit Blinkfeuer (Argandlampen mit Parabolscheinwerfern auf Drehtisch). Bei Sturmfluten 1854/55 derart gefährdet, daß Entschluß zur Errichtung von 8 gefaßt wurde. 1859 eingestürzt;
8. 1856–1969 neuer Steinturm auf damaligem Ostteil der Insel (heute noch vorhanden auf Inselmitte), 30 m hoch, mit zunächst kleiner Drehfeueroptik, ab 1878 mit neuem Drehlinsenfeuer größter Art; ab 1896 elektrische Bogenlampe, eigene Stromerzeugung durch Dampfmaschine mit Dynamo. Turmhöhe seitdem 32 m. 1927 Turm auf 39 m erhöht und mit neuer Laterne ausgestattet. 1969 Feuer gelöscht, Bauwerk als Leuchtturm-Museum eingerichtet, von Galerie aus Blick über die Insel, bei guter Sicht bis zum 43 km entfernten Helgoland;
9. 1969 Inbetriebnahme des 1966/67 erbauten Stahlbetonturmes, Höhe 64 m. Scheinwerferlinsen für Blitzfeuer in Laterne, Gürteloptik für Leitfeuer im Zwischengeschoß. Fernsteuerung von Wilhelmshaven aus über Schaltstelle Schillig.
   Dieser Leuchtturm wurde erforderlich bei Ausbau des Jade-Fahrwassers für Tanker bis 250 000 tdw (tons dead weight) Tragfähigkeit.

Die Leuchtfeuer-Bauwerke auf Wangerooge von 1624 bis heute

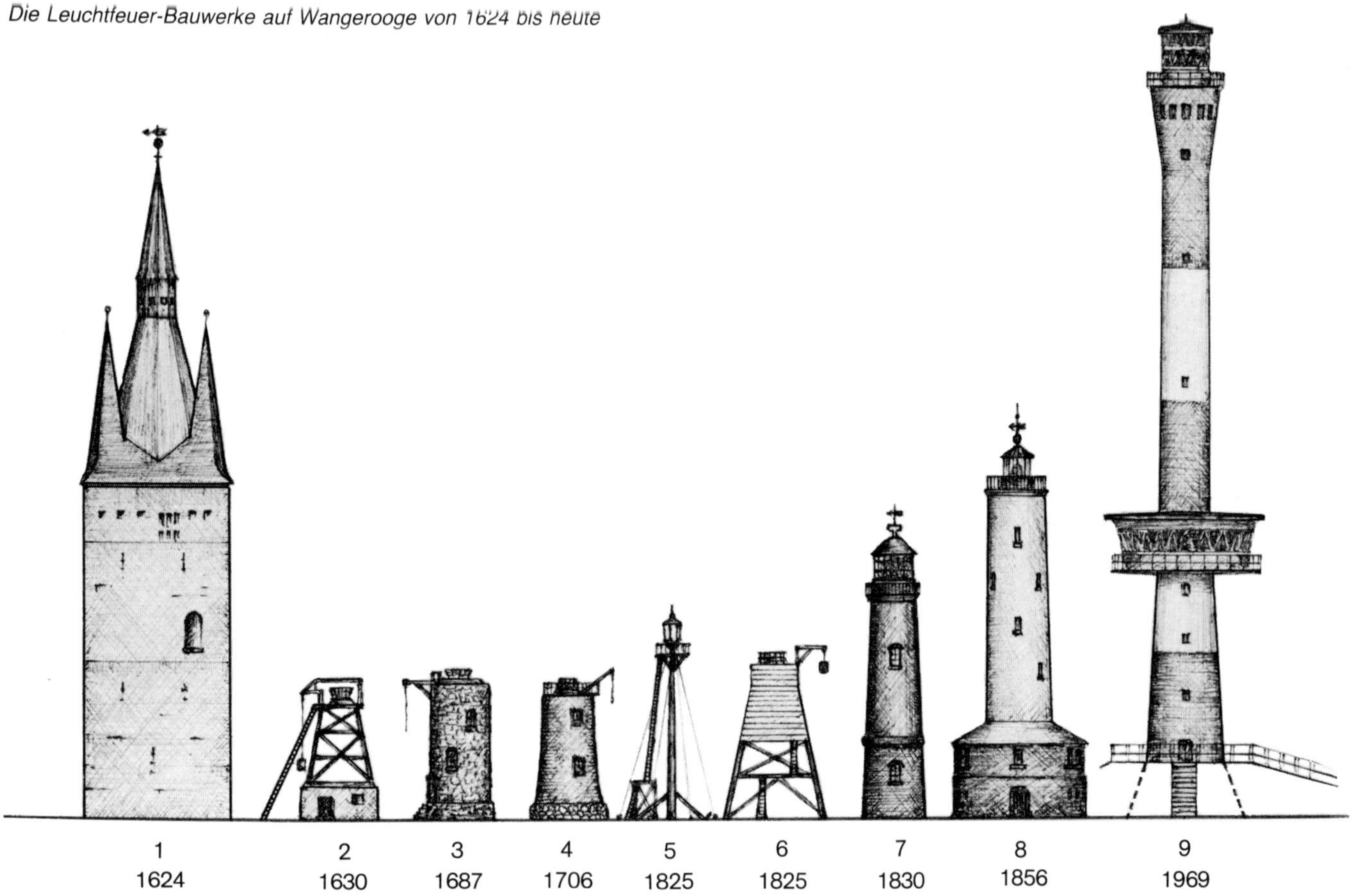

Helmstange des Alten Westturmes: 1826 als Ersatz für die im Sturm abgebrochene Vorgängerin montiert, Sichtkugel und Windflügel vergoldet, 1914 bei Sprengung des Turmes geborgen, heute zu besichtigen neben dem Leuchtturm-Museum

Unten links:
Der 1856 erbaute Leuchtturm ***Wangerooge*** *um die Jahrhundertwende*

Unten:
Der gleiche Turm, 1927 aufgestockt, heute als Museum

Mellumplate

Südöstlich von Wangerooge gab es einst eine Insel, auf der das legendäre Schloß Mellum gestanden haben soll. Von dieser Insel ist heute nur noch ein Rest vorhanden, die Alte Mellum. Alles übrige Land ist verschwunden und zu einer für die Schiffahrt gefährlichen Untiefe geworden. Kurz nach Beginn des Zweiten Weltkrieges wurde auf dieser weit nach Norden vorspringenden Untiefe mit dem Bau eines Flak-Turmes begonnen, um einfliegende Bomber schon möglichst weit vor dem Festland unter Feuer nehmen zu können. Aber der Bau im hier schon 12 m tiefen Wasser bereitete ungeheure Schwierigkeiten. Wie 60 Jahre zuvor beim Leuchtturm **Roter Sand** mußte zur Gründung ein Senkkasten tief in den Meeresboden eingelassen werden, ehe darauf der eigentliche Turm errichtet werden konnte. Dieser sollte nicht nur die Schußerschütterungen aushalten, sondern auch noch eine Art Kaserne für die 40 Mann Bedienung sein. So dauerte es zwei Jahre bis zur Fertigstellung.

Bald nach Kriegsende und Demontage der Geschütze wurde er aufgrund seines günstigen Standortes zum Leuchtturm **Mellumplate** umgerüstet. Seit 1946 trägt er ein Leuchtfeuer und dient einem friedlichen Zweck.

Weil das häufig durchfeuchtete Klinkermauerwerk schadhaft geworden war, verkleidete man 1968 den Turm einschließlich der Fenster mit Aluminiumprofilen. 1973 erhielt der Turm als erster ein Präzisionssektorfeuer. Im selben Jahr wurde er an die Fernsteuerung angeschlossen, so daß man die Wärter abziehen konnte. Zum Übersetzen des Wartungspersonals wurde dieser Turm mit einer Hubschrauber-Landeplattform ausgestattet, wodurch sich sein Aussehen noch mehr veränderte.

Heute ist dieses vierkantige Bauwerk ein wichtiges Glied in der Leuchtfeuerkette des Jade-Fahrwassers für Supertanker.

*Leuchtturm **Mellumplate,***
1940/42 als Flak-Turm erbaut, seit 1946 mit Leuchtfeuer-Einrichtung, 31 m hoch

Anm.:
Bei allen im Wasser der Nordsee stehenden Türmen ist grundsätzlich die ungefähre Höhe über mittlerem Tidehochwasser (MThw) angegeben, bei Ebbe kommt noch der Tidenhub von 2 bis 3 m hinzu

Der Turm nach der Umkleidung und mit Hubschrauber-Landeplattform

Schillig

Diese Nordost-Ecke des Wangerlandes ist der erste Festlandspunkt am Seeweg nach Wilhelmshaven. Nach Gründung des Kriegshafens war besonders die Marine hier an einer Befeuerung interessiert. Auf ihr Betreiben wurde 1876/77 der Leuchtturm **Schillighörn** errichtet, der auch Schillig-Reede als bevorzugten Ankerplatz für Kriegsschiffe markierte. Bis etwa 1925 war der Turm in Betrieb, dann löste ihn eine Richtfeueranlage ab. Diese mußte jedoch 1961 im Zuge einer Ausbaustufe der Jade durch eine neue ersetzt werden. Neben dem Oberfeuer **Schillig** wurde eine Schaltzentrale für die Leuchtfeuer an der Jade eingerichtet.

Seit 1974 ist das auf 20 m unter SKN (Seekartennull) ausgebaggerte Fahrwasser nach Wilhelmshaven, dem einzigen deutschen Tiefwasserhafen, für Großtanker bis zu 350 m Länge freigegeben. Wenden könnten sie hier allerdings nicht mehr. Aus Sicherheitsgründen brennen alle Leuchtfeuer von **Wangerooge** bis **Arngast** auch bei Tage. Außerdem werden einlaufende Großtanker von der Wasserschutzpolizei mit Blaulicht bis zur Löschbrücke begleitet, ähnlich wie Schwerlasttransporter auf Landstraßen.

*Leuchtturm **Schillighörn**,*
1876/77 erbaut,
23 m hoch

*Oberfeuer **Schillig**,*
1961 erbaut, 35 m hoch

*Unterfeuer **Schillig**,*
16 m hoch, mitten in einem Campingplatz

Voslapp

Hier entstand 1906/07 ein Leuchtturm auf Pfählen im Watt. 1961 mußte er einer modernen ferngesteuerten Richtfeueranlage weichen, die zur Sicherheit des Großschiffahrtsweges erforderlich wurde.

*Alter Leuchtturm **Voslapp**,*
1907 bis 1961 in Betrieb, 26 m hoch

Arngast

Dieser Leuchtturm steht mitten im Jadebusen. Das ist eine blasenförmige Meeresausbuchtung, die vom 12. Jahrhundert an durch Einbrüche bei Sturmfluten entstanden war. Zunächst blieben noch einige höher gelegene Stellen als Inseln übrig. Eine davon hieß Arngast. Im Laufe der Zeit gingen sie aber alle unter, 1905 verschwand Arngast. Seitdem fallen nur bei Ebbe noch einige Stellen des Jadebusens trocken.
Der Leuchtturm **Arngast** entstand 1909/10, als die Insel schon Wattenmeer geworden war. Zur Gründung wurden zunächst von einer schwimmenden Dampframme aus

*Oberfeuer **Voslapp**,*
1960/61 aus Beton erbaut, 61 m hoch

112 Pfähle in den Wattenboden getrieben und mit einer Spundwand umschlossen. Derweilen war an Land das als Schwimmkasten ausgebildete, topfförmige, 12 m hohe Turmunterteil hergestellt worden. Es wurde bei Hochwasser eingeschwommen, über dem Pfahlrost abgesetzt, fest verankert und mit dicken Betonwänden beschwert. Auf diesem hochwasserfreien Sockel konnte nun der gußeiserne Turm errichtet werden. Die Gußformen stammten noch von den wenigeJahre zuvor erbauten drei ähnlichen Türmen in Schleswig-Holstein, **Pellworm, Hörnum** und **Westerheversand.**

Die Kosten für das gesamte Bauwerk betrugen 120000 Mark, für die optische und Maschinenanlage 60000 Mark.

*Leuchtturm **Arngast,***
1909/10 mitten im Jadebusen erbaut, 36 m hoch

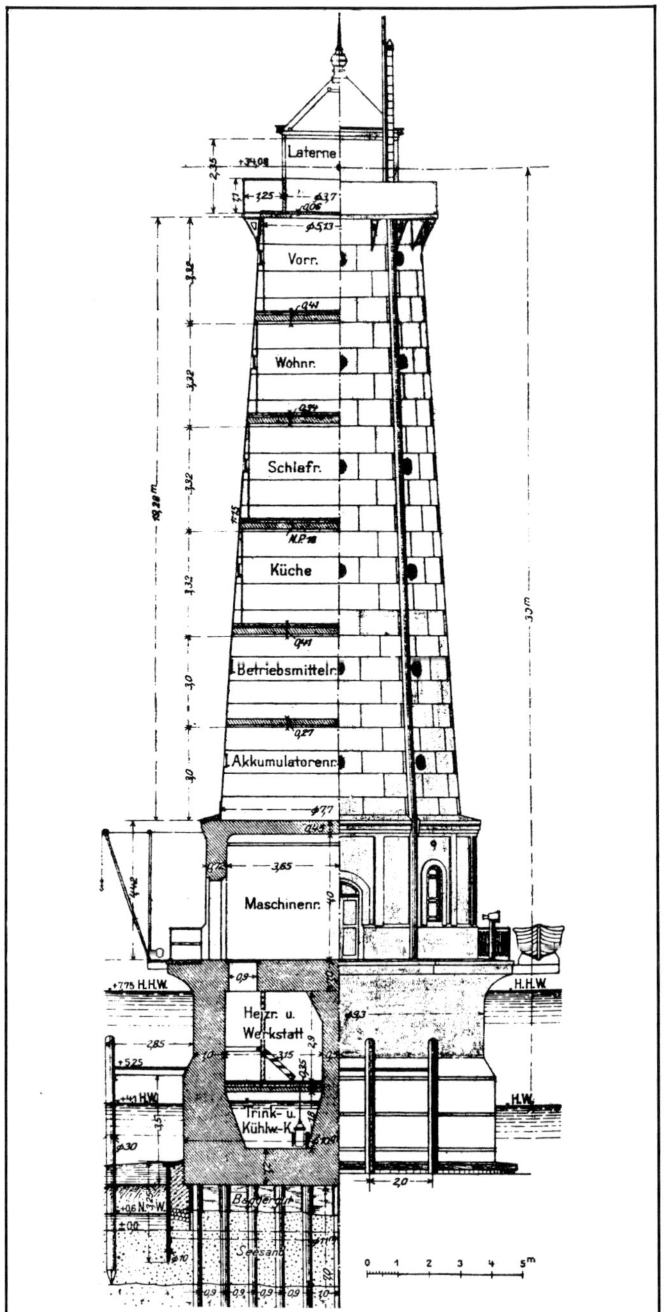

 Aufriß und Schnitt des Turmes ▸

Bis zur Automatisierung 1967 wurde der Turm von Wärtern betreut. Heute ist er mit einem Leitfeuer ausgerüstet und als südlichstes Glied in die bei Wangerooge beginnende Leuchtfeuerkette des Jade-Großschiffahrtsweges einbezogen.
Übrigens gab es schon vorher einen Leuchtturm, um Schiffen im Jadebusen den Weg zu weisen. Dieser hatte seit 1877 beim Vareler Siel gestanden und war nach Inbetriebnahme des Leuchtturms **Arngast** abgerissen worden. Er hatte ähnlich ausgesehen wie der zu gleicher Zeit erbaute erste Leuchtturm **Schillighörn** (s. Seite 80).

*Unterfeuer **Tossens**,*
1973 errichtet, 18 m hoch, beliebtes Ziel für Wattwanderungen

Eckwarden

Dies ist die Südwestecke von Butjadingen, dem nördlichen Landbogen zwischen Jade und Wesermündung. Sie liegt gegenüber von Wilhelmshaven, an der anderen Seite des Flaschenhalses der Jade.
1961 wurde an dieser Ecke eine Gegenrichtfeuerlinie zu Voslapp eingerichtet. Als Oberfeuer dient eine vierstielige stählerne Bake. Die Unterfeuer-Stahlröhre steht in einiger Entfernung davor im Watt.

Tossens

Wenn man die Richtfeuerlinie Schillig verlängert, stößt man bei Tossens wieder auf Land. Damit einkommende Schiffe sich auch in dieser Linie nach Feuern voraus richten können, erstellte man hier 1973 ebenfalls eine Gegenrichtfeuer-Anlage. Das hinter dem Deich stehende Oberfeuer aus Beton wurde 1978 zur Aufnahme einer Radarantenne umgebaut. Zum Unterfeuer kann man bei Ebbe vom Strand aus durch das Watt marschieren.

Roter Sand (Schreibweise inoffiziell auch **Rotersand**)

Dieser Name bezeichnet eigentlich eine gefährliche Untiefe zwischen der Alten und der Neuen Weser, den beiden natürlichen Mündungsrinnen des Stromes in der Deutschen Bucht. Erst der Leuchtturm hat den Namen bekannt gemacht.
Der ursprüngliche Plan, ein Feuerschiff auszulegen, wurde wieder fallengelassen, weil sich dieses bei den dort besonders ungünstigen Strömungs- und Seegangsverhältnissen nicht hätte auf Position halten lassen. So faßte man den mutigen Entschluß, auf dem Roten Sande – erstmals in tiefem Wasser der offenen See – einen Leuchtturm zu errichten (abgebildet auf Seite 89).
Sein Bau war ein Kampf mit den Naturgewalten, wie in Teil 1 auf Seite 25 beschrieben. In der Fachwelt erregte diese Pionierleistung Aufsehen und Bewunderung.
Ein Auszug aus dem 1891 erschienenen Verzeichnis »Leuchtfeuer und Schallsignale der Erde« gibt wieder, welche Bedeutung er damals für die Schiffahrt hatte. Bremen und Bremerhaven verdanken ihm ihren Aufstieg, weil er gerade in der aufkommenden Dampfschiffzeit das nächtliche Einlaufen in die Außenweser erheblich erleichterte.

Auszug aus dem Leuchtfeuerverzeichnis von 1891

Deutschland. — Nordsee. 71

Name.	Geograph. Br. N. Lg. O. ° ′	Art und Ordnung.	Höhe der Flamme Meter.	Höhe der Flamme engl. Fuss.	Sichtbar Seemeilen.	Bemerkungen.
Rother Sand	53 51,3 8 4,9	1 f. w. F. und w. Blitzf. Lins. 4. O.	23,9	78	10	Eiserner Leuchtthurm W-Seite des Rothen Sandes in der Weser-Mündung auf 7 m Niedrigwasser,

in Form eines abgestumpften Kegels, an welchem oben, unterhalb der Laterne, drei runde Erker angebracht sind. Höhe bis zur Spitze des Laternendaches 28,4 m über Hochwasser.

Der Fuss des Thurmes, bis 5 m über Hochwasser, ist schwarz, der obere Theil abwechselnd weiss und roth horizontal gestreift je ca. 4 m, die Erker sind roth, die Laterne ist weiss und das Kuppeldach schwarz.

Das Hauptfeuer für die Einsegelung in die „Neue Weser“ ist zwischen den Peilungen von S $^7/_8$ O über O und N bis NNW $^7/_8$ W sichtbar.

Dasselbe erscheint als weisses festes Feuer zwischen den Peilungen SOzO $^1/_2$ O und OSO $^1/_8$ O, und NNW bis NNW $^1/_8$ W.

Zwischen OSO $^1/_8$ O über O und N bis NNW erscheint das Feuer als weisses Blitzfeuer mit gleichmässig auf einander folgenden Blitzen, wobei die Dauer der Blitze und der Verdunkelungen je ca. $1^1/_4$ Sec. beträgt, zwischen SO $^7/_8$ O bis SOzO $^1/_8$ O, sowie zwischen NNW bis NNW $^1/_8$ W, dagegen als weisses Blitzfeuer mit zwei rasch auf einander folgenden Blitzen, denen eine Verdunkelung von ca. 4 Sec. folgt.

		1 f. w. F. Lins. 5. O.	22,9	75	8	Nebenfeuer in dem nordöstlichen Erker, für die Einsegelung in die „Alte Weser“.
		2 f. w. F. Lins. 6. O.	18,9	62	2	Zwei Orientirungsfeuer, welche 5 m unter dem Hauptfeuer in dem

nordwestlichen und südlichen Erker aufgestellt sind.

Das nordwestliche Orientirungsfeuer zeigt zwischen den Peilungen SO $^7/_8$ O bis O, das südliche zwischen den Peilungen NNW $^1/_8$ W bis NzW $^1/_4$ W rw. je ein weisses festes Feuer, welches mit blossem Auge auf 2 bis $2^1/_2$ Seem. Entfernung vom Thurm nicht mehr deutlich sichtbar ist; das Insichtkommen dieser Feuer bezeichnet die Punkte, wo die Schiffe von dem einen Leitfeuer in das andere hinüber zu steuern haben.

Auf dem Thurme befindet sich eine Telegraphenstation; dieselbe befördert Telegramme, welche mittelst der Flaggensignale des internationalen Signalbuches aufgegeben werden. Schiffe, welche ihre Nationalflagge und Unterscheidungs-Signale zeigen, werden von der Station nach Bremerhaven und Bremen gemeldet. Wenn viel Treibeis in der Weser ist, werden am Thurm die Signalflaggen HQR gezeigt. Bei Nebel wird in kurzen Pausen eine am Thurm angebrachte Glocke 3 mal angeschlagen.

Vom W kommende Schiffe steuern in den festen Sektor des Leuchtthurms „Rother Sand“ hinein und in der Mitte desselben auf SOzO $^3/_4$ O Kurs direkt auf das Feuer zu. Nachdem auf diesem Kurs das kleine Orientirungsfeuer mit blossem Auge und vollständig frei von dem Hauptfeuer erscheint, befindet man sich etwa 2 bis $2^1/_2$ Seemeilen vom Thurm. Tiefgehende Schiffe dürfen sich dem Thurme in den festen Leitfeuern nur bis auf $1^1/_2$ Seemeilen nähern.

Man steuere nunmehr auf südöstlichem Kurs so lange bis der nach aufwärts gerichtete feste Sektor des Hauptfeuers erscheint. Vom Verschwinden des nordwestlichen bis zum Erblicken des südöstlichen festen Hauptfeuers hat man eine Distanz von ca. 3 Seemeilen zu durchlaufen; das Hauptfeuer ist während dieser Zeit einblitzig.

In dem weseraufwärts gerichteten festen Hauptfeuer angelangt, steuere man auf SSO $^1/_8$ O Kurs einwärts; das Feuerschiff „Bremen“ bleibt dabei einsegelnd an St. B. Der letztere Kurs führt sodann unterhalb Leuchtthurm „Hoheweg“ in das Feuer von Meyers Legde.

Zur Nachtzeit seewärts fahrend kommt unfern Leuchtthurm „Hoheweg“ der feste Sektor des Leuchtthurms „Rother Sand“ in Sicht. In der Mitte desselben steuere man alsdann auf NNW $^1/_4$ W Kurs direkt auf das Feuer „Rother Sand“ zu, wobei das Feuerschiff „Bremen“ an B. B. bleibt.

Sobald das kleine südöstliche Orientirungsfeuer, in gleicher Weise wie bei der Einsegelung, dieselbe Lichtstärke und Entfernung vom Hauptfeuer besitzt, ist der Abstand vom Thurm 2—$2^1/_2$ Seemeilen.

Man steuere nunmehr NW Kurs, wobei der Leuchtthurm „Rother Sand“ in einem Abstand von reichlich 0,6 Seemeilen passirt wird.

Sowie der nordwestliche Sektor des Hauptfeuers erscheint, steuert man in der Mittellinie desselben auf NWzW $^3/_4$ W Kurs seewärts.

Sämmtliche Peilungen und Kurse sind missweisend; die Missweisung ist zu 13° 30′ W angenommen, die jährliche Abnahme beträgt 8′.

Bald wurde der markante Turm mit seinen typischen Erkern sogar Symbol für den Begriff Leuchtturm schlechthin. Er ist auch der am häufigsten auf Ansichtskarten abgebildete, als Modell gebaute und in Schriften aller Art beschriebene Leuchtturm.
So heißt es z. B. in einem 1898 unter dem Titel »Wegweiser an der Küste« erschienenen Artikel:

Er ist ein Kunst- und Musterwerk seiner Gattung. Weder steht er auf einer Insel noch auf einer Klippe, sondern nur auf dem Meeresgrunde, der aus losem Sande besteht, ist der Turm erbaut. Dieser wichtige kegelförmige, eiserne Wegweiser der deutschen Küste ragt 34 Meter über den Meeresspiegel in die Luft. Der massive Unterbau (Caisson) besteht aus einem eisernen Mantel, der sich von 15 Metern auf 12 Meter Durchmesser verjüngt. Inwendig laufen kreuzweise eiserne Träger, die ausgefüllt sind mit Mauerwerk und Beton. Von dem 25 Meter tiefen Unterbau sitzen 14 Meter im Meeressande. Wenn das Wasser auf Null weggefallen ist, stehen am Turme etwa 6–8 Meter. An der Ost- und Westseite des Unterbaues liegen neunzehnstufige eiserne Leitern; steigt man an diesen hinauf, so kommt man in den eigentlichen Turm und trifft hier zunächst den Lagerraum für Steinkohlen, Petroleum und Proviant. In der Mitte des Raumes führt ein runder Schacht, etwa 1 Meter im Durchmesser, auf den Meeresgrund. In dem Schacht bewegt sich der Flutenmesserball. Daneben liegt ein Schacht für die Telegraphenkabel. Auf einem Hängeboden werden Brennholz und Tauwerk aufbewahrt. Vom Lager führt eine Treppe in das höher gelegene Schlafzimmer der Leuchtturmwärter. Vier Kojen, zu zweien übereinander, und ein Kleiderschrank bilden das Inventar. Wieder eine Treppe höher liegt die Küche. Den obersten Raum bildet das Telegraphenzimmer, dessen Inhalt aus Tischen, Stühlen, Schrank für Batterieelemente und einem Morseapparat besteht. Drei Erkereinbauten vergrößern das Telegraphenzimmer; ein Erker gibt Platz für die Uhr der Nebelglocke, welche sich oben auf der Galerie befindet und bei nebligem Wetter jede Minute drei Schläge ertönen läßt. In dem anderen Erker werden Flaggen und Bücher aufgewahrt. Vom dritten Erker geht's über eine Treppe in den Laternenraum, welcher die Hauptfeuer für Wesereinwärts, Weserauswärts und Jade birgt. Im Hauptfeuerraum befindet sich auch das Uhrwerk, welches die Dauer der Lichtstrahlen regelt. Auf der Galerie des Turmes stehen zwei Flaggenstangen zum Signalisieren, im Westen der Galerie hängt ein Boot. Die Strahlen des »festen Feuers« reichen 15 Seemeilen weit hinaus, die 1¼ Sekunden »aufflammenden Blitze« sogar 18 Seemeilen. Den Wachdienst auf dem Turme versehen vier Wärter; einer von ihnen ist stets auf Urlaub, während die andern drei den Dienst ausüben. Drei Monate Wachtdienst wechseln mit einem Monat Urlaub. Gleichmäßig fließen die Dienstmonate dahin. Am Tage bringen zwei Mann die Laternen in Ordnung und erledigen den Telegraphendienst, denn alle einlaufenden und ausgehenden Schiffe werden vom Leuchtturm »Rotersand« aus nach Bremerhaven gemeldet. Der dritte Mann spielt Koch und Bäcker. Während der Nachtzeit lösen sich die Wärter alle vier Stunden ab. Die erste Wache geht bis 12 Uhr, die zweite bis 4 Uhr. Der Koch steht um 4 Uhr auf und hat dann Dienst zu verrichten bis 10 Uhr. Nach der Erledigung der dienstlichen Arbeiten lesen die Wärter, oder sie beschäftigen sich mit allerlei kleinen Handfertigkeiten, zeitweise bietet auch das Fischangeln eine willkommene Abwechslung in der Einsamkeit. Wahrlich, ein schweres, verantwortungsvolles Amt haben diese Männer inne, getreu müssen sie tagaus, tagein auf dem Posten sein, kein Feiertag harrt ihrer während der dreimonatigen Dienstperiode! –

Inzwischen ist die technische Entwicklung weitergegangen, und in den 50er Jahren wurde der Turm auf Möglichkeiten zur Modernisierung und Automation hin überprüft. Dabei stellte sich heraus, daß seine Standsicherheit aufgrund von Verfallserscheinungen des Fundamentes gefährdet war. Deshalb entschloß man sich, einen Ersatzturm zu bauen, zumal sich auch das Fahrwasser durch Sandwanderungen erheblich verlagert hatte.
Am 1. 9. 1964, als dieser Ersatzturm – nach seinem Standort **Alte Weser** genannt – den Betrieb aufnahm, löschte der **Rotesand** seine Hauptfeuer. Es verblieb nur noch ein gasbetriebenes Nebenfeuer, unbewacht, weil natürlich auch die Besatzung abgezogen wurde. Seine Nebelglocke, die von 1888 bis 1964 bei Nebel immer dreimal kurz hintereinander ertönte, kann heute zusammen mit ihrem Antriebsuhrwerk im Schiffahrtsmuseum Bremerhaven besichtigt werden.
Der Turm selber, rund 100 Jahre Wahrzeichen der Außenweser, sieht nun allmählich seinem Ende entgegen, da er wohl nicht mehr erhalten werden kann. Ob er eines Tages von einer Grundsee plötzlich den Gnadenstoß erhält oder sich langsam zu neigen beginnt, ist ungewiß. Jedenfalls würden viele mit der Seefahrt verbundene Menschen um ihn trauern.

Alte Weser

Als moderner Nachfolger und Ersatz für den baufälligen **Rotesand** wurde an der ihm gegenüberliegenden Seite der Mündungsrinne Alte Weser 1960 bis 1963 ein neuer Leuchtturm (abgebildet auf Seite 90) errichtet und nach dieser Rinne benannt. Der Standort ist so gewählt, daß die Leitsektoren bei künftigen Fahrwasserveränderungen mitschwenken können.

Der Bau bei 12 m Wassertiefe mit einer Brunnengründung bereitete ähnliche Schwierigkeiten wie 80 Jahre zuvor beim **Rotesand** und 20 Jahre zuvor bei **Mellum-**

*Leuchtturm **Alte Weser,** Maße und Einrichtungen*

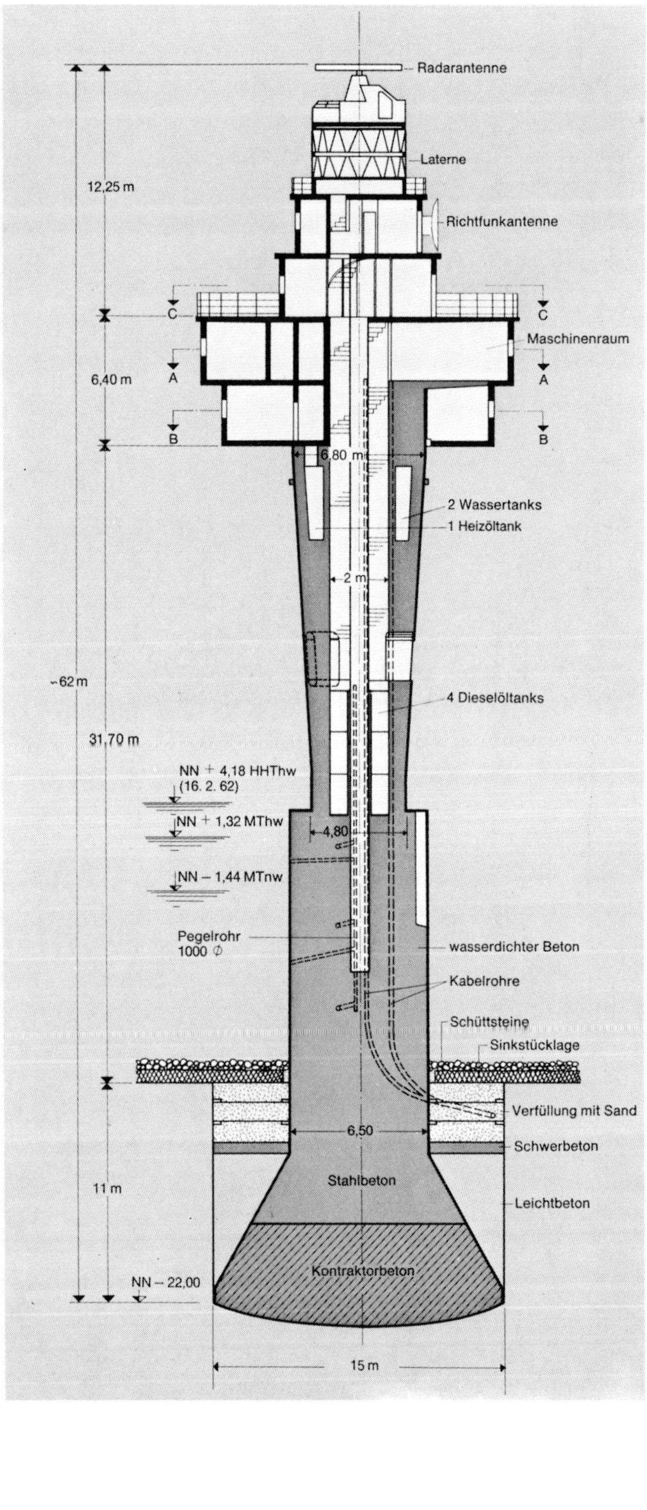

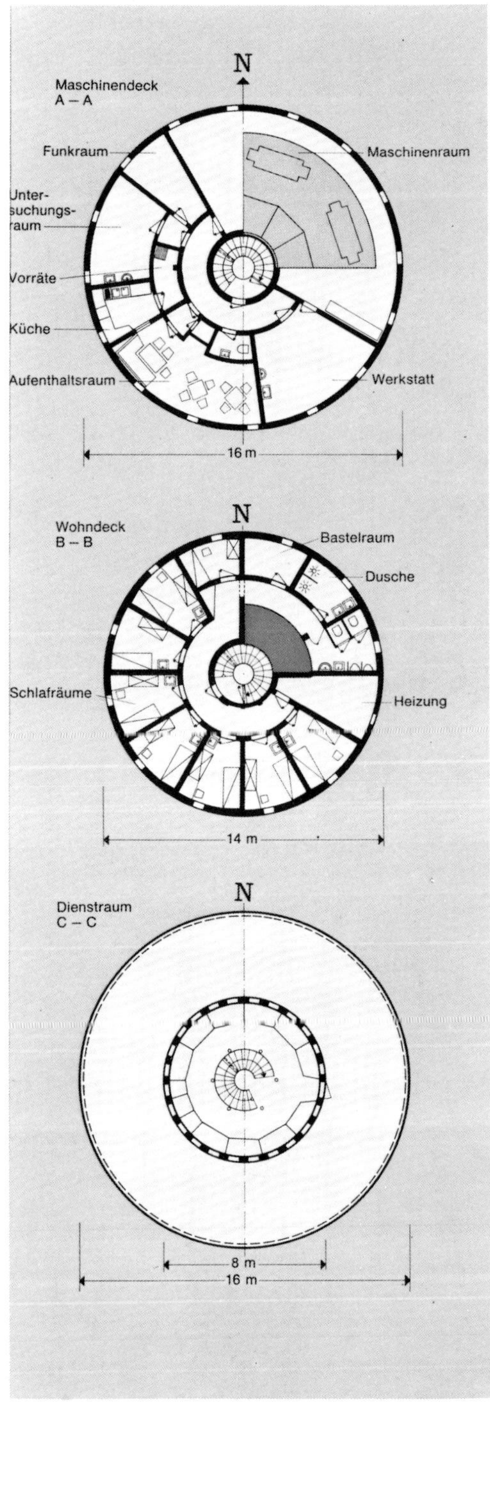

plate. Die neuartige Bauweise mit vorgefertigten Turmteilen ist in Teil 1 auf Seite 26 erläutert. Im Gegensatz zum **Rotesand** ist der Turmschaft unten relativ dünn gehalten, um strömendem Wasser und treibendem Eis möglichst wenig Anriffsfläche zu bieten.

Dafür bieten die ausladenden Obergeschosse wesentlich mehr Platz für technische Einrichtungen und zur Unterbringung von Menschen. Bis zum Anschluß an die Fernsteuerung 1972 war der Turm nämlich noch mit vier Wärtern besetzt, aber auch heute halten sich dort häufig Techniker, Wissenschaftler und Journalisten längere Zeit auf.

Im Turmkopf ist das Leuchtfeuer mit zahlreichen Leit- und Warnsektoren in doppelter Ausführung untergebracht, darüber noch der Radardom.

Bildchen für 20 Pfennig

In allen Postämtern kann man seit 1976 kleine Bilder des Turmes kaufen, und zwar in Gestalt von 20-Pfennig-Briefmarken der Dauerserie »Industrie und Technik«. Trotzdem wird dieses Bauwerk wohl nicht die Popularität seines Vorgängers erreichen.

Turmkopf

Turmfuß mit der Einstiegsöffnung

Tegeler Plate

*Leuchtturm **Tegeler Plate,***
1965 errichtet, 24 m hoch über, 22 m unter dem Wasser

Dieser Leuchtturm wurde in seiner Gesamtlänge von 46 m in Wilhelmshaven fertiggestellt, mit einem Schwimmkran zum vorgesehenen Standort auf der Tegeler Plate transportiert und dort an einem Tag (14. 7. 1965) 18 m tief in den Meeresgrund eingespült. Von vornherein für Fernsteuerbetrieb vorgesehen, besitzt er nur Notunterkünfte für das Wartungspersonal.
1966, nach Inbetriebnahme seiner vielseitigen Leuchtfeuerfunktionen, konnte das in der Nähe liegende Feuerschiff BREMEN eingezogen werden.

Schnitt durch den Turm

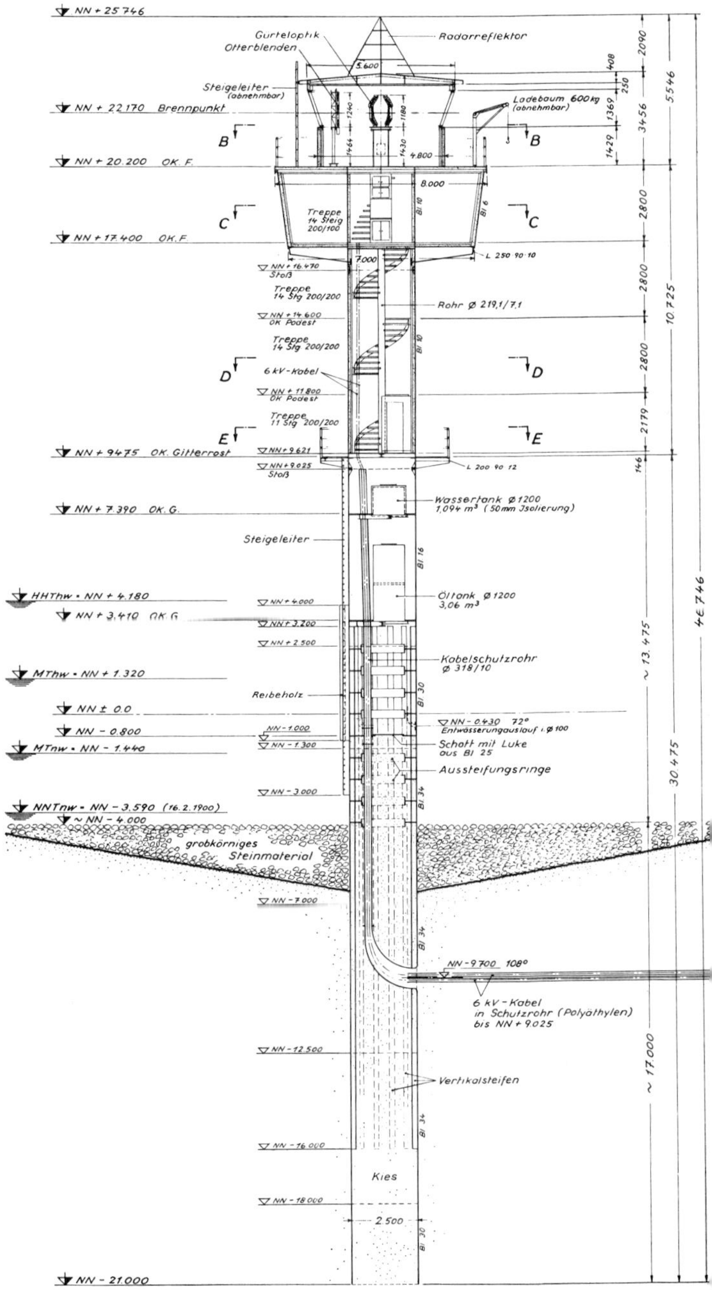

Leuchtturm ***Roter Sand****,*
1883/85 erbaut, 28 m hoch über, 25 m unter Wasser

*Leuchtturm **Alte Weser**,*
1960/63 erbaut, 38 m hoch über, 23 m unter Wasser

*Leuchtturm **Hohe Weg**,*
1855/56 erbaut, einst 33 m, jetzt 36 m hoch

*Leuchtturm **Robbenplate**,*
1923/24 erbaut, einst 29 m, jetzt 32 m hoch

Großer Leuchtturm ***Bremerhaven****, 1854/55 erbaut, 37 m hoch*

Hohe Weg

25 km vor Bremerhaven, am Rande des Wattgebietes, fällt bei Ebbe jeweils für vier Stunden ein Sand trocken, der Hohe Weg. Aufgrund der günstigen Lage am Fahrwasser wurde hier schon 1783 die sog. »Bremer Bake« als Tagessichtzeichen errichtet.
Bald darauf befaßte man sich in der am Seehandel besonders interessierten Stadt Bremen mit dem Gedanken, die Bake durch einen Leuchtturm zu ersetzen, und bereitete 1824 den Bau vor. Aber das hoheitsrechtlich zuständige Herzogtum Oldenburg verhinderte 30 Jahre lang den Baubeginn mit allen Mitteln, eine für die heutige Zeit unverständliche Haltung. So legte Bremen notgedrungen 1840 im dortigen Fahrwasser ein Feuerschiff aus, das erst 1856, nach Fertigstellung des Turmes, wieder eingezogen wurde.
Der Bau des Leuchtturms **Hohe Weg** im Wattenmeer war ein dauernder Wettlauf mit der Zeit, wie in Teil 1 auf Seite 24 geschildert. Dabei diente die umgebaute Bremer Bake als Unterkunft für die Bauarbeiter. Das Fundament, die Steinböschung und der gemauerte Turm selber wurden derartig solide erstellt, daß sich noch nach über 100 Jahren eine Modernisierung und Einbeziehung in die Radarkette der Außenweser lohnte.
Hier einiges zu seiner Geschichte:
Erstes Leuchtfeuer war eine Fresnelsche Gürteloptik der zweitgrößten Ausführung, heute ausgestellt im Schiffahrtsmuseum Bremerhaven (abgebildet in Teil 1 auf Seite 51). Erst 1941 erhielt der Turm Dieselgeneratoren und anstelle von Petroleumglühlicht eine elektrische Lichtquelle.
1857 wurde er durch ein Telegraphenkabel mit dem Festland verbunden, so daß seine Wärter Schiffs- und Wettermeldungen durchgeben konnten.
1893 errichtete man am Ende der Löschbrücke das bekannte Semaphor zur Anzeige der Windverhältnisse bei Borkum und Helgoland; es wurde mittels mehrerer Leinen vom Turm aus bedient, bis 1972 betrieben und 1976 abmontiert.
1961/62 erfolgte der Umbau mit völliger Veränderung und Erhöhung des Turmkopfes.
1973 wurde die ganze Anlage an die Fernsteuerung in Bremerhaven angeschlossen, die letzten Wärter verließen den Turm (Abbildung auf Seite 91).

Robbenplate

Bei dieser Schlickbank teilt sich der Außenweserstrom in einen östlichen Arm, das Wurster Fahrwasser, und einen westlichen, das Fedderwarder Fahrwasser. Während früher der östliche Arm tiefer und für die Schiffahrt vorteilhafter war, mußte aufgrund von Flußbettverlagerungen seit etwa 1920 mehr und mehr der westliche benutzt werden. Das machte eine Befeuerung des Fedderwarder Fahrwassers für die Großschiffahrt erforderlich.
Neben einer Reihe von Leuchtbaken wurde als größter Leuchtfeuerträger 1923/24 der Leuchtturm **Robbenplate** erbaut. In der Zeit nach dem Ersten Weltkrieg mit Inflation und Materialknappheit war das keine leichte Aufgabe, bereitete doch schon der Bau in lockerem Wattengrund genug Schwierigkeiten.

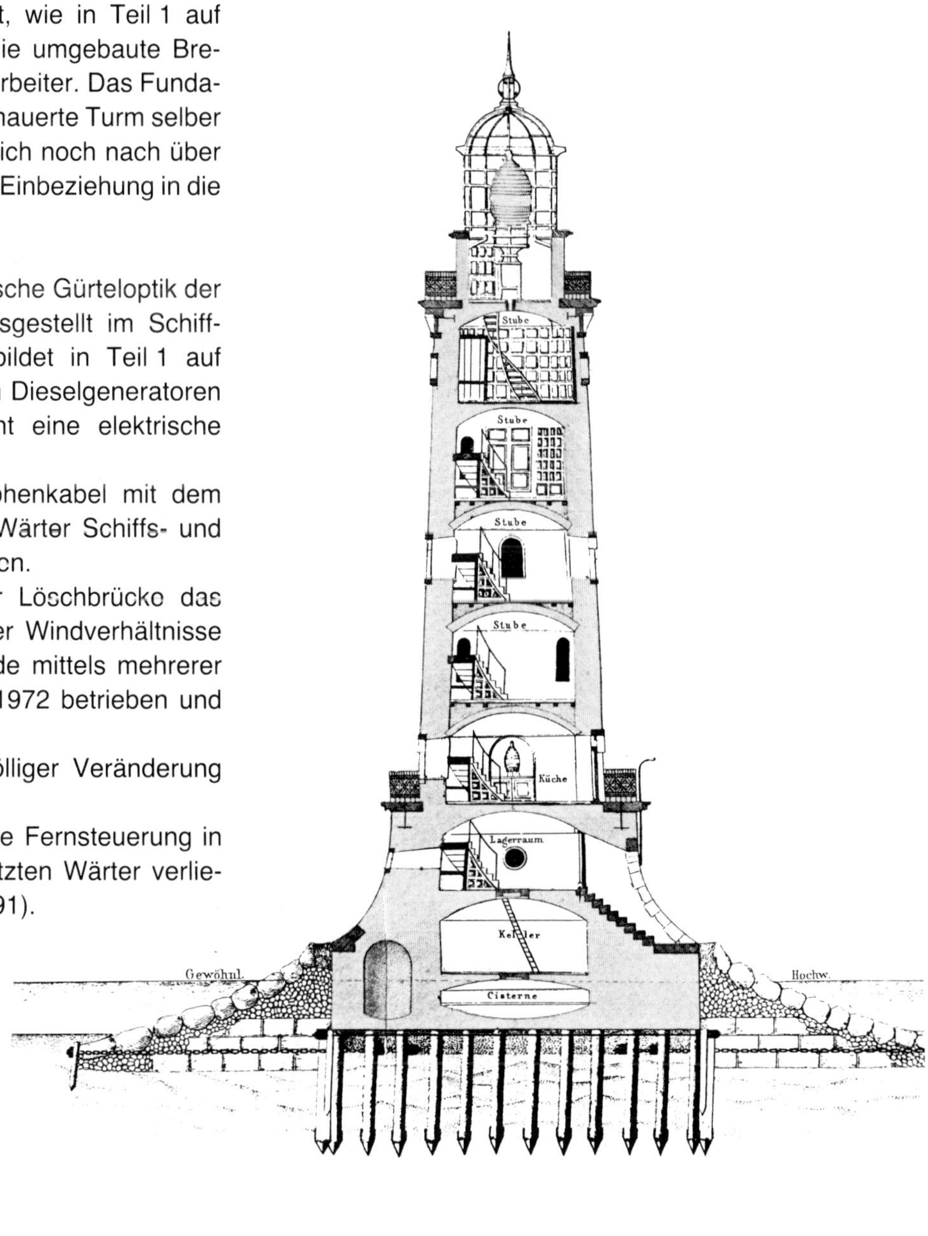

Leuchtturm **Hohe Weg** im Schnitt (1856)

Aber trotz Rückschlages durch eine Sturmflut im Sommer 1923 konnte der Turm aus Ziegelmauerwerk schon Ende 1924 fertiggestellt werden. Die Laterne wurde von einem im Wurster Arm nicht mehr benötigten alten Leuchtturm übernommen. Anfangs diente auch noch das darin befindliche Petroleumglühlicht als Lichtquelle.

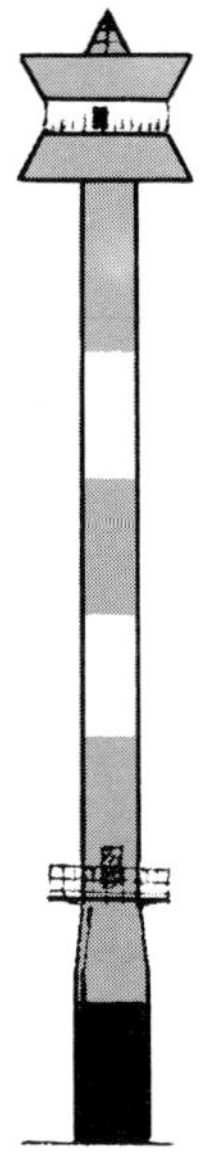

Es handelt sich um den letzten Neubau, der noch mit einer Nebelschallglocke ausgerüstet wurde, allerdings mehr aus Traditionsgründen. Dagegen ist er der erste Leuchtturm, der eine Radaranlage erhielt (1959). Für die nächste Radargeneration ist er allerdings als Geräteträger nicht mehr geeignet.
Seit 1971 wird auch dieser Turm von Bremerhaven aus ferngesteuert (Abbildung auf Seite 91).

Südliche Außenweser

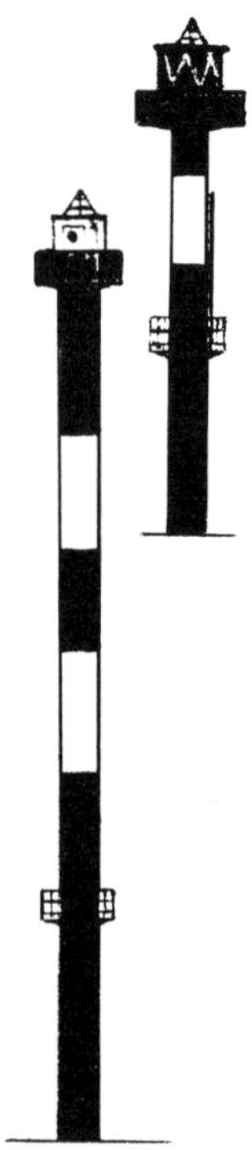

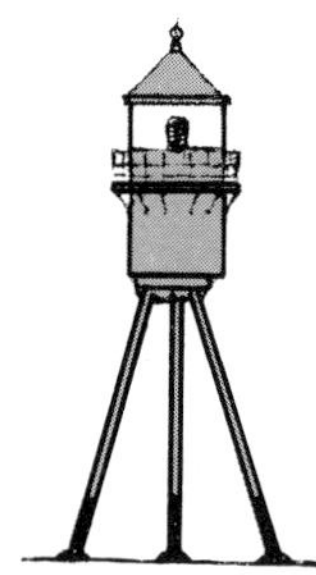

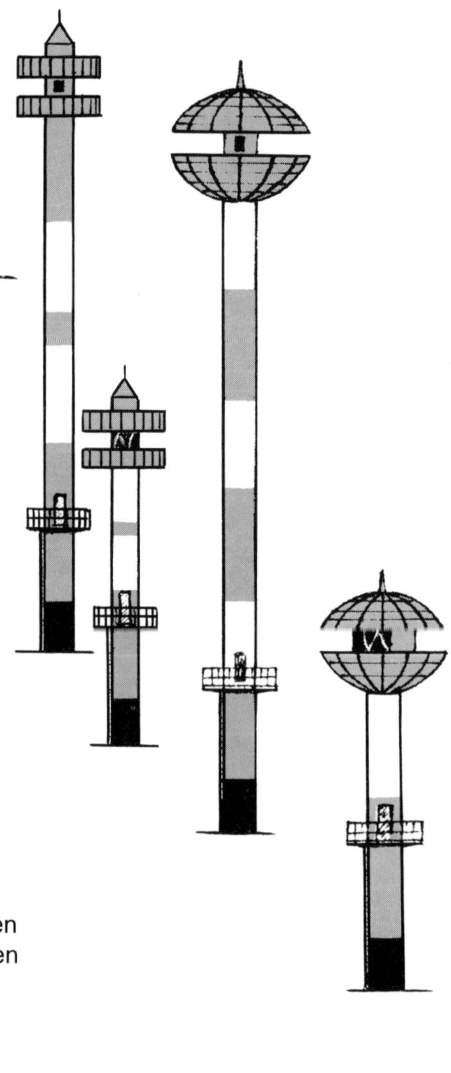

Wer von Bremerhaven aus in See sticht, kommt zunächst durch ein Spalier von Leuchtfeuern, deren Toppzeichen zur Unterscheidung sehr verschiedenartig gestaltet sind. Zuerst taucht an Steuerbord ein Richtfeuerpaar auf mit globusähnlichen, quergeteilten Köpfen, vergleichbar der nördlichen und südlichen Erdhalbkugel mit ausgesparter Äquatorzone, aus der es bei Dunkelheit gleichgängig blitzt. Das Oberfeuer ragt 42 Meter aus dem Wasser, das Unterfeuer 24 Meter. Etwas weiter ein ähnliches Paar mit Köpfen wie verstellbare Schraubenschlüssel. Inzwischen ist an Backbord eine Reihe dünner schwarz/weißer »Bleistifte« in Sicht gekommen, die letzten stehen schon etwa auf der Höhe des Leuchtturms **Robbenplate** (die gesondert beschriebenen Leuchttürme sind hier nicht eingezeichnet). Außerdem erscheinen einige kleinere Feuerträger auf 3 Stelzen – wie Wesen aus einer anderen Welt – und schließlich an Steuerbord, gegenüber dem Leuchtturm **Hohe Weg,** zwei rot/weiße Röhren mit einer »Laufrolle« als Kopf.

Alle haben Namen nach ihrem Standort, z.T. seltsam klingend, wie **Robbennordsteert, Wremer Loch, Langlütjen.** Aber eigentlich gehören sie gar nicht hierher, denn es sind ja keine Leuchttürme im landläufigen Sinne.

Richtige Leuchttürme dagegen bezeichneten das einst im Wurster Arm parallel verlaufende Hauptfahrwasser, benannt nach dem »Land Wursten«, nördlich von Bremerhaven.

Im Wurster Watt wurden 1886/87 zunächst diese drei Leuchttürme gebaut: **Ober-Eversand**, 35 m hoch, **Unter-Eversand**, 21 m hoch, und **Meyers Legde,** 26 m hoch, alle aus Eisen, viereckig und auf Pfeilern (Legde = erhöhtes Gebiet im Watt). Um 1905 folgten zwei weitere Türme: **Solthörn**, 22 m hoch, und ein neuer **Meyers Legde**, 24 m hoch, beide aus Stein. Ihr Bau war infolge mehrerer Strombettverlagerungen erforderlich geworden. Außerdem hatte eine Versandung und damit Verflachung der Fahrrinne eingesetzt, so daß 1923 das Hauptfahrwasser in den Fedderwarder Arm verlegt werden mußte. Dadurch verloren die Türme am Wurster Arm allmählich ihre Bedeutung, die beiden letzten wurden 1945 gelöscht.

*Leuchtturm **Unter-Eversand**,*
21 m hoch, 1886/87 im Watt erbaut, 1925 gelöscht, heute Nistplatz von Kormoranen

Der am weitesten draußen stehende **Ober-Eversand**-Turm wurde nach dem Ersten Weltkrieg als Zuflucht für Schiffbrüchige eingerichtet, 1929 rettete er erstmals zwei Paddlern das Leben. Allerdings wurden seine beiden großen Räume auch öfter zu Gelagen mißbraucht, was das zuständige Wasser- und Schiffahrtsamt veranlaßte, den Zugang zu erschweren.

Der verlassene **Unter-Eversand**-Turm erlangte aus einem anderen Grund Bekanntheit: Er wurde Nistplatz von Kormoranen. Als das Eisengestell aufgrund von Rostschäden zusammenzubrechen und damit die einzige Brutstätte dieser Seeraben an der deutschen Küste verlorenzugehen drohte, hatten die Behörden ein Einsehen. Gemeinsam mit Vogelfreunden ließen sie 1981 das Bauwerk restaurieren und mit zusätzlichen Nistflächen versehen.

Bremerhaven

Die aus zahlreichen, zum Teil schon sehr alten Orts- und Hafenteilen bestehende Stadt wurde erst 1948 unter dem Namen Bremerhaven zusammengefaßt. Ihre Hafenanlagen ziehen sich 8 km am östlichen Weserufer entlang.

Außer Hafeneinfahrtsbezeichnungen stehen in dieser Seestadt mehrere Ober- und Unterfeuer für stromauf und -abwärts weisende Richtfeuerlinien. Die Anzahl der Leuchtfeuer beträgt 12, sie ist damit höher als in jedem anderen deutschen Hafen. Einige von ihnen seien hier – von Nord nach Süd – aufgeführt.

Der nördlichste Leuchtturm wurde 1910/11 auf einem Leitdamm errichtet. Wegen der damaligen Flußbettverlagerungen hatte man gefordert, daß er sich versetzen lassen müsse. Deshalb wurde er nicht aus Stein gemauert, sondern aus Eisenringen zusammengesetzt. Sein offizieller Name lautete zuerst **Brinkamahof** nach einem ehemaligen Marschenhof, ab 1959 Unterfeuer **Weddewarden**. Der Volksmund nannte ihn wegen einer gewissen Ähnlichkeit mit dem berühmten Vorbild aber stets »Kleiner Rotersand«.

Leider stand er einer Ende der 70er Jahre beschlossenen Verlängerung der Container-Kaje im Wege. Während seiner ganzen aktiven Zeit hatte er nie versetzt werden müssen. Nun entsann man sich aber der damals geforderten Versetzbarkeit, und anstatt den Turm zum Verschrotten abzureißen, bot man ihn als Geschenk an, allerdings mit der Auflage, ihn abtransportieren zu lassen.
Daraufhin meldeten sich zahlreiche Interessenten aus dem ganzen Bundesgebiet, um ihn zu allen möglichen und unmöglichen Zwecken zu verwenden. Ein Transport dieses 130 t schweren Kolosses über Land wäre aber zu teuer, wenn nicht gar unmöglich gewesen. So erhielt ein Bremerhavener Kapitän den Zuschlag, und der Turm schwebte eines Tages im August 1980 am Haken eines Schwimmkranes zu dem 8 km südlicher gelegenen Bootshafen Marina, dem er nun als Attraktion dient. Sein neuer Besitzer, der Kapitän und Betreiber dieses Bootshafens, mußte für Transport und neues Fundament 65000 DM aufwenden. Jetzt wohnt er in den runden Räumen des Turmes und unterhält eine Bar in der Eingangsplattform.

Der nächste erwähnenswerte Leuchtturm heißt amtlich **Kaiserschleuse-Ostfeuer,** bei den Bremerhavenern allerdings »Tingelturm«. Er besitzt zwar navigatorisch keine überragende Bedeutung, ist aber mit seinen Blindfenstern und dem Rundbogenfries architektonisch reizvoll. Leuchtfeuer und Nebelglocke sind nach wie vor in Betrieb (abgebildet in Teil 1 auf Seite 52).
1852 wurde der Neue Hafen dem Verkehr übergeben. Neben seiner Schleuse entstand 1854/55 in neugotischem Stil der Große Leuchtturm **Bremerhaven** mit kirchenähnlichen Anbauten für Büros sowie Wohnungen der Leuchtturm- und Schleusenwärter. Die Leuchtfeuereinrichtung bestand anfangs noch aus Argandlampen mit Parabolscheinwerfern. Der verzierte Ausleger diente der Anzeige von Sturmwarnungen.
Unterhalb des Turmes wurden jahrzehntelang Schiffe ein- und ausgeschleust, auch schon die ersten Fregatten und Korvetten der neu gegründeten Flotte.
Am 11. 12. 1875 ereignete sich zu seinen Füßen ein furchtbares Unglück. Die Höllenmaschine eines Versicherungsbetrügers auf dem Lloyd-Dampfer »Mosel« ging vorzeitig los, 81 Menschen kamen ums Leben. Ein zeitgenössischer Zeichner fertigte von dieser Katastrophe ein schauriges Bild mit dem Leuchtturm im Hintergrund für die damalige Leipziger »Illustrirte Zeitung«.
1875 wurde eine 37 m hohe Zeitballsäule errichtet, »137 m südwestlich vom Leuchtthurme«, wie damals amtlich verlautete. Die Säule stand bis etwa 1930, ihr rundes Fundament ist heute noch sichtbar.

*Transport des ausgedienten Leuchtturms **Weddewarden** zum Bootshafen Marina am 19. 8. 1980*

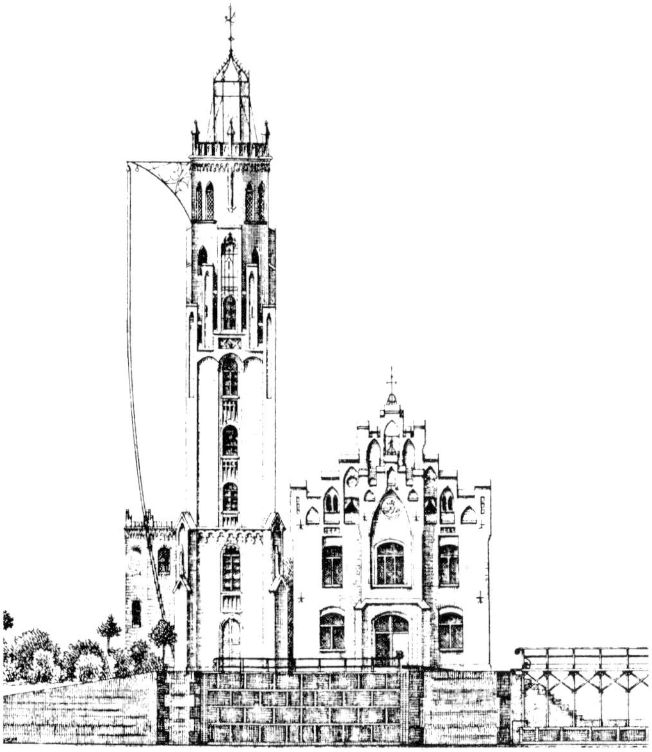

*Großer Leuchtturm **Bremerhaven**,*
37 m hoch, 1854/55 in kirchenähnlichem Stil erbaut

Seitdem hat sich viel verändert. Die Schleuse wurde zugeschüttet, der Anbau des Leuchtturms im letzten Krieg zerstört. Jetzt wirkt der unter Denkmalschutz stehende Turm in seiner klassischen Schönheit eigentlich noch eindrucksvoller (Abbildung auf Seite 92). Seit 1942 wird er elektrisch betrieben, seit 1961 ferngesteuert. Offiziell heißt er jetzt Oberfeuer **Bremerhaven**.

In völlig anderem Stil wurde 1893 ein stählernes Unterfeuer zu dem Großen Leuchtturm erbaut. Wohl aufgrund seiner überdimensionalen Kugelspitze und seines Umganges auf halber Höhe bezeichnen es Einheimische als »Zwiebelturm« oder »Minarett«. Das Feuer scheint aus einem Fenster über dem Umgang. Schon seit 1942 kann es von der Seezeichenzentrale aus geschaltet werden.

Der erste tideunabhängige Hafen wurde 1827 bis 1830 angelegt. Die zu ihm führende Schleuse lag kurz vor der Einmündung der Geeste in die Weser. Auch diese Schleuse ist längst zugeschüttet. Im sog. Alten Hafen liegen jetzt die Traditionsschiffe des benachbarten Schifffahrtmuseums.

Die Geestemündung erhielt damals stabile Molen, die 1912 erweitert wurden. Auf dem Nordmolenkopf standen nacheinander drei kleine Leuchttürme.

Was Spitznamen anbetrifft, so können es die Bremerhavener mit den Berlinern aufnehmen, wie außer den bereits genannten auch noch die beiden Beispiele auf der nächsten Seite beweisen:

*Unterfeuer **Bremerhaven**,*
1893 errichtet, 20 m hoch

»Doppelkorn«, Spitzname für Oberfeuer **Fischereihafen**, errichtet 1973, 44 m hoch ▸

»Schnapsglas« oder »einfacher Korn«, Spitznamen für Unterfeuer **Geestemünde/Fischereihafen**, 1973 errichtet, 11 m hoch

◂ Gitterturmtyp an der Unterweser, der größte mit 36 m, der kleinste mit 18 m Höhe, alle 1897/98 erbaut

Neuer Richtfeuerturm als Ersatz

Unterweser

Um die Nachtfahrt zwischen Bremerhaven und dem 60 km stromaufwärts gelegenen Bremen für größere Schiffe zu ermöglichen, wurden 1897/98 die alten primitiven Leuchtpfähle gegen 21 Gittertürme und Leuchtbaken verschiedener Gestalt und Höhe ausgewechselt. Einige davon dienten als Ober- oder Unterfeuer für Richtfeuerlinien. In den folgenden Jahren wurde die Befeuerung verbessert und ergänzt. Nach dem letzten Krieg ging man daran, diese alten Bauten durch moderne Feuerträger zu ersetzen und eine lückenlose Feuerkette, zum Teil auch mit Uferfeuern, zu bilden.

Neuwerk

Diese vor der Elbmündung entstandene Insel wurde zunächst »Nige Ooge« (Neues Auge) genannt. Erst nachdem auf ihr 1299–1310 ein gewaltiger Wehrturm, das »Niewark« (Neue Werk), erbaut worden war, ging dessen Name auf die ganze Insel über.
Der Turm (siehe auch Teil 1, Seite 14) sollte das Eiland vor Seeräubern schützen. Deshalb hatte er eine militärische Besatzung und war nur durch einen 8 m hohen Eingang über eine aufziehbare Leiter zu erreichen. Außerdem stellte er ein markantes Sichtzeichen am gefährlichen Seeweg der Außenelbe dar, der damals nur bei Tage befahren wurde. Erst 1644 errichtete man in seiner Nähe eine Kohlenblüse als Nachtsichtzeichen. Sie war 170 Jahre in Betrieb, geriet dreimal in Brand, mußte mehrmals wegen Uferabbruches versetzt werden und wurde einmal vom Sturm umgeweht. Ein originalgetreuer Nachbau steht vor dem Schiffahrtsmuseum Bremerhaven (Abbildung in Teil 1, Seite 11).
Nachdem 1805 der Leuchtturm **Cuxhaven** mit einer modernen, aus England bezogenen Parabolspiegel-Laterne in Betrieb genommen worden war, wollte man solch eine Laterne auch auf Neuwerk installieren und wählte als Träger dafür den alten soliden Wehrturm. Sein Dach wurde umgebaut zur Aufnahme der von dem Hamburger Mechanikus Repsold nach englischem Muster gefertigten Leuchteinrichtung, die aus 21 kreisförmig angeordneten Parabolscheinwerfern bestand. Jedoch erst am 20. 9. 1814, nach langer Verzögerung durch die französische Besatzung, konnte der nunmehrige Leuchtturm **Neuwerk** seinen Betrieb aufnehmen.
Er leuchtet immer noch, allerdings seit 1892 aus einer Gürtellinse. Aber das Laternengehäuse ist noch unverändert. Möglicherweise wird der Turm die 170 Betriebsjahre seines Vorgängers noch übertreffen. Seit 1971 wird er von Cuxhaven aus ferngesteuert. Zahlreiche Räume in dem über 600 Jahre alten Gemäuer stehen heute als originelles Quartier für Urlauber zur Verfügung.
Von 1815 bis 1885 hatte der große Turm einen kleinen Bruder in 600 m Entfernung. Beide Feuer in Deckpeilung bildeten eine Richtfeuerlinie für die Einsegelung in die Elbmündung. Vorher hatte das eine sog. Verdunkelungsbake im Verein mit der Kohlenblüse besorgt. Wenn sie das Licht der Blüse verdeckte, befand sich das Schiff auf dem richtigen Kurs.
Neuwerk gehört zum 100 km entfernten Hamburg, wie man auf einem Ortsschild hinter dem Deich ablesen kann. Die 9 km vor dem Festland gelegene Insel ist nur erreichbar bei Hochwasser mit dem Schiff oder bei Ebbe mit hochrädrigen Wattwagen, deren Zugpferde beim Durchwaten der Priele zuweilen bis zur Brust ins Wasser eintauchen. Viele Gäste der Cuxhavener Badeorte lassen sich diese in der Welt einzigartige Wagentour nicht entgehen. Die Zeit zwischen Hin- und Rückfahrt reicht für eine Stärkung in der Turmschänke und die Besteigung dieses ältesten deutschen Leuchtfeuerbauwerkes mit weitem Rundblick vom **Rotesand** über Außenweser und -elbe bis Büsum, bei klarer Sicht sogar bis Helgoland.

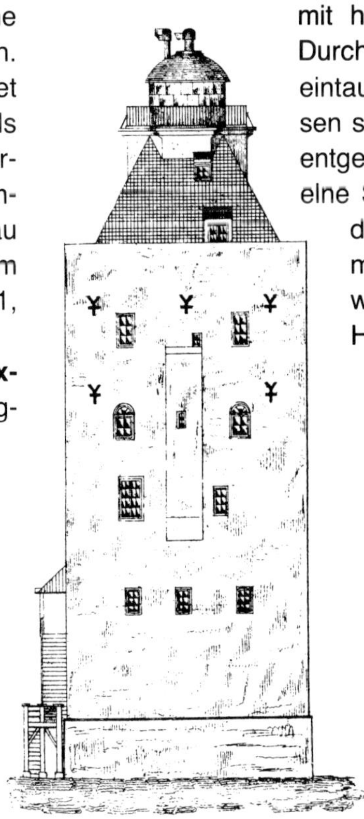

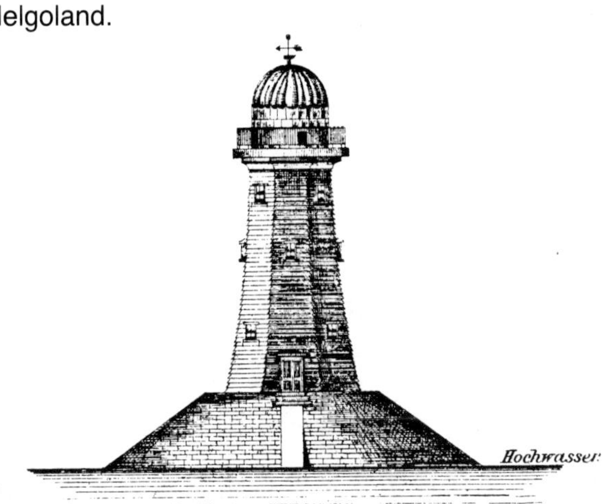

Links: ***Großer Neuwerk-Leuchtturm,*** *1299–1310 als Wehrturm erbaut, 39 m hoch, seit 1814 mit Leuchtfeuer*

Rechts: ***Kleiner Neuwerk-Leuchtturm,*** *17 m hoch, 1815 bis 1885 in Betrieb, 1909 abgebrochen*

*Leuchtturm **Großer Vogelsand**, 1973/74 erbaut, 83 m hoch, davon 39 m unter Wasser*

Großer Vogelsand

So heißt ein nördlich des Außenelbstromes gelegener riesiger Sand, auf dem früher unzählige Vögel bei niedrigem Wasser fischten. Seine berüchtigten Mahlsände wurden bis in unser Jahrhundert hinein manchem Schiff zum Verhängnis, so 1961 der »Ondo«, deren Wrackteile heute noch mahnend aus dem Wasser ragen.

Am Südrand dieser Untiefe wurde 1973/74 Deutschlands modernster, teuerster und – wenn man das Unterwasserteil hinzurechnet – höchster Leuchtturm »eingepflanzt«. Die Bauweise ist in Teil 1 auf Seite 27 beschrieben. Als Ersatz für das Feuerschiff ELBE 2 ist er mit seinen festen Leitsektoren besser als dieses in der Lage, die Verkehrsströme zu lenken.

Zur leuchtfeuertechnischen Einrichtung zählen drei Präzisionssektorfeuer, eine Drehoptik und eine Gürteloptik. Außerdem ist er mit Seefunkfeuer, Radar-Antwortbake und Luft-Nebel-Schallanlage ausgerüstet. Darüber hinaus erfüllt er zahlreiche Nebenaufgaben. Er besitzt keine Kabelverbindung zum Festland und erzeugt seinen Strom selber.

Von vornherein für unbemannten Betrieb vorgesehen, arbeitet er vollautomatisch, von Cuxhaven aus durch Richtfunk fernüberwacht.

Für das Wartungsteam, das vom Hubschrauber auf dem Landedeck oder vom Seezeichenschiff am Turmschaft abgesetzt wird, gibt es eine Notunterkunft, ebenso für Schiffbrüchige.

1979 wurde der Turm von einem Küstenmotorschiff gerammt, ohne jedoch nennenswerten Schaden zu nehmen.

Turmschema mit Unterwasserteil

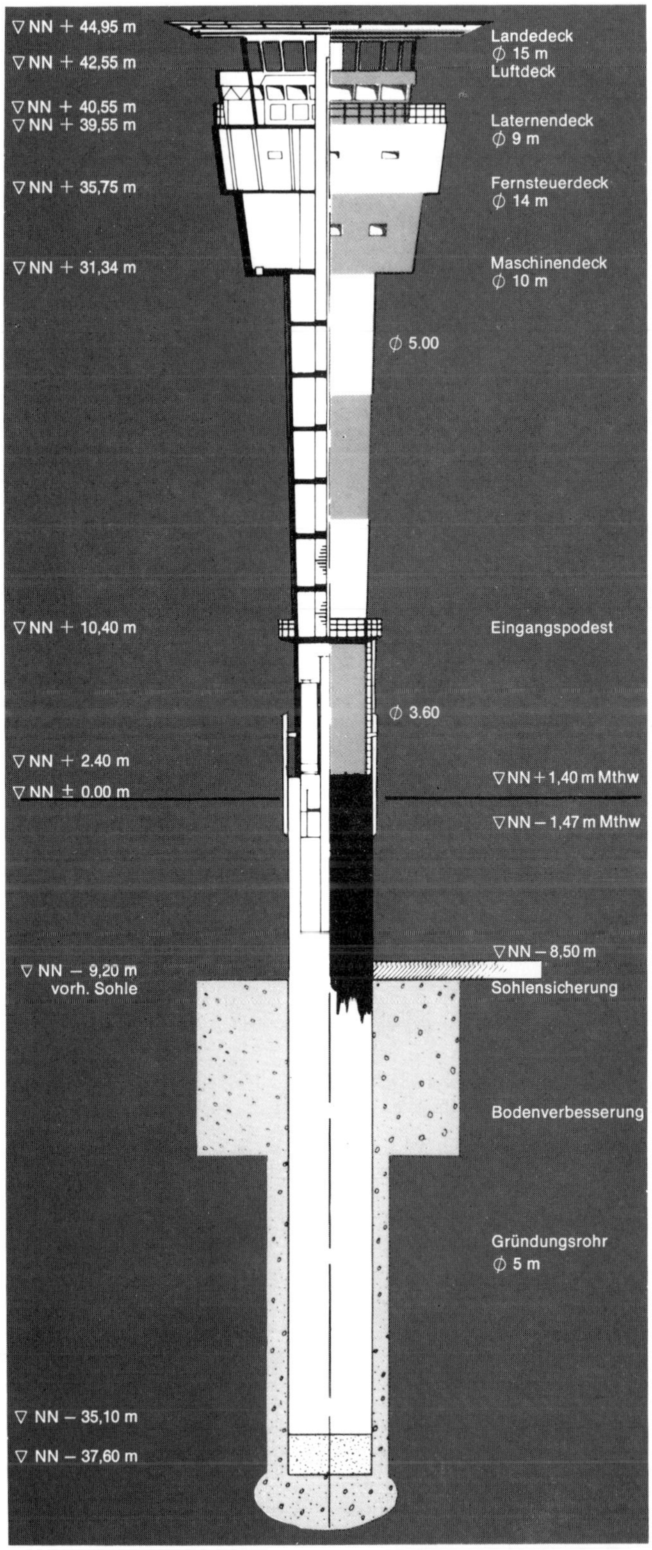

Cuxhaven

Hier geht die Unterelbe in die Außenelbe über. Die etwas nordwestlich des Hafens gelegene Landecke stellt für die Schiffahrt einen wichtigen Orientierungspunkt dar, der seit 1703 mit der berühmten, allerdings etwa achtmal erneuerten Kugelbake markiert ist.
Aber auch an der Hafeneinfahrt stand schon im 18. Jahrhundert eine Holzbake. Nachdem sie 1801 vom Sturm umgeweht worden war, beschloß man, an ihrer Stelle einen steinernen Leuchtturm zu bauen. Er entstand 1802–1804, kostete 102000 Mark und nahm am 15. 11. 1805 mit einer aus England bezogenen Parabolspiegelanlage den Betrieb auf. Abgesehen von einer Pause während der Kontinentalsperre 1806–1814 leuchtete er den Schiffen auf der Elbe Nacht für Nacht. Er tut es noch heute, allerdings mehr aus Tradition, denn neue Richt- und Leitfeuer an der Unterelbe haben inzwischen den größten Teil seiner Aufgabe übernommen.

Inschrift über dem Eingang

*Leuchtturm **Cuxhaven**,*
1802/04 erbaut, 23 m hoch

Hier einiges aus der Geschichte des Turmes: 1892 erhielt er eine Gürteloptik. Als Lichtquelle darin diente zunächst eine Dochtlampe, 1905–1912 ein Leuchtgas-Strumpf, anschließend Petroleumglühlicht, seit 1937 eine elektrische Glühlampe. 1899 unternahm Karl Ferdinand Braun (1850–1918) von ihm aus seine bahnbrechenden Versuche mit drahtloser Telegraphie, zunächst bis zur 3 km entfernten Kugelbake, dann immer weiter bis zum äußersten Feuerschiff ELBE 1.
1934 wurden die Verblendsteine des Turmes erneuert. Die lateinische Inschrift über dem Eingang blieb jedoch erhalten; sie lautet frei übersetzt: »Den Seefahrern zum Zeichen, sich selbst zum Denkmal, hat der Hamburgische Staat diesen Turm 1803 errichtet.«
Seitdem hat sich seine Umgebung stark verändert. Moderne, weitläufige Hafenanlagen sind erstanden, sogar eine neue »Alte Liebe«, denn 1980/81 ersetzte ein Betonbau die berühmte hölzerne Seebäderbrücke. Voraussichtlich bleibt der alte Leuchtturm als Wahrzeichen Cuxhavens noch lange erhalten, hoffentlich auch das Traditions-Semaphor.

Das andere Wahrzeichen der Stadt, die Kugelbake, trug einst auch ein Leuchtfeuer. Es wurde 1898 nach **Duhnen** in ein kleines Haus verlegt. Als dieses 1958 abgebrochen wurde, montierte man die Laterne auf dem Dach des neu erbauten Kinderhospizes, der jetzigen Lesehalle.
Nachdem das Feuer 1980 aufgrund neuer Orientierungshilfen überflüssig geworden war, entfernte man nur die Optik und ließ das Laternengehäuse auf dem Dach als Kuriosität stehen.

Unterelbe

Die Segler fuhren hier einst ausschließlich bei Tage und mieden die Gefahren einer Nachtfahrt im gewundenen, schmalen Fahrwasser des gezeitenabhängigen Stromes. Die Befeuerung begann und entwickelte sich erst in der Dampfschiffszeit. Am stärksten interessiert an einer sicheren Schiffahrt auf der 80 km langen Unterelbe war natürlich die Hansestadt Hamburg. Aber auch die Dänen hatten zunächst ein gewisses Interesse, denn bis 1864 gehörte Schleswig-Holstein und damit die Nordseite der Unterelbe zu ihrem Herrschaftsbereich. Von ihnen war ja sogar im 17. Jahrhundert Glückstadt als Konkurrenzhafen zu Hamburg gegründet worden. Auf dem Nordmolenkopf dieses Elbhafens erstellten sie 1846 ein Leuchtfeuer, nachdem sie schon 1805 an der Stör-Mündung eine Leuchte installiert hatten. Hamburg legte ab 1839 kleine Feuerschiffe an den gefährlichsten Stellen aus und errichtete ab 1850 entlang der ganzen Unterelbe hölzerne Leuchthäuschen und Aufzugsfeuer. Die erste Richtfeueranlage entstand 1889 bei Brokdorf, zahlreiche weitere folgten bis in unsere Tage.

Steinturm als Ersatz für die ersten hölzernen Leuchthäuschen, hier Leuchtturm ***Scheelenkuhlen****, 10 m hoch, 1897 bis 1979 in Betrieb, 1980 ersetzt und abgerissen*

Nachfolger einer hölzernen Hütte:
Leuchtfeuer ***Juelssand,*** *16 m hoch, 1904 erbaut, seit der Automatisierung mit zugemauerten Fenstern*

Nach Eröffnung des Nord-Ostsee-Kanals 1895 nahm besonders die Schiffahrt auf dem Teilstück ab Brunsbüttel seewärts einen ungeheuren Aufschwung. Heute ist die Unterelbe der meistbefahrene Großschiffahrtsweg der Welt. Mit dieser Entwicklung mußte die Befeuerung Schritt halten. Immer mehr, immer größere und immer schnellere Schiffe erforderten auch immer bessere Leuchtfeuer-Anlagen auf immer höheren Leuchtfeuer-Trägern.

In den meisten Fällen ist jetzt schon die dritte Leuchtfeuer-Generation im Einsatz. Die hölzernen Leuchthäuschen und Aufzugspfähle wurden bereits um die Jahrhundertwende durch eiserne oder steinerne Bauwerke ersetzt. Um die gleiche Zeit entstanden 12 Gittertürme, zumeist als Oberfeuer, der größte 44 m, der kleinste 20 m hoch. Einige von ihnen sind noch in Betrieb (Abbildung Seite 109 unten). Die Ersatz- und Neubauten der letzten Jahrzehnte sind Röhren aus Beton, Stahl oder glasfaserverstärktem Kunststoff (GFK), in einigen Fällen über 50 m hoch.

Seit den 20er Jahren ist die Anzahl der Leuchtfeuer auf der Unterelbe mit etwa 40 ziemlich konstant geblieben.

Unterfeuer **Krautsand**,
22 m hoch, 1901 erbaut, 1978 abgerissen

Neues Unterfeuer aus GFK, 20 m hoch,
1978 errichtet

Zwei Leuchtturm-Generationen nebeneinander:

- *Altes Leuchtfeuer **Balje**, Jahrgang 1904, Steinturm, 16 m hoch*
- *Oberfeuer **Balje**, Jahrgang 1979, Betonturm, 56 m hoch*

Brunsbüttel, alte Einfahrt zum Nord-Ostsee-Kanal: Der 1895 zur Eröffnung erbaute Südmolenturm

damals

heute

Büsum

Bei diesem Namen denkt der Kenner wohl unwillkürlich an Krabbenfang, der seit über 100 Jahren von Büsumer Fischern betrieben wird. In der Blütezeit um 1935 waren in diesem kleinen Hafen etwa 100 Krabbenkutter beheimatet.

Auf dem Deich am ältesten Hafenteil wurde 1875 ein hölzernes Leuchthäuschen mit aufziehbarer Laterne errichtet. Ganz in der Nähe, aber unterhalb des Deiches, entstand 1912/13 als Nachfolger der jetzige kegelstumpfförmige Leuchtturm **Büsum** mit seinen Bullaugen und den beiden Galerien.

Diese nach der Jahrhundertwende vor allem in Schleswig-Holstein eingeführte Turmform löste den **Rotesand** als Symbol für den Begriff Leuchtturm ab. Der Büsumer Turm ist mit 22 m Höhe der kleinste dieser Art. Er war zunächst ganz schwarz und erhielt erst 1952 seinen heutigen rot/weißen Anstrich. Von Anfang an elektrisch betrieben, wird er heute – wie die meisten Leuchtfeuer an der schleswig-holsteinischen Westküste – von Tönning aus ferngesteuert.

*Leuchtturm **Büsum**, 1912/13 erbaut, 22 m hoch, neben Krabbenkuttern*

St. Peter-Böhl

Hier an der Südwestseite der Halbinsel Eiderstedt stand zunächst eine Peilbake, um der Schiffahrt die Orientierung in der Eider-Mündung zu erleichtern. Dies war nämlich westlicher Ausgangspunkt der 1784 eingerichteten Schiffsverbindung zwischen Ost- und Nordsee, bis 1895 der jetzige Nord-Ostsee-Kanal eröffnet wurde.
1892 ersetzte man die alte Bake durch einen massiven Steinturm mit spitzem Dach – ohne Leuchte. Erst 1914 erhielt der Turm anstelle des Spitzdaches eine Laterne mit Petroleumglühlicht, ab 1938 mit elektrischem Glühlicht.
Seit 1956 wurde der Turm von einer Frau gewartet, die dieses Amt erst mit 77 Jahren bei der Automatisierung 1978 niederlegte.

*Leuchtturm **St. Peter-Böhl**,
18 m hoch, 1892 als Bake erbaut, seit 1914 mit Leuchtfeuer*

Westerheversand

Im Norden der Halbinsel Eiderstedt liegt der Heverstrom. Das ist ein Strom, der nicht von einem Fluß des Festlandes stammt, sondern eine Rinne, die sich in dem riesigen nordfriesischen Wattenmeer gebildet hat und in der das Wasser aufgrund der Gezeiten ständig hin- und herfließt. Am Westende dieses gefährlichen, 30 km langen Gezeitenstromes waren schon 1847 auf einem Sand zwei Spierenbaken zur Orientierung aufgestellt worden. Trotzdem strandeten immer wieder Schiffe. So entschloß man sich bald nach der Jahrhundertwende zum Bau eines Leuchtturmes auf diesem weit ins Wattenmeer vorgeschobenen **Westerheversand.**

*Leuchtturm **Westerheversand**,
Blick von der Galerie auf das Wattenmeer*

Dazu wurde 1906 zunächst eine Warft als Hochwasserschutz aufgeschüttet und anschließend mit Pferden festgeritten. Dann erst trieb man 127 13,5 m lange Pfähle in den Boden und errichtete auf diesem soliden Fundament den Turm aus Gußeisensegmenten. Die Bauweise ist in Teil 1 auf Seite 19 kurz beschrieben.
Er ist der höchste mehrerer gleichartiger Leuchttürme in Schleswig-Holstein, so klassisch, daß sein Bild sogar häufig in Verbindung mit Werbung für norddeutsche Erzeugnisse erscheint (Abbildung Seite 110/111).
1908 wurde er in Betrieb genommen, 1978 automatisiert. Die anfänglich eingebaute Lichtbogenlampe tat bis 1974, also 66 Jahre, ihren Dienst. Dann erst wurde sie von einer Xenon-Hochdrucklampe abgelöst. Bis zum Anschluß an das öffentliche Netz 1950 lieferten zwei stationäre Generatoren den Strom.
In den beiden seitlichen Häusern wohnten die Leuchtturmwärter mit ihren Familien. Zur Schule und zum Kaufmann war es ein weiter, beschwerlicher Weg. Bei Sturmflut wird die Leuchtturmwarft zu einer von der Außenwelt abgeschnittenen Insel.

Pellworm

1362 und 1634 zerrissen Sturmfluten die einstige große Insel Strand in mehrere Teile. Pellworm ist einer davon. Auf dieser Insel steht eine der berühmtesten Tagesmarken: der 600 Jahre alte Turm einer Kirche, heute allerdings nur noch als 20 m hohe Ruine.

Zur Orientierung im nördlichen Heverstrom gibt es seit 1907 eine Richtfeuerlinie. Das auf dem Südteil der eingedeichten Insel befindliche Oberfeuer **Pellworm** (Abbildung in Teil 1 auf Seite 17) ist von gleicher Bauart wie der zuvor erwähnte Leuchtturm **Westerheversand.** Als Lichtquelle dient seit der Inbetriebnahme elektrisches Glühlicht. 1977 wurde der Turm automatisiert.
Das Unterfeuer steht außerhalb der Insel im Watt.

Rettungsbake ***Süderoogsand,*** *1891 errichtet*

Süderoogsand

Südwestlich von Pellworm liegt die Hallig Süderoog mit einem vorgelagerten Sand, dem Süderoogsand. Einst sind hier unzählige Segelschiffe gestrandet, die in wenigen Tagen von der Brandung zerschlagen und in den Sand hineingespült wurden.
Die schon vor Jahrhunderten zur Warnung errichtete und mit einer Schutzhütte für Schiffbrüchige ausgestattete Bake mußte mehrmals erneuert werden, zuletzt 1891. Anstelle der Toppzeichen erhielt sie 1940 eine gasbetriebene Laterne. Sie wurde durch einen Beauftragten von der 6 km entfernten Hallig aus gewartet. Dieser mußte jede Woche bei Ebbe zu Fuß oder mit dem Pferdefuhrwerk zur Bake hinüber, um die Weckuhr, die das pünktliche An- und Abschalten der Gasflamme bewirkte, aufzuziehen und einzustellen. Heute erledigt das eine lang laufende astronomische Schaltuhr.
Eine Kabelverbindung besteht nur in Form einer Telefonleitung zur Hallig, über die sich Schiffbrüchige melden können. Seit einigen Jahren gibt es sicherheitshalber auch eine Sprechfunkanlage.
Obwohl das ganze Gebälk regelmäßig geteert wird, was jedesmal zwei Wochen dauert, muß nach über 90 Jahren an einen Ersatz gedacht werden. Vielleicht wird die Laterne dann elektrisch betrieben, gespeist durch einen Windkraftgenerator – wie bei den Navigationsbaken an der Außenelbe (s. Seite 62).

Die gleiche Bake, seit 1940 mit Leuchtfeuer, 19 m hoch

Leuchtbake **Twielenfleth** an der Unterelbe, 1893 errichtet, 9 m hoch (dahinter Schornstein des Kernkraftwerkes Stade, 220 m hoch)

Ein Leuchtturm in Hamburg: Unterfeuer **Wittenbergen**, 1899/1900 erbaut, 1905 um 9 m nach Süden versetzt (s. Seite 50)

Der klassische Leuchtturm ***Westerheversand***,
1906/07 erbaut, 40 m hoch

*Leuchtturm **Amrum**, 1873/74 erbaut, 41 m hoch*

Nordmarsch

Die heute größte nordfriesische Hallig Langeneß besteht aus drei zusammengewachsenen Teilen, deren westlichster Nordmarsch heißt. Im Gegensatz zu den eingedeichten Inseln werden Halligen bei Sturmfluten überspült. Die Gehöfte stehen deshalb auf besonders erhöhten Warften, die bei »Landunter« wie kleine Inseln aus dem Wasser ragen.

*Leuchtturm **Nordmarsch** auf der Hallig Langeneß, 1902 erbaut, 11 m hoch*

Langeneß ist nicht nur per Schiff, sondern auch auf eine andere, originelle Weise zu erreichen: Ein etwas erhöhter Schienenweg führt durch das Watt über die Nachbarhallig Öland zum Festland nach Dagebüll. Wenn dieser kleine Damm nicht überflutet ist, kann eine motorgetriebene Lore Menschen und Lasten befördern; gelegentlich wird diese sogar noch – wie früher – gesegelt.

Auf diese Weise wurde 1902 auch das Baumaterial für den kleinen unbewachten Leuchtturm **Nordmarsch** transportiert. Sein Feuer wird nach wie vor mit Gas betrieben. Auch er ragt bei besonders hoher Sturmflut einsam aus dem Wasser. Häufig gischtumspült, hat ihn das Salzwasser der Nordsee frühzeitig verwittern lassen. Deshalb wurde er 1953 neu mit Klinkern ummantelt.

Dagebüll

Von diesem kleinen Hafen aus verkehren die Schiffe zu den Inseln Föhr und Amrum. Schon 1845 in der dänischen Zeit wurden hier zur Erleichterung der Einsegelung zwei Feuer hintereinander als Richtfeueranlage aufgestellt. Neue Türme dafür gibt es seit 1929. Das originell gestaltete Unterfeuer **Dagebüll** wirkt – gegenüber den vielen Leuchtturmriesen – wie ein Zwerg mit Zipfelmütze. 1980 wurde der Unterbau um zwei Meter erhöht und mit einer neuen, aber ähnlichen »Zipfelmütze« versehen.

*Unterfeuer **Dagebüll**, 12 m hoch, 1929 erbaut (Aufnahme 1979 vor der Erhöhung)*

*Leuchtturm **Oldenhörn** auf der Insel Föhr,*
8 m hoch, 1952 erbaut

Föhr

1842 wollte der dänische König erstmalig auf dieser Insel einen Badeurlaub verleben. Sicherheitshalber waren rechtzeitig vor dem Einlaufen seines Raddampfers »Eider« am kleinen Hafen Wyk zwei Holzmasten mit Feuern aufgestellt worden.

Heute haben die Fährschiffe ihren eigenen, modernen Anleger. Im übrigen geht es bei den dortigen Seezeichen nur darum, die Weiterfahrt zur vorgelagerten Insel Amrum zu sichern. Deshalb erhielt die Südostspitze – genannt **Oldenhörn** – 1892 eine Leuchtbake, die 1952 durch einen kleinen Klinkerturm ersetzt wurde.
1981 stellte man auch an der Südseite der Insel bei **Nieblum** ein Leuchtfeuer auf. Es ähnelt dem 1977 auf Amrum in **Wittdün** neben der Promenade errichteten dicken Türmchen (s. Seite 115).

Amrum

Nach Beendigung der dänischen Herrschaft im Jahre 1864 gab es an der langen, zerrissenen Westküste Schleswig-Holsteins – abgesehen vom nördlichen Sylt – kein einziges Seefeuer. Nach erheblichem bürokratischen Gerangel um den Standort eines ersten deutschen Leuchtturms entschieden sich die Behörden für Amrum. So reizvoll nämlich diese Insel mit ihren Dünen, Wäldern und ihrem einmaligen Kniepsand – dem größten Strand Europas – für den Naturfreund ist, so gefährlich ist ihr umliegendes Seegebiet mit zahlreichen Sänden und Untiefen für die Schiffahrt.
Nachdem eine Bohlenspur für die pferdebespannten Materialtransportwagen von dem kleinen Hafen Steenodde zum Bauplatz gelegt worden war, wurde 1873 endlich mit dem Bau begonnen. Zu transportieren waren nämlich mehrere tausend Tonnen Steine für Fundament, Kellergewölbe und dickes Mauerwerk des 41 m hohen Turmes sowie für das Wohnhaus der Wärter. Nach Einbau der Laterne mit einer Fresnelschen Drehoptik größten Typs nahm der neue Leuchtturm **Amrum** am 1. 1. 1875 seinen Betrieb auf. Als Lichtquelle diente anfangs eine fünfdochtige Petroleumlampe, später Petroleumglühlicht. 1936 erhielt der Turm elektrisches Glühlicht und eigene Dieseldynamos zur Stromerzeugung. Erst nach dem Zweiten Weltkrieg wurde er an das öffentliche Stromnetz angeschlossen und rot/weiß angemalt. Bis dahin war er nämlich gänzlich braun.

Die ehemalige Inselbahn
*vor dem Leuchtturm **Amrum***

Der Turm (Abbildung auf Seite 112) steht auf der 24 m hohen Großdüne, wodurch eine Feuerhöhe von 63 m ü.M. erzielt wird. Von seinem Umgang aus bietet sich dem Besucher ein schöner Rundblick auf Amrum, Wattenmeer und die Nachbarinseln. Die 1894 bis 1939 betriebene Inselbahn mit ihren kleinen Dampflokomotiven führte ziemlich dicht an ihm vorbei und war aus der Höhe wie eine Spielzeugbahn anzuschauen. Eine Haltestelle »Leuchtturm« gibt es nach wie vor, allerdings jetzt für den Inselbus.

In den Dünen der Insel stehen zwei weitere Leuchtfeuer: eine 17 m hohe Gitterbake in der Nähe des Leuchtturms und ein kleiner typischer Pintsch-Turm bei **Norddorf** am Weststrand, beide als Quermarkenfeuer.

In **Wittdün,** am Südost-Ende der Insel, stand einst das alte Kurhaus. Bis zum Abriß des Gebäudes 1974 strahlte aus einem schrägen Dachbodenfenster ein Leitfeuer. Als Ersatz wurde 1977 neben der Promenade ein kleiner Leuchtturm aus Aluminium errichtet.

*Quermarkenfeuer **Norddorf**, 8 m hoch, 1906 errichtet*

*Leitfeuer **Wittdün**, 10 m hoch, 1977 neben der Strandpromenade errichtet*

Sylt

Diese heute vielbesuchte Insel mit ihrem 40 km langen Sandstrand lag bis zur Mitte des vorigen Jahrhunderts noch im Dornröschenschlaf. Erst 1855 wurde in Westerland der Badebetrieb eröffnet. Transporte zur Insel und auf ihrem unwegsamen Gelände waren damals höchst mühsam. So mußte auch das Baumaterial für die ersten Leuchttürme zunächst vom Festland über das Wattenmeer und dann weiter zu den Bauplätzen in den Dünen geschafft werden.

Noch unter dänischer Herrschaft wurden 1852 auf dem Ellenbogen im Norden der Insel zwei kleine Leuchttürme errichtet: **List-Ost** und **List-West**. Sie stehen 2,7 km voneinander entfernt und weisen der Schiffahrt den Weg in das Lister Tief. Beide sind aus Eisen und in der Form sehr ähnlich. Der östliche ist 14 m, der westliche 11 m hoch. 1914 erhielten sie eine neue Laterne, aber erst nach dem Ersten Weltkrieg eine elektrische Lichtquelle. Bei dem westlichen Turm (abgebildet auf Seite 19) handelt es sich um das nördlichste Bauwerk Deutschlands. Das nördlichste Haus steht nur wenige Meter südlich davon. Es ist das Wohngebäude der ehemaligen Leuchtturmwärter.

1855 wird südlich von **Kampen** auf dem 27 m hohen Roten Kliff der dritte Sylter Leuchtturm erbaut. Seine gelblichen Klinkersteine stammen von Bornholm. Die heute noch vorhandene Signatur am Turm erinnert an den dänischen König Friedrich VII., der damals gleichzeitig Herzog von Schleswig und Graf von Holstein war.

*Die Leuchttürme **List-West** und **List-Ost** zum Vergleich, beide 1852 aus Eisen erbaut*

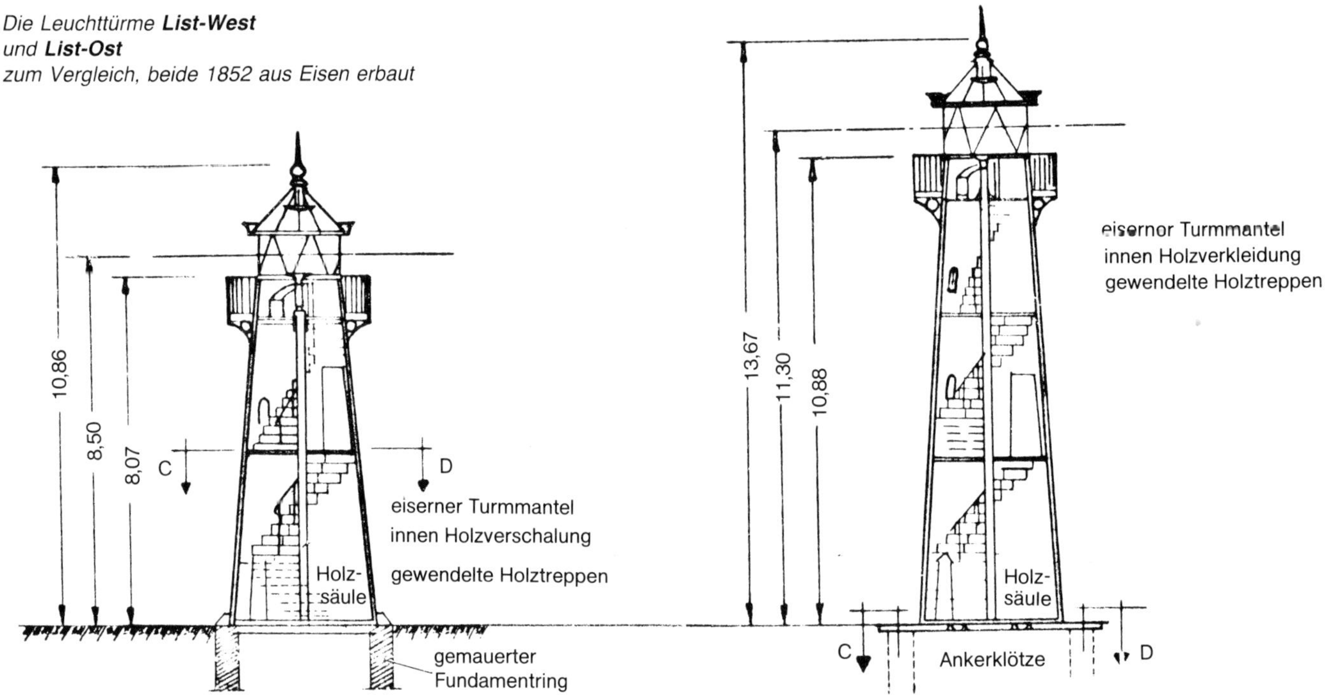

Am 1. 3. 1856 wurde der Turm mit einer damals hochmodernen und sogar auf der Pariser Weltausstellung 1855 gezeigten Fresnelschen Gürteloptik größter Art in Betrieb genommen. Bis 1908 leuchtete darin eine Rüböl-Lampe, dann Petroleumglühlicht und ab 1929 elektrisches Glühlicht. Bei der Elektrifizierung 1929 wurde auch die alte Blenden-Drehmaschine mit Gewichtsantrieb durch einen Elektromotor ersetzt. Zwecks schnellerer Erkennung des Feuers wurde 1936 die bis dahin in 4 Min. ablaufende Kennung geändert und auf 15 Sek. reduziert.

Heute beherbergt der Turm die Schaltzentrale für alle Leuchtfeuer auf der Insel.

Auch äußerlich wurde der Turm mehrmals verändert. 1875 erhielt er seine eisernen Ringe, dann war er lange Zeit grau gestrichen, und erst 1953 bekam er sein heutiges Kleid: weiß mit schwarzem Band.

*Leuchtturm **Kampen**, 38 m hoch, 1855 erbaut*

◂ *Quermarkenfeuer **Rotes Kliff**, 11 m hoch, 1913 bis 1975 in Betrieb*

*Leuchtturm **Hörnum**, 34 m hoch, 1906/07 erbaut; Halbschnitt durch den Turm*

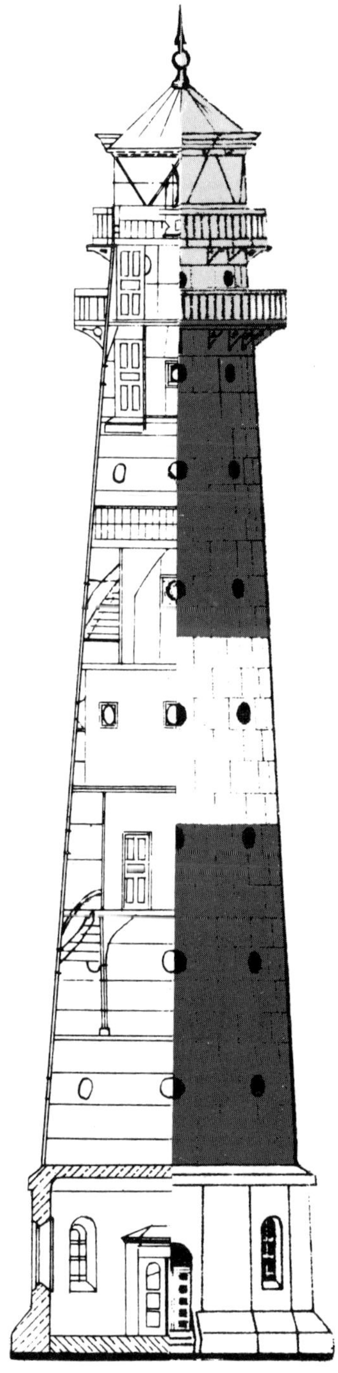

Etwas weiter nördlich, in den Kampener Dünen, steht seit 1913 ein kleiner achteckiger Klinkerturm, der bis 1975 als Quermarkenfeuer **Rotes Kliff** in Betrieb war. Anschließend kaufte ihn die Gemeinde Kampen, um ihren Gästen den vertrauten Anblick zu erhalten.

Schließlich zum Süden der Insel nach **Hörnum**, wo ein Leuchtturm erst 1906/07, also über ein halbes Jahrhundert später als der Kampener, entstand. Es war einer der in Serie erbauten, typischen Gußeisentürme mit zwei Galerien – wie **Westerheversand** und **Pellworm**.

Der Turm sollte u. a. zusammen mit einem Unterfeuer die Fahrrinne zwischen Amrum und Sylt bezeichnen und so den Schiffen die Fahrt zu der 1901 erbauten Anlegebrücke in Hörnum erleichtern. Bis dahin mußten nämlich alle von Süden kommenden größeren Schiffe einen 60 km langen Umweg machen und nördlich um die Insel herum bis zum damals einzigen Hafen Munkmarsch an der Wattseite fahren.

Am 8. 8. 1907 nahm der mit einer neuartigen Lichtbogenlampe und einer weiteren als Reserve ausgerüstete Leuchtturm seinen Betrieb auf. Der Strom kam aus 100 Akkumulatoren, die tagsüber immer wieder von stationären Dieselgeneratoren aufgeladen wurden. Erst 1948 wurde der Turm an das Stromnetz angeschlossen. Anstelle der Bogenlampen dienen seit 1936 Glühlampen als Lichtquelle. Von 1976 an wird der Turm ferngesteuert. Eine Kuriosität am Rande: Bis 1930 war in einem der Obergeschosse die Schule des kleinen Ortes untergebracht. Es dürfte wohl der Welt einziger runder Klassenraum mit Bullaugen gewesen sein.

*Erstes Unterfeuer **Hörnum**,*
1907 aufgestellt, 1939 wegen Versandung ersetzt

Foto 1978:
*Das 1939 erbaute zweite Unterfeuer **Hörnum***
an der schon dicht herangerückten Abbruchkante

Das Unterfeuer **Hörnum** hat eine Geschichte für sich. Im gleichen Jahr wie der große Turm wurde das 6 m hohe Eisengestell mit einer runden Laterne in den Dünen von Hörnum-Odde, dem Südzipfel der Insel, errichtet. Im Lauf der Jahre versandete das Gestell durch neue Dünenbildung mehr und mehr, so daß man 1939 daneben ein völlig neues, 7 m hohes Betontürmchen als Unterfeuer erstellte. Zwei Jahre später war das alte Gestell gänzlich zugeweht.

Wie häufig in der Natur, so wechseln sich auch auf dieser Landzunge Aufbau- und Zerstörungskräfte ab. Nach wenigen Jahren beginnt die See zu zerstören, was der Wind aufgebaut hat. Sturmfluten reißen an der Westküste immer mehr Strand fort, und jedesmal bricht ein Stück Dünenkante ab. Im Herbst 1978 sind es an einigen Stellen über 20 m. Eines Tages stand das einst weit landeinwärts erbaute Unterfeuer nur noch wenige Meter von der Abbruchkante entfernt. Die teure Leuchteinrichtung konnte grade noch geborgen werden, bevor im März 1979 der ganze Turm auf den Strand hinabstürzte. Gleichzeitig stürzte aber auch das alte, inzwischen versandete und vergessene Eisengestell in die Tiefe. Die ungleichen Trümmer boten dem Strandwanderer 1979 ein trauriges Bild. Aber die See reißt unaufhaltsam Stück für Stück von der Küste fort und spült die Trümmer allmählich ein.

Nach vorübergehender Errichtung eines Provisoriums wurde 1980 erheblich weiter landeinwärts ein neuer Turm mit moderner Laterne in Betrieb genommen.

Doch zurück zum damaligen Inselhafen Munkmarsch. 1878 wurde er mit Richtfeuern versehen, um das Einlaufen auch bei Dunkelheit zu ermöglichen. Die Schiffsverbindung vom Festlandshafen Hoyer nach Munkmarsch war nämlich zunächst die einzige Möglichkeit, nach Sylt zu gelangen. Deshalb wurde auch das erste Stück der Inselbahn 1888 von Munkmarsch nach Westerland gebaut. 1901 folgte dann die Strecke Hörnum – Westerland, weil die Dampfer aus Hamburg und Husum jetzt an der Hörnumer Brücke anlegten. Der »Dünenexpreß«, wie die zuletzt bis List weitergeführte Inselbahn später scherzhaft genannt wurde, fuhr bis 1970, danach übernahmen Omnibusse den Verkehr auf inzwischen gebauten Straßen.

Foto 1979:
Die beiden herabgestürzten Unterfeuer-Träger

◂ *Drittes Unterfeuer **Hörnum**,*
1980 weiter landeinwärts errichtet

Heute haben Hörnum und List einen Hafen mit Feuern auf den Molenköpfen. Der Hafen von Munkmarsch verlor seine Bedeutung völlig, als 1927 der Hindenburgdamm mit seiner Bahnverbindung eröffnet wurde, zumal auch der Einschiffungshafen Hoyer 1920 wieder dänisch geworden war.

Helgoland

Dieses über 50 m hohe Felseneiland stellt gewissermaßen ein von der Natur geschaffenes Seezeichen in der Deutschen Bucht dar. So nützlich sich der rote Felsen für die Orientierung bei Tage erwies, so gefährlich war die zunächst unbefeuerte Insel mit ihren umliegenden Riffen bei Nacht.
Aufgrund zunehmender Strandungsunfälle entwickelte sich im 16. und 17. Jahrhundert der Verkauf von Ladung und Trümmern gestrandeter Schiffe allmählich zu einem einträglichen Geschäft. Kein Wunder, daß die Insulaner einer Befeuerung der Insel ablehnend gegenüberstanden. Sie boykottierten auch die auf Weisung der Obrig-

keit 1630 errichtete »Feuerbake«, was zu mehreren Unterbrechungen und 1639 sogar wieder zur völligen Einstellung des Leuchtfeuerbetriebes führte. Erst als sich die besonders interessierten Hamburger einschalteten und 1679 einen kubischen Backsteinturm als Kohlenblüse errichteten, klappte die Sache allmählich besser.

Bald nachdem Helgoland 1714 dänisch geworden war, begannen langwierige hoheitsrechtliche Streitigkeiten, was jedoch die Engländer wenig kümmerte, als sie 1807, kurz nach Beginn der von Napoleon verhängten Kontinentalsperre, die Insel besetzten. Helgoland wurde damals schnell zum größten illegalen Umschlagplatz der Welt, und die neuen Herren waren stark daran interessiert, daß die Insel auch bei Nacht zu finden war. So erklärten sich ihre Bemühungen um eine schnelle Verbesserung der Befeuerung.
Zunächst ersetzten sie das Kohlenfeuer der Blüse durch eine auf einheimischen Leuchttürmen übliche Kerzenlaterne, begannen aber schon bald mit der Errichtung eines modernen steinernen Leuchtturmes. Dieser wurde 1811 fertig und in Betrieb genommen. 72 Stufen führten zur verglasten Laterne, in der ein Doppelkranz mit 24 Parabolscheinwerfern untergebracht war. Die Leuchteinrichtung wurde mehrmals modernisiert, 1875 erfolgte der Einbau einer ungewöhnlich großen Fresnelschen Gürteloptik.

1890 wurde Helgoland durch ein Tauschgeschäft deutsch. Für den ehrgeizigen Plan, auf der Insel ein neues Leuchtfeuer mit noch nie erreichter Tragweite zu errichten, dürfte wohl nicht nur reine Zweckmäßigkeit bestimmend gewesen sein, sondern vielleicht auch etwas Patriotismus. Am 10. 6. 1902 wurde das neuartige Schnellblitzfeuer **Helgoland** mit einer Tragweite von 23 sm in Betrieb genommen. Es ist in Teil 1 auf Seite 43 abgebildet und kurz beschrieben.
Der 36 m hohe Turm aus gelblichen Klinkern, hübsch verziert mit roten Ringen, wurde 1912 gänzlich schwarz übermalt, die Laterne erhielt einen gelben Anstrich. Zehn

*Der englische Leuchtturm **Helgoland**, 1810/11 erbaut, bis 1902 in Betrieb, 18 m hoch*

*Der deutsche Leuchtturm **Helgoland**, 36 m hoch, 1901/02 erbaut, 1945 durch Bomben zerstört*

Jahre später wurde der Turm erneut übermalt, die obere Hälfte rot, die untere weiß, die Laterne grün; das sind die Farben von Helgoland: grün ist das Land, weiß ist der Strand, rot ist die Kant!
Der alte kubische Blüsenturm diente der Marine ab 1894 als Signalstation, er wurde erst 1916 nach Errichtung eines neuen Signalturmes abgerissen. Die komplette Laterne des englischen Leuchtturmes mit der wertvollen großen Optik wurde 1903 auf dem neu erbauten Leuchtturm **Staberhuk**/Fehmarn montiert (s. Seite 139).

Wenn auch die Zivilbevölkerung während des ganzen Ersten Weltkrieges evakuiert war, Zerstörungen gab es auf der Insel nicht. Der Leuchtturm blieb auch bei der anschließenden Sprengung der Festungs- und Hafenanlagen unversehrt. Das Unheil brach erst am Ende des Zweiten Weltkrieges über Helgoland herein. Am 18. 4. 1945 luden 1000 englische Bomber ihre todbringende Last über dem einen Quadratkilometer Insel ab. Es blieb kaum ein Haus stehen. Auch der Leuchtturm brach in sich zusammen und begrub die beiden Wärter unter sich. Abermals mußten alle Einwohner die Insel verlassen, denn nach dem Kriege benutzten die Engländer Helgoland als Übungsziel für ihre Luftwaffe. Am 18. 4. 1947, genau zwei Jahre nach dem großen Bombenangriff, versuchten sie sogar, die ganze Insel in die Luft zu sprengen. 6700 Tonnen Munition wurden in unterirdischen Bunkern zur Detonation gebracht. Aber die Insel blieb, wenn auch als gigantisches Trümmerfeld. Nur das über den Bunkern befindliche Felsstück wurde abgesprengt, wodurch das heutige Mittelland entstand.
Als einziges Bauwerk, allerdings stark beschädigt, war der 1941 errichtete und tief in den Felsen eingelassene Flak-Leitstand aus meterdickem Beton stehengeblieben.

Provisorium 1952:
Flak-Leitstand von 1941 mit Leuchtfeuerlaterne

Nach der Ummantelung 1964/65:
*Heutiger Leuchtturm **Helgoland**, 34 m hoch*

1952, sofort nach Freigabe der Insel durch die Engländer, setzte man ihm eine Laterne auf, die am 24.5. des gleichen Jahres zum ersten Mal aufleuchtete. Aus dem Provisorium wurde allmählich ein richtiger neuer Leuchtturm **Helgoland** mit einem modernen Blitzfeuer (Optik abgebildet in Teil 1 auf Seite 43). 1964/65 erhielt der Turm durch eine Ummauerung sein heutiges Aussehen.

Auf der Düne – seit der Silvesterflut 1720/21 von der Hautpinsel getrennt – wurden 1899 erstmalig drei Leuchtbaken für zwei Richtfeuerlinien errichtet. 1936 entstand als Ersatz für ein Eisengestell das heute noch vorhandene Oberfeuer **Düne** am Südstrand. Nach den Kriegszerstörungen wurde der Turm 1952 wiederhergestellt. Anfangs stand er allerdings wesentlich weiter landeinwärts, inzwischen ist die See an ihn herangerückt.

*Oberfeuer **Düne**,*
15 m hoch, 1936 erbaut

Das heutige Gesicht der Insel Helgoland

b) OSTSEE

Nordschleswig

1864 wurde dieser Landesteil mit relativ langen Küsten an der Ostsee deutsch, fiel aber 1920 nach einer Volksabstimmung wieder an Dänemark zurück. Gerade in diesen Jahrzehnten entwickelte sich – wie an der Nordsee – auch hier die Schiffahrt besonders stark. So kam es, daß das Leuchtfeuernetz in Nordschleswig im wesentlichen unter deutscher Verwaltung aufgebaut wurde.

Hauptsächlich ging es um die Sicherung der Seewege im Kleinen Belt und auf der Flensburger Förde. Die größte Bedeutung kam hierbei der vorgelagerten Insel Alsen zu, in deren Hauptstadt Sonderburg sich auch ein Zweigbetrieb des damals zuständigen Wasserbauamtes Flensburg befand.

Die Dänen hatten schon 1845 im südlich gelegenen **Kekenis** (dänisch **Kegnæs**) ein Feuer eingerichtet. Es bestand aus einer Laterne mit einem kleinen Linsenapparat, die man auf ein Hausdach gesetzt hatte. 1896 wurde es durch einen 19 m hohen Backsteinturm mit einem wesentlich weiter reichenden Feuer ersetzt. Seine Laterne galt als Besonderheit, weil für die außergewöhnlich zahlreichen Otterblenden zwei getrennte Gewichtsantriebe nötig waren. Später wurde die ganze Blendenapparatur durch rote und grüne Sektoren ersetzt.

*Leuchtturm **Kekenis** (dänisch Kegnæs), 19 m hoch, 1896 erbaut, daneben das Haus mit dem Laternenaufsatz von 1845 (Aufnahme etwa 1900)*

Der Turm 80 Jahre später

Am Nordende der Insel Alsen, in **Augustenhof** (heute zu **Nordborg** gehörend), entstand 1902 ein weiterer Leuchtturm, ebenfalls aus gelben Backsteinen, 20 m hoch.
An der Ostseite von Alsen wurde 1905 der besonders hohe Steinturm **Taksensand** errichtet. Den Dänen war er später zu hoch, deshalb kürzten sie ihn 1953 um 13 m (s. Teil 1, Seite 23).
Außerdem war damals zwischen Hadersleben und Flensburg noch eine Reihe kleinerer, unbewachter Leuchtfeuer aufgestellt worden (siehe unteres Bild).
Alle diese Feuer sind nach wie vor in Betrieb. Da Dänemark mit seinen ungleich langen Küsten eine generelle Automatisierung, wie wir sie in der Bundesrepublik Deutschland haben, bisher nicht durchführen konnte, werden zahlreiche größere Türme noch heute von Wärtern betreut, so auch Kegnæs und Nordborg.

Holnis

Holnis liegt auf Schausende, einer Halbinsel mitten in der Flensburger Förde. Alle Schiffe müssen um sie herumfahren. Als Standort für einen Leuchtturm bot sie sich geradezu an, weil schon relativ niedrige Bauwerke von beiden Seiten aus zu sehen sind.
Bei dem 1896/97 erbauten viereckigen Backsteinturm **Holnis** kam man mit 13 m Höhe aus. Das oberste Stockwerk, das die Leuchteinrichtung enthielt, hatte an drei Seiten Mauerdurchbrüche, durch die das Licht hinausstrahlte.
Der Einbau neuer technischer Einrichtungen für die nach dem Zweiten Weltkrieg geplante Automatisierung lohnte bei dem alten Bauwerk nicht mehr. Deshalb wurde 1964 dicht daneben ein neuer Leuchtturm **Holnis** errichtet, doppelt so hoch und aus Beton. Auch er weist der Schiffahrt den Weg sowohl nach der Außen- als auch nach der Innenseite der Förde, allerdings automatisch und ferngesteuert.

Eines von drei gleichartigen Unterfeuern an der Nordseite der Flensburger Förde, 1896 erbaut, 8 m hoch

*Neuer Leuchtturm **Holnis**, 27 m hoch, 1964 erbaut, dahinter der alte Turm von 1896/97*

Kalkgrund

Diese vor der Flensburger Außenförde liegende gefährliche Untiefe war seit 1876 durch ein Feuerschiff markiert. Im Rahmen des Ersatzprogramms entstand 1962/63 etwa zwei km südlich der Feuerschiffsposition der Betonturm **Kalkgrund**. Ursprünglich sollte er auf einer künstlichen Insel errichtet werden, man entschied sich jedoch letztlich für eine Pfahlgründung (s. Teil 1, Seite 28).
Im Gegensatz zum Feuerschiff, das nur einen Punkt markieren kann, dient der Turm zusätzlich als Leit- und Quermarkenfeuer mit Farb- und Blitzsektoren. Mit einer kleinen Gürteloptik von nur 54 cm Höhe und 20 cm Brennweite wird die erstaunliche Tragweite von 17 sm (= ca. 31,5 km) erzielt.
Zur technischen Ausrüstung gehören ferner Funkfeuer, Luft-Nebel-Schall-Anlage, Pegelanzeige sowie Scheinwerfer zur nächtlichen Außenanstrahlung. Strom kommt vom Festland durch ein Seekabel, bei Ausfall aus einem Notstromaggregat. **Kalkgrund,** in Betrieb genommen am 11. Juni 1963, ist der erste vollautomatisch arbeitende, durch Funk fernüberwachte Leuchtturm in Deutschland.

*Leuchtturm **Kalkgrund**,*
24 m hoch über, 30 m unter Wasser, ersetzte 1963 Feuerschiff FLENSBURG

Der Turm im Schnitt

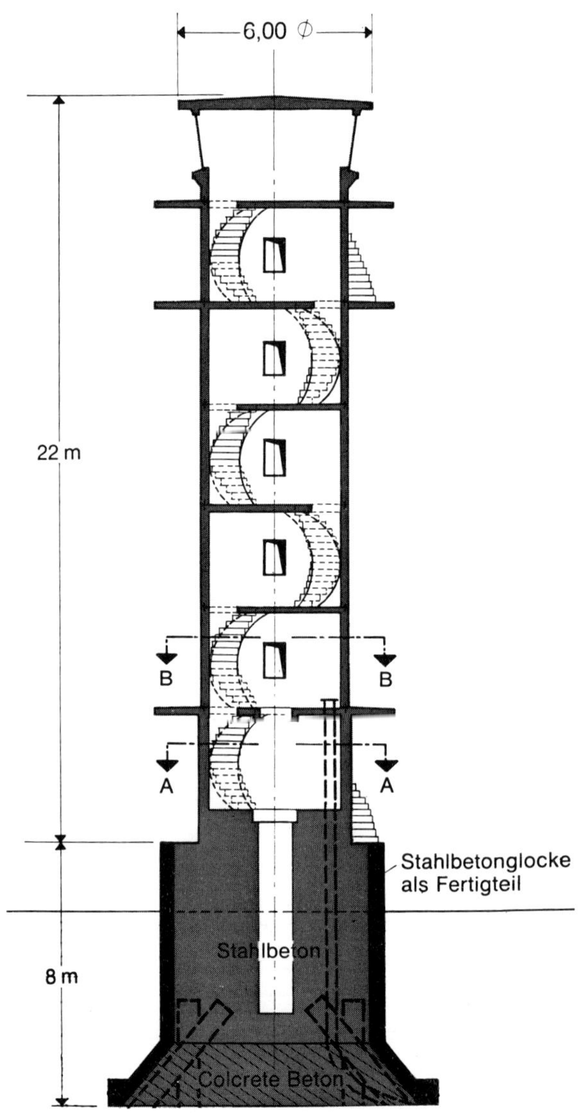

Falshöft

Der 1908/09 in einsamer Gegend erbaute Leuchtturm **Falshöft** gehört auch zu dem kegelstumpfförmigen, aus Eisensegmenten zusammengeschraubten Typ mit zwei Galerien. Sein Feuer leitet die Schiffe südlich der Flensburger Förde an der Küste entlang.
Für elektrischen Betrieb hätte damals eine örtliche Stromerzeugungsanlage gebaut und durch Wärter bedient werden müssen. Da man dies für zu aufwendig hielt, wurde der Turm – wie unbemannte Molenfeuer – für Betrieb mit Flüssiggas eingerichtet und sich selbst überlassen. Nur der Strandvogt sah ab und zu nach dem Rechten.
1963 erhielt der inzwischen auf elektrischen Betrieb umgestellte und an das öffentliche Stromnetz angeschlossene Turm aber doch noch einen Wärter, weil der zuvor beschriebene Leuchtturm **Kalkgrund** und die ersten umliegenden ferngesteuerten Feuer eine Überwachung erforderten. Erst 1969, nach Inbetriebnahme der Schaltstelle Kappeln, konnte der Wärter wieder abgezogen werden.
Heute ist die Gegend keineswegs mehr einsam, jedenfalls nicht im Sommer, denn Camping-Freunde bevölkern dort den landschaftlich schönen Küstenstrich.

*Leuchtturm **Falshöft**, 1908/09 erbaut, 24 m hoch*

Schleimünde

Die Schlei, ein 38 km weit ins Land reichender Meeresschlauch, war im frühen Mittelalter Teil der Schiffsverbindung zwischen Ost- und Nordsee. Von ihrem westlichen Endpunkt Haithabu bei Schleswig mußten die Boote allerdings 15 km weit über Land transportiert werden, ehe sie wieder zu Wasser gelassen werden konnten, um auf dem Flüßchen Treene und der Eider in die Nordsee zu gelangen.
Den Freizeitkapitänen des 20. Jahrhunderts dient die Schlei mit ihrem abwechslungsreichen Verlauf als ideales Segelrevier.
Die heutige Schleimündung zur Ostsee wurde erst Ende des 18. Jahrhunderts künstlich geschaffen, die natürliche lag weiter nördlich.
1871 erhielt die damals neue Nordmole ihren kleinen Leuchtturm **Schleimünde,** der heute noch als wichtiges Glied der Leuchtfeuerkette in Betrieb ist. 1907 wurde er modernisiert und mit einer größeren Laterne versehen, 1963 automatisiert.
Er hält einen seltsamen Rekord: Kein anderer Leuchtturm wurde so oft umgemalt wie er. Zunächst war er gelb, ab 1890 dunkelgrau, dann wieder gelb, ab 1910 hellgrau, ab 1920 schachbrettartig rot/weiß gewürfelt mit rotem Gesims und grauer Laterne, dann schwarz/weiß gewürfelt, jetzt ist er kunststoffverkleidet, weiß mit schwarzem Band. Aber die nächste Ummalung ist schon vorprogrammiert, weil Hafeneinfahrten an der rechten Seite jetzt durch Grün/Weiß gekennzeichnet werden müssen.

Leuchtturm ***Schleimünde****,*
14 m hoch, 1871 erbaut, nach seinem 5. Anstrich

Eckernförde

1907 wurde im Süden der Stadt am Klintbarg der Leuchtturm **Eckernförde** erbaut. Als typisches Beispiel für ein Wärterhaus mit aufgesetzter Leuchtfeuerkammer ist er in Teil 1 auf Seite 21 abgebildet.
Sein Leitsektor weist den Weg durch die Förde, ein Warnsektor markiert ein militärisches Sperrgebiet. Zur Erfüllung dieser Aufgaben müßte das Feuer heute eigentlich ein Stück weiter nördlich stehen. Deshalb ist noch offen, ob die alte Anlage automatisiert oder ob das ganze Bauwerk durch einen kleinen ferngesteuerten Turm an der richtigen Stelle ersetzt werden soll.
Falls die Durchführung einer dieser beiden Lösungen noch lange auf sich warten lassen sollte, wird **Eckernförde** wohl eines Tages das letzte noch von einem Wärter betreute Leuchtfeuer der Bundesrepublik Deutschland sein.

Auch am Hafen gibt es seit 1907 einen kleinen Leuchtturm, 12 m hoch, rund und mit Galerie. Er wirkt wie ein kleiner Bruder der großen Eisentürme an der Nordsee. 1981 wurde seine Aufgabe von einem modernen Leuchtfeuer auf der neuen Mole übernommen. Der vertraute alte Turm blieb der Stadt jedoch aus Traditionsgründen erhalten; nur ist er jetzt blau/gelb gebändert, um Verwechslungen mit »aktiven« Türmen auszuschließen.

Tradition wird aber noch auf andere Weise gepflegt: Vor dem Leuchtturm **Pillau** in Ostpreußen stand seit 1913 ein Denkmal des Großen Kurfürsten. Im letzten Kriege vor Einschmelzung bewahrt, gelangte es auf ungeklärte Weise in den Westen und wurde 1955 in Eckernförde, der Patenstadt von Pillau, auf neuem Sockel wieder aufgestellt. 650 km weiter westlich als in Pillau, schaut der alte Kämpfer um Küsten und Häfen nun wieder auf seine geliebte Ostsee (Bilder auf Seite 172). Nebenbei bemerkt, in Knock an der Unterems schaut er in Gestalt eines sehr ähnlichen Denkmals auf seine ebenso geliebte Nordsee.

Neuer GFK-Molenturm ***Eckernförde****,*
1981 aufgestellt

*Leuchtturm **Schleimünde** heute*

*Harmonisch in die Küstenlandschaft eingefügt: Leuchtturm **Bülk***

David und Goliath nebeneinander:
*Alter Leuchtturm **Friedrichsort,** 1866 erbaut, 13 m hoch, und neuer Leuchtturm **Friedrichsort,** 1969/70 erbaut, 33 m hoch*

*Leuchtturm **Flügge** auf Fehmarn, 1914/15 erbaut, 38 m hoch*

Leuchtturm Kiel

Dieser Turm steht nicht in Kiel, sondern 20 km nordöstlich der Stadt in der Ostsee. Die wohl einmalige Bauweise mit eingeschwommenen Molenkästen ist in Teil 1 auf Seite 28 kurz beschrieben. Am 5. Juli 1967 wurde der Leuchtturm **Kiel** in Betrieb genommen.

Gegenüber dem bis dahin in 1,3 km Entfernung ausliegenden Feuerschiff, das gleichzeitig als Lotsenstation diente, weist das Bauwerk folgende Vorteile auf:

- wesentlich bessere Navigationshilfen durch feste Leuchtfeuer-Sektoren, größere Feuerhöhe und Tragweite,
- Aufrechterhaltung des Seezeichen- und Lotsenbetriebes auch bei Eisgang,
- keine Gefährdung von Menschen durch Kollisionen,
- geschützter Liegeplatz für die Lotsenversetzboote,
- bessere Arbeits- und Aufenthaltsräume,
- bessere Möglichkeiten für alle technischen Einrichtungen wie Radar, Funkfeuer, Nebelwarnanlagen, Pegel, Wetterstation, Revierfunk, ferner Telefon- und Fernschreibverbindung zum Festland,
- geringere Unterhaltungskosten.

Der Turm ist über ein Kabel an das Stromnetz des Festlandes angeschlossen, für Notfälle sind zwei örtliche Dieselaggregate vorhanden. Die seezeichentechnischen Anlagen werden über Funk ferngesteuert.

*Leuchtturm **Kiel**,*
zugleich Lotsenstation, 1964/67 erbaut, 30 m hoch, ersetzte Feuerschiff KIEL

Alle wichtigen Einrichtungen sind im mittleren Teil des Bauwerkes mit dem Turm untergebracht. In den einzelnen Etagen befinden sich, von oben nach unten aufgeführt:

Radardom
Laterne
Fernsteuerung
Luft-Nebel-Schall-Anlagen

10 Meter Turmschaft

Diensträume
Aufenthaltsräume
Wohnräume
Maschinenräume

Das rundum verglaste Dienstraumgeschoß ist ständig besetzt. Von hier aus werden die Lotseneinsätze gesteuert und die Schiffe zum Nord-Ostsee-Kanal gemeldet, damit sich das Einschleusen in Holtenau möglichst reibungslos vollzieht.
Die südliche Mole trägt einen Signalmast, auf der westlichen kann notfalls ein Hubschrauber landen. Von vier Anlegestellen aus führen Treppen auf das Deck. Sie sind mit rutschfesten Stufen versehen, die bei Frost beheizt werden können, um Glatteisbildung zu verhindern.

Bülk

An dieser Landecke, genannt Bülker Huk, öffnet sich die Kieler Förde zur Ostsee hin. Unter dänischer Herrschaft wurde hier 1807 ein kombiniertes Lotsen- und Leuchthaus errichtet. Die in 11 m Höhe befindliche Laterne mit sechs Argandlampen in Parabolspiegeln konnte jedoch erst 1815 nach Ende der Kriegszeit in Betrieb genommen werden. 1844 entstand als Ersatz dafür ein 16 m hoher Turm mit einem der ersten kleinen Linsenfeuer.
Aber schon 1863 begann man mit dem Bau des heutigen Leuchtturmes **Bülk**. Wie in Dänemark üblich, wurde als Gründung ein Findlingsstapel errichtet und darauf ein dickes Fundament gemauert. Als der Sockel 4 m hoch war, begann der Deutsch-Dänische Krieg, und die Maurerleute hörten auf zu arbeiten. Ein paar Monate später bauten sie weiter, nun unter preußischer Regie. 1865 war der Turm fertig.
Die Laterne wurde anfangs bestückt mit einer Gürtelleuchte von 1 m Durchmesser, 1910 mit einer vierfeldrigen Drehlinse und 1970 wieder mit einer Gürtelleuchte für Farbsektoren und Blitzkennung.
1970 erfolgte auch eine gründliche Modernisierung mit Anschluß an die Fernsteuerung, eine völlige Umgestaltung des Turmkopfes und eine Umkleidung der Fassade

*Leuchtturm **Bülk** damals, 1863/65 erbaut, 27 m hoch*

Der Turm während des Umbaues 1970

mit Asbestzementplatten. Der Turm wurde 2 m niedriger und erhielt anstelle des 1889 aufgemalten roten Bandes ein schwarzes. »Hein Bülk«, wie ihn seine Freunde nennen, war kaum wiederzuerkennen (Abbildungen auf den Seiten 30 und 129).

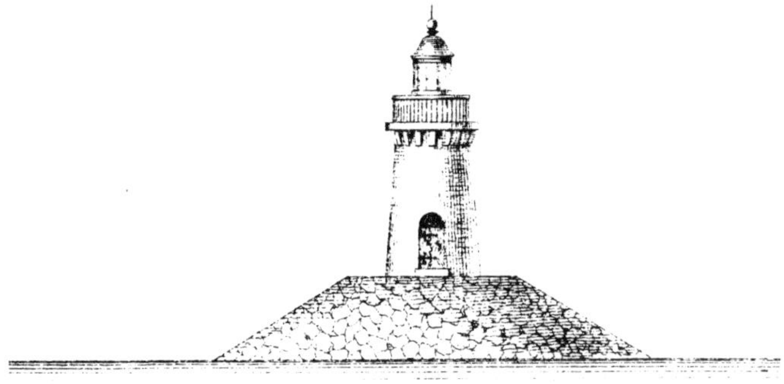

*Leuchtturm **Friedrichsort**, 1866 erbaut, damals 11 m hoch*

Friedrichsort

Hier beherrschte einst eine Festung die engste Stelle der Kieler Förde. Auf ihrer Prinz-Georg-Bastion wurde 1807 eine hölzerne Leuchtbake erbaut, aber auch erst – wie das Bülker Feuer – nach Friedensschluß 1815 in Betrieb genommen. Sie bezeichnete als Ansteuerungspunkt das östliche Ende des früheren, 1784 eröffneten Kanals zur Nordsee; das westliche wurde übrigens durch ein zu gleicher Zeit auf der Eider ausgelegtes Feuerschiff markiert (s. auch Teil 3, Seite 185).

Da sich als wesentlich günstigerer Standort eine neu entstandene Sandbank anbot, errichtete man dort 1853 als Ersatz für die hölzerne eine der ersten Leuchtbaken aus Eisen, die jedoch im Winter 1863/64 durch aufgeschichtete Eismassen so stark beschädigt wurde, daß sie abgerissen werden mußte.
1866 entstand an der gleichen Stelle, aber auf einer besonderen Steinböschung, der erste Leuchtturm **Friedrichsort,** aus gelben Klinkern mit einer kleinen Gürtellinse in der Laterne. 1889 wurde er von 11 auf 13 m erhöht, für Blitzfeuer eingerichtet und neu angestrichen: rot mit zwei weißen Bändern. Anstelle des Gongs erhielt er ein Glocken-Läutewerk zur Nebelwarnung.
Auf die Menschen des technischen Zeitalters wirkte er ziemlich plump und altmodisch. Kurz bevor 1936 die Segel-Olympiade auf der Kieler Förde ausgetragen wurde, wechselte man deshalb die alte Laterne gegen eine größere, repräsentativere aus, die dem ganzen Turm ein gefälligeres Aussehen verlieh. Im Dritten Reich sollte das internationale Publikum natürlich nur Gutes zu sehen bekommen.
1913 hatte man zu seinem Schutze vor den Angriffen der See eine Findlingsmauer errichtet. Dadurch hielt er wesentlich länger als sein Vorgänger, so lange, bis ihm die modernen Großschiffe sozusagen über den Kopf wuchsen und sein niedriges Feuer kaum noch von dem Lichtermeer des Kieler Hafens zu unterscheiden war.

Der gleiche Turm nach der Erhöhung 1889, jetzt 13 m hoch (Aufnahme etwa 1930)

Aus diesem Grunde wurde 1969/70 im Zuge der ohnehin fälligen Automation dicht daneben der wesentlich höhere zweite Leuchtturm **Friedrichsort** erbaut. Dazu hatte man vorher eine künstliche Insel aufgespült und eingefaßt. Wegen des lockeren Bodens mußten die 12 Gründungspfähle über 30 m tief eingerammt werden. Der Turm ist aus Stahlbeton, die Laterne aus Aluminium Am 29. Oktober 1971 nahm der Neubau mit der aus dem alten Turm übernommenen Optik seinen Betrieb auf, unbemannt und ferngesteuert.

Zwei Jahre lang standen beide Türme nebeneinander – wie auf Seite 130 abgebildet –, bis die Stadt Kiel das eiserne Oberteil des alten Turmes mit dem Laternengehäuse erwarb und als Attraktion in der City aufbauen ließ. Aber der Stumpf blieb stehen. Nicht stehen blieb dagegen der Holzsteg zur Leuchtturm-Insel. Er wurde 1980 wegen erheblicher Eisschäden abgerissen.

*Laternengehäuse des 1971 außer Dienst gestellten alten Leuchtturms **Friedrichsort** in der Kieler City*

*Neuer Leuchtturm **Friedrichsort** im Schnitt*

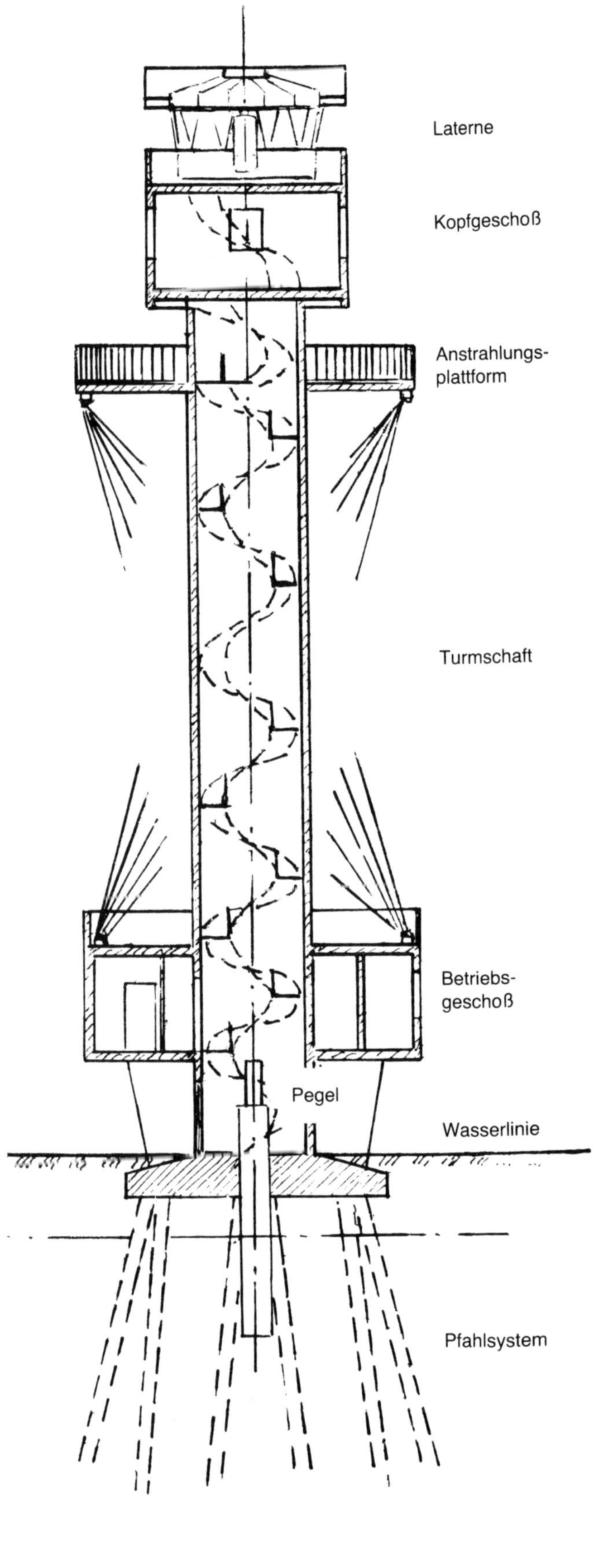

Holtenau

Seit rund 200 Jahren befinden sich hier die Schleusen für einen Kanal zur Nordsee. Ab 1784 war es der unter dänischer Leitung erbaute »Schleswig-Holsteinische Kanal«, ab 1895 der »Kaiser-Wilhelm-Kanal«, heute »Nord-Ostsee-Kanal« genannt, international als »Kiel Canal« bezeichnet.

Der Schleswig-Holsteinische Kanal war lediglich für Schiffe bis 35 m Länge benutzbar, er führte nur bis Rendsburg und dort in die Eider. Die Länge des Wasserweges von Holtenau bis zur Mündung der stark gewundenen Eider in die Nordsee betrug fast 180 km. Dafür brauchten die Segelschiffe drei bis vier Tage. Wo sie nicht segeln konnten, wurden sie von ihrer Mannschaft oder von Pferden gezogen. Dafür gab es besondere Ziehwege. Der Nord-Ostsee-Kanal von Holtenau bis Brunsbüttel ist dagegen nur 99 km lang, die Durchfahrt dauert etwa acht Stunden.

Die Kanalbreite im Wasserspiegel betrug beim Schleswig-Holsteinischen Kanal 28,7 m, beim Kaiser-Wilhelm-Kanal anfangs 66,7 m; sie wurde 1907–1914 auf 102,5 m und ab 1966 abschnittsweise auf 162 m vergrößert.

Leuchttürme gibt es an der Kanalstrecke natürlich nicht, wohl aber schon seit 1895 elektrische Uferfeuer, an den Ausweichstellen jetzt sogar Ampelanlagen. Leuchtfeuer bezeichnen an beiden Kanalenden die Einfahrten vor den Schleusen. Eines der vier Brunsbütteler Feuer ist auf Seite 105 abgebildet.

In Holtenau steht als südliches Einfahrtsfeuer eine 20 m hohe Gitterbake. Sie wurde 1895 errichtet, mußte aber 1914 bei Inbetriebnahme der größeren Schleusen um 500 m auf den neuen Molenkopf versetzt werden. Das nördliche Kanalende wird durch einen etwas erhöht stehenden denkmalsähnlichen Leuchtturm bezeichnet. Er trägt eine Tafel mit der schon grünspanpatinierten Aufschrift

> Kaiser Wilhelm II.
> vollzog die Weihe des
> Nord-Ostsee-Kanals
> und übergab ihn dem Weltverkehr
> am 21. Juni 1895

Über dem Eingang der zu ebener Erde liegenden Gedächtnishalle reichen sich auf einem Relief die Damen »Nordsee« und »Ostsee« die Hand.

*Leuchtturm **Holtenau***
an der Nordseite der alten Schleusen, 20 m hoch, 1895 erbaut – mit Kaiser-Wilhelm-Denkmal (Aufnahme um 1900)

Der gleiche Turm 85 Jahre später,
(das Denkmal wurde im Zweiten Weltkrieg entfernt, das Metall eingeschmolzen)

Neuland

Zwischen den schon früh errichteten Leuchtfeuern bei Kiel und auf Fehmarn klaffte eine lange unbefeuerte Lücke an der holsteinischen Küste. Genau in der Mitte, am einsamen, noch heute natürlichen Gestade der Hohwachter Bucht wurde 1915/16 der Leuchtturm **Neuland** erbaut, aber erst 1918 in Betrieb genommen. 1982 wird er als letzter großer Turm in der Bundesrepublik an die Fernsteuerung angeschlossen.
Im Ersten Weltkrieg wurde außerdem nur noch ein weiterer Leuchtturm gebaut, und zwar nach fast gleichen Plänen wie **Neuland: Flügge** auf Fehmarn (Abbildung auf Seite 130).

*Leuchtturm **Neuland**,*
40 m hoch, 1915/16 erbaut

Mit diesen beiden Türmen war das von Borkum bis Memel reichende deutsche Seefeuer-Netz vollendet. Von nun an handelt es sich fast nur um Ersatzbauten, Modernisierungen und Träger für technische Neuerungen. Bedeutsame Bauaktivitäten begannen allerdings erst wieder in den 60er Jahren.

Heiligenhafen

Hinter einer schützenden Sandbank, die schon im Mittelalter zu einer Halbinsel weitergewachsen war, entstand ein natürlicher Hafen, idealer Liegeplatz für kleinere Schiffe aller Art. Schiffahrt, Fischerei und Handel bildeten denn auch die wirtschaftliche Grundlage für das Städtchen.

Besonders die Fischerei entwickelte sich später zu beachtlicher Größenordnung. Zeitweise waren über 100 Fischereifahrzeuge hier beheimatet. Damit sie auch bei Dunkelheit sicher zurückfanden, wurde ab 1885 an einem Fischerhaus abends eine Parabolspiegel-Laterne aufgezogen. Nachdem das Haus abgebrannt war, baute man 1907 einen kleinen, 10 m hohen steinernen Leuchtturm mit eiserner Laterne. Dieser wurde 1938 durch den jetzigen 14 m hohen Leuchtturm **Heiligenhafen** ersetzt. Die drei genannten Jahreszahlen kann man an seiner dem Wasser zugekehrten Seite ablesen.

Fehmarn

Zugvögel überqueren die Insel Fehmarn auf ihrem Flug von und nach Skandinavien, weil diese Linie – die Vogelfluglinie – über nur relativ kurze Wasserstrecken hinwegführt.
Auch der Mensch machte sich, wenn auch sehr spät, diesen Vorteil zunutze. Seit 1963 führt eine einmalig schöne kombinierte Straßen- und Eisenbahnbrücke vom Festland über den 1000 m breiten Fehrmarnsund auf die Insel.
Vom eigens dafür angelegten Hafen Puttgarden geht es dann mit Fährschiffen über den 19 km breiten Fehmarnbelt zur dänischen Insel Lolland. Vielleicht wird hier auch einmal eine Brücke gebaut, auf der dann ein Leuchtfeuer die endgültige Nachfolge des Feuerschiffes FEHMARNBELT antreten könnte.
Da fast alle Schiffahrtslinien der westlichen Ostsee dicht an Fehmarn vorbeiführen, ist hier genaue Navigation von

Initialen des Dänenkönigs Friedrich VI

Laterne und Optik von 1879

besonderer Bedeutung. Deshalb steht auch – im wahrsten Sinne des Wortes – an jeder Ecke der Insel, auch »Huk« genannt, ein Leuchtturm.
Den ersten bauten schon die Dänen 1831/32 an der Nordostecke, nahe dem Puttgarden-Riff, wo sich die meisten Strandungen ereigneten. Am 28. Oktober 1832 wurde er feierlich in Betrieb genommen und nach der anwesenden Königin Maria **Marienleuchte** benannt. Aber nicht ihre Initialen, sondern die ihres Gatten, König Friedrichs VI., zieren nebst Jahreszahl die Außenwand. Eigentlich ist es gar kein Leuchtturm, sondern ein großes Haus mit einem hohen Mittelbau, auf dessen Flachdach einsam die Laterne thront. Im dänischen Leuchtfeuerverzeichnis von 1847 heißt es u.a.: »Das Leuchtfeuer

*Alte **Marienleuchte**, 18 m hoch, 1832 bis 1967 in Betrieb*

besteht aus sechs rotirenden Lampen mit Reflectoren, welche jede halbe Minute einen Lichtblick geben ... Höhe 92 Fuß, Sehweite 3½ Meilen.« Mit der Höhe 92 Fuß = ca. 30 m ist die Feuerhöhe über dem Meeresspiegel gemeint, das Gebäude ist nur 18 m hoch.
1879 wurde der Spiegelapparat durch einen Fresnelschen Linsenapparat ersetzt. Aber die nun schon traditionelle Kennung – alle 30 Sek. ein Blink – blieb sogar bis zur Inbetriebnahme des automatisch arbeitenden Ersatzturmes 1967 bestehen.
Der zweite Leuchtturm auf der Insel wurde 1872 in **Flügge** an der Südwesthuk gebaut. Anfangs war er gelb, ab 1892 hellrot mit einem zinnoberroten Streifen unter der Laterne. Zusammen mit einem Unterfeuer-Türmchen bezeichnete er auch die Fehmarnsund-Fahrrinne.
1916 übernahm ein mehr als doppelt so hoher Turm seine Aufgabe, abgebildet auf Seite 130. Auch er war zunächst gelb mit roter Laterne. 1976/77 wurde er mit rot/weißen Kunststoffplatten umkleidet. Erst 1954 erhielt er als letzter großer Turm eine elektrische Lichtquelle. Bis dahin war er mit Glühlicht betrieben worden.
Ab 1881 wurde auch die Nordwesthuk der Insel bei **Westermarkelsdorf** durch einen Leuchtturm gesichert. Es war ein nur 12 m hoher Turm, der wie geduckt hinter dem Deich stand und kaum das Haus des Leuchtturmwärters überragte. Nach 20 Jahren wurde er um 6 m aufgestockt, 1950, nach fast 70 Jahren, modernisiert und mit neuer Laterne ausgestattet.
Allmählich sind zahlreiche Bäume auf einer vorgelagerten Landzunge so hoch gewachsen, daß sie das Leucht-

*Neue **Marienleuchte**,*
33 m hoch, 1964 erbaut, seit 1967 in Betrieb, im Hintergrund die alte Marienleuchte

*Alter Leuchtturm **Flügge**,*
1872 erbaut, 16 m hoch, bis 1916 in Betrieb

feuer in dieser Richtung zu verdecken beginnen. Da außerdem eine Investition für erneute Modernisierung dieses kleinen Veteranen und Anschluß an die Fernsteuerung nicht vertretbar wäre, soll er durch einen Betonturm, ähnlich der neuen **Marienleuchte,** ersetzt werden. Bis dahin muß ihn noch ein Wärter betreuen.

Die vierte, im Südosten der Insel liegende Ecke, genannt **Staberhuk**, erhielt ihren Leuchtturm erst 1903. Das runde Bauwerk wurde besonders dick gehalten, denn es sollte das komplette, außergewöhnlich umfangreiche Oberteil mit Laternengehäuse und Optik, Galerie und Geländer des 1902 außer Dienst gestellten alten englischen Leuchtturms von **Helgoland** übernehmen (s. auch Seite 120). Nach schwierigem Transport von der Insel in der Nordsee zur Insel in der Ostsee wurde 1904 das Feuer auf dem Leuchtturm **Staberhuk** wieder in Betrieb genommen.

Die 1874/75 in England gefertigte Gürteloptik ist 2,41 m hoch. Sie besteht aus 33 übereinandergelegten Glasrippen, die wiederum aus je acht Segmenten zusammengesetzt sind. Zwischen den beiden Weltkriegen wurde die alte Leuchtfeueröl-Lichtquelle durch eine elektrische Lampe ersetzt.

Im Gegensatz zum Leuchtturm **Westermarkelsdorf** ließ sich dieser Turm noch auf automatischen Betrieb und Fernsteuerung umbauen. Sicherlich wird aber früher oder später an seiner Stelle auch eine rot/weiße Röhre stehen.

*Leuchtturm **Staberhuk**,* ▸
*22 m hoch, 1903 erbaut, 1904 mit Laterne und Optik des ehemaligen englischen Leuchtturms **Helgoland** in Betrieb genommen*

*Leuchtturm **Westermarkelsdorf***
1881 erbaut, 18 m hoch

Dahmeshöved

Zwischen den heute bekannten Badeorten Dahme und Kellenhusen liegt ein etwas erhöhter Landvorsprung. Als im November 1872 die ganze Lübecker Bucht von einer verheerenden Sturmflut heimgesucht wurde, blieb nur dieser Landvorsprung verschont. Nördlich und südlich davon brachen die Fluten weit in das Land hinein, so daß Häuser einstürzten, Menschen und Vieh ertranken.
Doch bald danach erwachte neues Leben, und eine rege Bautätigkeit begann. Deiche wurden aufgeschüttet, Häuser wieder aufgebaut, in Dahme wurde das erste Hotel eingerichtet (Vollpension 3 Mark) und der Badebetrieb eröffnet.
Schließlich entstand 1878/79 auf dem erwähnten Landvorsprung der achteckige Leuchtturm **Dahmeshöved**.

*Leuchtturm **Dahmeshöved,***
1878/79 erbaut, 28 m hoch

Sein Feuer leuchtete von Anfang an über die ganze Lübecker Bucht bis zum 25 km entfernten Ostseebad Boltenhagen in Mecklenburg. Zunächst blieb er äußerlich rotbraun in natürlicher Ziegelfarbe, nach dem Ersten Weltkrieg erhielt er einen roten Anstrich mit weißem Band. Für die Gäste von Dahme und Kellenhusen ist er ein beliebtes Ausflugsziel, allerdings darf man ihn seit der Automatisierung 1978 nicht mehr besichtigen.

Pelzerhaken

Dieser Haken liegt vor Neustadt in Holstein, dem südlichsten Ostseehafen des damaligen dänischen Herrschaftsbereiches. 1842/43 wurde hier zur Ansteuerung des Hafens ein »Leuchtturm mit Dienstwohngebäude«, so hieß es offiziell, errichtet. Die Laterne erhielt – wie die **Marienleuchte** auf Fehmarn – zunächst einen rotierenden Spiegelapparat, 1877 einen Fresnelschen Linsenapparat. Sie wurde, da auf der quadratischen Plattform genügend Platz war, zu Anfang unseres Jahrhunderts gegen eine größere ausgetauscht.

*Leuchtturm **Pelzerhaken**,*
1842/43 erbaut, 12 m hoch, mit alter Laterne (Aufnahme etwa 1895)

Als Büsche und Bäume so hoch gewachsen waren, daß sie das Feuer zu verdecken drohten, erhöhte man 1936 den Turm von 12 auf 19 m und baute auch das frühere Dienstwohngebäude um. Die Laterne wurde nach geringen Veränderungen wieder aufgesetzt, ebenso das Geländer.
Nachdem der Turm mit Klinkern ummauert war und nicht zuletzt dadurch ein völlig neues Aussehen erhalten hatte, gab man das Ganze als Neubau aus und versah die Vorderfront stolz mit dem damals üblichen Hoheitszeichen und der Jahreszahl 1936.

Der Turm nach dem Umbau von 1936 mit Erhöhung auf 19 m

Travemünde

Hier mündet – wie der Name sagt – die Trave, schiffbar bis zur 20 km flußaufwärts gelegenen alten Hansestadt Lübeck. Seit 1329 ist Travemünde in Lübecker Besitz, heute ablesbar auf den Ortsschildern.

Da Lübeck als Freie Reichsstadt erst 1937 zu Schleswig-Holstein kam, hat es nie zum dänischen Königreich gehört. So wurde auch das erste Travemünder Leuchtfeuer 1226 von den an einer sicheren Zufahrt interessierten Lübeckern errichtet, ebenso der heute noch vorhandene Leuchtturm **Travemünde**, abgebildet auf der Seite 147. Eine Tafel verkündet seine Geschichte (Text in Teil 1 auf Seite 14). Er ist über 400 Jahre alt, die Ulme, die neben ihm steht, über 200.

Auf dem Turm haben im Laufe der Zeit alle erdenklichen Leuchteinrichtungen gestanden, angefangen bei Holz- und Kohlefeuern über Wachskerzen, Hohlspiegel mit Hanföl- und Dochtlampen sowie Petroleumglühlicht bis zu elektrischen Bogen- und Glühlampen. Nur ein Fresnelscher Linsenapparat hat dort nie gestanden. Die letzte Leuchteinrichtung bestand aus einer Glühlampe mit einem Parabolspiegel dahinter. Dieser war jedoch nicht – wie bei Scheinwerfern üblich – rund, sondern bestand aus einer gebogenen Spiegelplatte.

Auf halber Höhe des Turmes befindet sich ein Fenster, das früher als Lotsenausguck diente. Hier saß der diensthabende Lotse auf einem festmontierten Stuhl. Er erspähte die einkommenden Schiffe und steuerte den Einsatz seiner Kollegen – ohne technische Hilfsmittel. Heute hat ein Lotseneinsatzleiter dagegen eine ganze Palette von technischen Hilfsmitteln zur Verfügung.

1974 wurde das neue Feuer auf dem Dach des Maritim-Hochhauses in Betrieb genommen. Der alte Turm mit seinen Anbauten dient nur noch zur Aufnahme sonstiger Einrichtungen, wie Notstromaggregat, Funkfeuerschrank und Elektronik für die Fernsteuerung. Demnächst wird er jedoch mit seinem interessanten historischen Teil und einigen maritimen Sehenwürdigkeiten zur Besichtigung freigegeben.

Mit 114 m über dem Meeresspiegel ist das neue Feuer das höchste in Deutschland. Unter einer Gürtellinse für Farbsektoren befindet sich ein Drehfeuer. Hier hat man wieder einmal auf das alte Parabolspiegel-Prinzip zurückgegriffen. Vier um jeweils 90° versetzte Parabolscheinwerfer rotieren auf einer Plattform mit einer Umdrehungszeit von 8 Sek. Da jeweils nur zwei gegenüberliegende Scheinwerfer eingeschaltet sind, erscheint alle 4 Sek. ein Blitz. Die beiden anderen Scheinwerfer dienen als Reserve.

Travemünde hat nach dem letzten Krieg besonders als Fährhafen an Bedeutung gewonnen. Es entstand der Skandinavien-Kai mit immer mehr Verladeeinrichtungen für immer größere Fährschiffe, außerdem an der Hafeneinfahrt eine neue längere Nordmole. Auf ihrem Kopf wurde 1964 eine neuartige Molenbake aus Glasbausteinen zur Ausleuchtung von innen errichtet (abgebildet in Teil 1 auf Seite 30). Natürlich trägt diese Leuchtbake auch alle an Hafeneinfahrten erforderlichen Einrichtungen. Die Luft-Nebel-Schall-Anlage wird durch ein Sichtweitenmeßgerät so gesteuert, daß sie bei Nebel automatisch in Tätigkeit tritt.
Hier noch ein kleines Kuriosum: Ab 1897 fuhr für einige Jahre bei Nebel immer ein Schlepper zur äußersten Tonne hinaus, um mit seiner Dampfpfeife Nebelsignale zu geben.

Travemünde ist seit über sieben Jahrhunderten auf dem Gebiet des Seezeichenwesens immer besonders wichtig und interessant gewesen und wird es wohl auch bleiben. So soll z. B. hier in einer Revierzentrale die vorläufig noch auf drei Schaltstellen verteilte Steuerung aller Leuchtfeuer der schleswig-holsteinischen Ostküste konzentriert werden.

Buk

So heißt die wenig bekannte Landspitze etwa in der Mitte der mecklenburgischen Küste. Nur wenig bekannt ist auch das 10 km östlich gelegene Heiligendamm, in dem 1793 das erste deutsche Seebad eröffnet wurde. Zu größerer Bekanntheit gelangte das benachbarte Ostseebad Arendsee-Brunshaupten, allerdings erst unter dem Namen Kühlungsborn, den es 1938 erhielt.
Etwas landeinwärts liegt der 78 m hohe Bastorfer Berg, auf dem 1878 der kleine, dicke Leuchtturm **Buk** erbaut wurde, der eine damals noch lange Lücke in der Leuchtfeuerkette schließen sollte (Abbildung auf Seite 148). Er ist der höchstgelegene deutsche Leuchtturm, wie auch aus der Graphik in Teil 1 auf Seite 33 hervorgeht.
Seine Laterne enthält eine Fresnelsche Gürteloptik der zweitgrößten Ausführung, anfangs mit Petroleumdochtlicht, ab 1922 mit elektrischer Glühlampe als Lichtquelle. Zunächst war der Turm ganz rot, erst etwa 1930 erhielt er sein weißes Band.

Poel

Diese Insel liegt auf der mecklenburgischen Seite der Lübecker Bucht. Sie ist der ehemaligen Hansestadt Wismar mit ihrem nach wie vor bedeutenden Hafen vorgelagert. Aber eigentlich ist sie keine Insel mehr, denn ein Damm verbindet sie heute mit dem Festland.
Am westlichsten Punkt, den alle Schiffe von und nach Wismar passieren müssen, liegt der kleine Fischereihafen **Timmendorf** (nicht zu verwechseln mit Timmendorf und Timmendorfer Strand in Holstein). Hier soll 1870 ein Leuchtturm, über den nichts Näheres bekannt ist, abgebrannt sein. 1871/72 wurde an gleicher Stelle ein neuer Turm als Mittelteil eines Hauses erbaut, das als Wärterwohnung und Lotsenstation diente. Die sechseckige Laterne erhielt eine kleine Gürtelleuchte zur Bezeichnung der Einfahrt in die Wismar-Bucht.
Zwecks Verbesserung der Tragweite wurde 1930 der nur 17 m hohe Turm um 4 m erhöht und mit einer neuen Laterne ausgerüstet (Bilder in Teil 1 auf Seite 22). Originell ist, daß der oberste Teil der Treppe außen am Turm entlang auf die Galerie führt, weil ein Zwischengeschoß unter der Laterne fehlt.

Warnemünde

Wie Travemünde zu Lübeck, so kam Warnemünde zu Rostock, nur schon sechs Jahre früher, nämlich 1323. Auch werden Vor- und Binnenhafen durch den schiffbaren Unterlauf eines Flusses – hier der Warnow – verbunden. In Travemünde wie in Warnemünde wurden schon sehr früh Leuchtfeuer errichtet. Und in beiden Häfen blühte die Schiffahrt nach kriegerischen Ereignissen immer wieder auf. Das sind in der Tat auffallende Parallelen zwischen diesen beiden Ostseehäfen.

Die erste Warnemünder Kerzenlaterne von 1348 könnte so ähnlich ausgesehen haben wie in Teil 1 auf Seite 11 abgebildet. Sie wurde 1487 von mecklenburgischen Soldaten zerstört, aber einige Jahre später wieder aufgebaut und mit einer Befestigungsmauer umgeben. 1588 soll sie durch einen neuen Turm ersetzt worden sein.

Genaue Nachricht gibt es danach erst wieder von einer 1836 westlich des Hafens errichteten Ziehlaterne. Sie ist in Teil 1 auf Seite 21 abgebildet. An dem 11 m hohen Eisengestell wurde für die Nacht eine Laterne aufgezogen, allerdings zunächst nur von August bis April. In der

Laterne befand sich ein Sideral-Apparat mit Dochtlampe.
Den neuen Dampfschiffen genügte das Feuer schon bald nicht mehr, zumal es an anderen Häfen längst hohe und weittragende Leuchttürme gab, die das nächtliche Ansteuern leichter machten. Aber erst 1897/98, nach jahrelangem Tauziehen um Standort, Feuerart und Finanzierung, entstand neben der alten Ziehlaterne der heutige Leuchtturm **Warnemünde**. Durch mehrfarbiges Verblendmauerwerk und eine Natursteinkonsole gab man dem unteren Turmteil ein besonders hübsches Aussehen. Eine Mitteletage wurde für die damalige Lotsenstation vorgesehen. Die Laterne erhielt eine Gürteloptik von 1,40 m Durchmesser mit umlaufenden Vorlinsen für die Kennung. Der ganze Turm mit Leuchteinrichtung kostete 95000 Mark.
Als Lichtquelle diente anfangs einen fünfdochtige Petroleumlampe, ab 1911 Petroleumglühlicht. 1919 erhielt die Laterne eine elektrische Glühlampe, während das Petroleumglühlicht noch einige Jahre als Reserve beibehalten wurde. Der Strom kommt heute aus dem öffentlichen Netz, bei Ausfall läuft automatisch ein Dieselaggregat an. Zwecks schnellerer Identifizierung des Feuers verkürzte man 1936 die Umdrehungszeit der Vorlinsen von 6 Min. auf 72 Sek.

Der in der Hansezeit für mittelalterliche Schiffsgrößen angelegte Hafen mußte immer wieder erweitert und mit neuen Anlagen ausgestattet werden. Die vor den gefährlichsten Stürmen schützende Westmole wurde allein zwischen 1828 und 1903 dreimal verlängert. Im Zuge von Einfahrtsverbreiterungen entstanden bis 1958 nacheinander drei Ostmolen, eine immer weiter östlich als die andere. Die beiden ältesten verloren ihre eigentliche

*Leuchtturm **Warnemünde**, 1897/98 erbaut, 31 m hoch*
(Aufnahme 1905, Turm und Gebäude dahinter heute fast unverändert)

Bedeutung und wurden teilweise abgerissen. Die erste und älteste heißt jetzt »Mittelmole«, die zweite »Inselmole«.
An keinem andern deutschen Hafen mußten die Molenbaken so oft versetzt oder erneuert werden wie in Warnemünde.
Die neueste Leuchtbake steht seit 1963 auf dem Kopf der Westmole, abgebildet auf Seite 148. Sie trägt auch die Nebelwarnanlage, seit 1971 durch ein Sichtweitenmeßgerät automatisch gesteuert.
Unter den zahlreichen älteren Baken sei nur noch die auf der heutigen Ostmole erwähnt. Sie wurde 1903 auf der verkürzten Mittelmole errichtet und rot/weiß gebändert angestrichen. Damals zeigte sie ein orangefarbenes Feuer, weil für einen Standort wie den ihren weder Rot noch Grün vorgesehen war. Anläßlich einer erneuten Verkürzung der Mittelmole wurde sie 1961 abmontiert, etwas umgebaut und auf dem Kopf der neuen Ostmole wieder aufgestellt. Dort strahlt sie nun ein rotes Gleichtaktfeuer aus, abwechselnd 4 Sek. hell und 4 Sek. dunkel. Zum Meer hin zeigt sie das Rostocker Wappen mit dem Greif.
Seit 1. 10. 1903 fahren die Züge Berlin–Kopenhagen an den Warnemünder Molenbaken vorbei, allerdings verla-

*Mittelmolenbake **Warnemünde**, 1903 errichtet, 11 m hoch (Aufnahme 1905)*

Die gleiche, etwas umgebaute Bake, seit 1961 auf der neuen Ostmole, jetzt 12 m hoch

den auf einem Trajekt. Die kürzeste Strecke zwischen den beiden Hauptstädten führt nämlich nur gut 40 km über die Ostsee, von Warnemünde bis Gedser. In diesen beiden Häfen waren nach zweijähriger Bauzeit die Fähranleger mit Schienen für die ersten deutschen und dänischen Eisenbahnfähren fertig geworden. Nun brauchten die Fahrgäste auf der ganzen Strecke nicht mehr auszusteigen, Güter mußten nicht mehr umgeladen werden. Das war damals ein entscheidender Fortschritt, und der Verkehr entwickelte sich schnell weiter.
Nach dem Zweiten Weltkrieg verlagerte sich allerdings der größte Teil des deutsch-dänischen Fährverkehrs zur Strecke Travemünde–Gedser und zur Vogelfluglinie.

Rostocker Wappen an der Ostmolenbake

*Leuchtfeuer **Wustrow**, 1910/11 erbaut, 10 m hoch*

Wustrow

Der Darß ist durch eine schmale Landbrücke namens Fischland mit dem Festland verbunden. Da die einsame Gegend flach, unbewaldet und auch nicht mit künstlichen Orientierungshilfen wie Kirchtürmen und dergleichen versehen ist, strandeten hier immer wieder Schiffe, besonders bei schlechter Sicht. Deshalb entschloß man sich zu Anfang unseres Jahrhunderts, bei **Wustrow,** etwa in der Mitte des Fischlandes, eine Leuchtfeuer- und Nebelsignalstation zu errichten. Am 1. 3. 1911 wurde sie in Betrieb genommen.
Den größten Platz beanspruchte das Maschinenhaus, in dem anfangs Dampf, später Preßluft für die weitreichenden Nebelhörner erzeugt wurde. Das Leuchtfeuer war zunächst zweitrangig, deshalb genügte ein Provisorium am Schornstein des Maschinenhauses. Da noch kein elektrischer Strom zur Verfügung stand, griff man auf Spiritus-Glühlicht zurück. Erst zwischen den beiden Weltkriegen wurde ein Ecktürmchen mit einer richtigen, elektrisch betriebenen Laterne gebaut. Auch die Nebelhörner arbeiten seitdem elektrisch.

Darßer Ort

Nach Osten hin ist der Darß durch eine flache Landbrücke mit der ehemaligen Insel Zingst verbunden, aber erst seit 1874, als der dazwischenliegende, schon ziemlich versandete Prerow-Strom zugeschüttet wurde. So entstand die typische winkelförmige Halbinsel.
Ständige Sandwanderungen verändern dort sowohl den Meeresboden als auch die Küsten. Vor allem die Nordwestspitze, der Darßer Ort, schiebt sich immer weiter vor. Zwischen ihr und einem Steinriff südlich Gedser besteht nur eine relativ schmale Durchfahrt, und so manches Schiff scheiterte an einer der beiden Seiten.
Die Dänen markierten ihre Seite schon 1802 mit einem Leuchtturm, später auch das Riff mit einem Feuerschiff. Auf deutscher Seite soll erst um 1830 eine »Feuerbake« am **Darßer Ort** errichtet worden sein, wahrscheinlich ist eine Ziehlaterne gemeint.
Da sich diese sehr bald als unzureichend erwies, wurde 1847/48 ein 35 m hoher Ziegelturm erbaut. In seiner Laterne installierte man versuchsweise – wie schon zwei Jahre zuvor beim Leuchtturm **Brüsterort** in Ostpreußen –

einen der neuen Fresnelschen Apparate aus Frankreich. Die Linsenringe der Gürteloptik waren damals noch nicht gekrümmt, sondern aus vielen geraden Stücken zusammengesetzt. Das Hauptproblem stellte aber die Lichtquelle dar, weil sich die hellen, mehrdochtigen Lampen noch im Entwicklungsstadium befanden.
Nach Inbetriebnahme am 1. 1. 1849 traute man deshalb diesem neumodischen Leuchtapparat noch nicht so recht und ließ sicherheitshalber die Feuerbake noch zusätzlich in Tätigkeit. Nach über zweijähriger Erprobung hatte sich der Fresnelsche Apparat jedoch so gut bewährt, daß er Zug um Zug bei fast allen deutschen Leuchttürmen eingeführt wurde.
Inzwischen mehrfach modernisiert, weist der Turm nach wie vor der Schiffahrt den Weg um die gefährliche Darßer-Ort-Ecke. Von Anfang an handelte es sich um ein Drehfeuer, zuerst mit langanhaltenden Blinken, seit der Elektrifizierung 1936 mit kurzen Blitzen.

Aber was nützt die beste Blitz-Charakteristik, wenn man nicht weiß, zu welchem Feuer sie gehört. Vor einigen Jahren fuhr ein 10000-Tonner bei diesigem Wetter vierkant auf den Leuchtturm **Darßer Ort** zu und strandete zwangsläufig. An Bord hatte man geglaubt, es handle sich um den Leuchtturm am Warnemünder Hafen. Der Dampfer fuhr unter liberianischer Flagge für einen englischen Reeder, hatte griechische Besatzung, keinen sachkundigen Kapitän und völlig veraltete Seekarten.

Der Leuchtturm **Darßer Ort** wird von einem Stationsleiter und zwei Leuchtfeuermaschinisten gewartet, die sich mit ihren Kollegen aus Warnemünde und Wustrow zu einem Kollektiv zusammengeschlossen haben, um im sozialistischen Wettbewerb hervorragende Leistungen zu vollbringen. 1969 wurden sie mit dem Staatstitel »Kollektiv der sozialistischen Arbeit« ausgezeichnet.
Bis zum nächsten Ort – Ostseebad Prerow – sind es 6 km. Die heute dort zur Erholung weilenden Werktätigen aus dem Binnenland wissen meist gar nichts von der Existenz dieses Leuchtturms, den man nur zu Fuß erreichen kann, und zwar auf einem hübschen Waldweg. Aus der Nähe fotografieren darf man ihn nicht, davor warnt eine Tafel mit der Aufschrift »Sperrgebiet. Unbefugten ist das Betreten, Befahren und die bildliche Darstellung verboten«. Dabei sieht alles noch genauso aus wie auf alten Bildern.

*Leuchtturm **Darßer Ort**, 1847/48 erbaut, 35 m hoch*

einst (1910)

jetzt

*Alter Leuchtturm **Travemünde**,*
31 m hoch, 1539 erbaut, bis 1972 in Betrieb

*Leuchtturm **Buk**, 21 m hoch, 1878 auf dem 78 m hohen Bastorfer Berg in Mecklenburg erbaut*

*Westmolenbake **Warnemünde**, 1963 errichtet, 12 m hoch*

Hiddensee

Diese seit 1308 von Rügen abgetrennte, 16 km lange Insel mit Sand und Heide, Dünen und Moor, im Norden auch mit Hügeln und Wald, stellt nach wie vor ein Paradies für Naturfreunde dar. Bettenburgen gibt es nicht, am feinsandigen Weststrand badet man »mit und ohne«, in idyllischen kleinen Häfen an der Ostseite liegen Fischerboote, Motor- und Segeljachten, schnellstes Verkehrsmittel ist das Fahrrad.

An beiden Enden der Insel steht ein Leuchtturm. Auf dem Südhaken, genannt Gellen, wurde schon 1306 von den Stralsunder Hanseaten ein Leuchtfeuer errichtet, um die Einfahrt zu ihrem Hafen zu erleichtern. Die Mönche des 1296 gegründeten Klosters St. Nicolai betreuten es, wahrscheinlich bis zum 30jährigen Krieg.

Danach gab es eine lange Pause, bis es möglich geworden war, dieses einsame Inselende mit einem unbemannten Leuchtfeuer zu versehen. 1905 wurde ein Pintsch-Türmchen mit gasbetriebener Einheitslaterne aufgestellt. Inzwischen auf elektrischen Betrieb umgerüstet, blinkt sie ununterbrochen Tag und Nacht.

Das hügelige Nordende der Insel erhebt sich bis zu 72 m. Zur Orientierung zwischen Darßer Ort und Kap Arkona erbaute man hier 1888 den 28 m hohen Leuchtturm **Dornbusch** und erzielte damit eine Feuerhöhe von 94 m. Ausgerüstet mit einem lichtstarken Fresnelschen Apparat, strahlte er schon damals außergewöhnlich weit. So gut sein Licht war, so schlecht war sein Mauerwerk. Mit 13 Zwischenringen aus andersartigen dunkelroten Ziegeln hatte man ihm wohl ein besonderes Aussehen verliehen, aber damit die Gefahr frühzeitiger Verwitterung heraufbeschworen. 1927 waren seine Mauerrisse so stark geworden, daß man für die Stabilität fürchtete und den ganzen Turm mit einem Eisenbetonmantel umgab.

Rügen

Diese größte deutsche Insel setzt sich vorwiegend aus Halbinseln zusammen. Auf der nördlichsten, namens Wittow, liegt das Kap Arkona. Der ganze Landvorsprung besteht aus steil zum Meer abfallenden, bis zu 46 m hohen Kreidefelsen.

*Leuchtturm **Dornbusch**,*
28 m hoch, 1888 erbaut, rund mit 13 Streifen

Der Turm nach der Ummantelung 1927, jetzt 12eckig

Arkona wurde seit der Wikingerzeit mehrfach hart umkämpft. Reste der Jeromarsburg mit Wallanlagen und einem runden Turm sind heute noch vorhanden.
Für die 1683 zwischen Pommern und Schweden eröffnete Postverbindung mit Segelschiffen soll am Wittower Posthaus ein Laternenfeuer, später auf dem Kap eine Feuerbake eingerichtet worden sein.
Als Ersatz dafür wurde 1826/27 nach Entwürfen des Berliner Baumeisters Schinkel der erste Leuchtturm **Arkona** errichtet. Das vierkantige Gemäuer ist von einer 23eckigen Glaslaterne gekrönt, die am 1. 1. 1828 zum ersten Mal aufleuchtet. Aus 17 Fensterseiten strahlt je ein Parabolscheinwerfer mit weißem Licht, ab 1872 auch aus den restlichen sechs Fensterseiten je einer mit rotem Licht. Letztere warnen vor der südlich gelegenen Tromper Wiek, einer steinigen Bucht.
Arkona ist einer der markantesten Küstenpunkte der südlichen Ostsee. Zahlreiche Schiffsrouten führen an dieser Nordhuk der Insel Rügen vorbei. Deshalb blieb es auch nicht bei dem Leuchtturm. Alles, was passierenden Schiffen außerdem dient, wurde hier sukzessive – jeweils nach neuestem Stand der Technik – eingerichtet, z.B. Sturm- und Eiswarnungssignale, Rettungsstation, Nebelwarnstation, Signalstation mit Küstensemaphor, Telegraphenstation, Funkstation.
Doch zurück zu unserem Leuchtturm, bei dem immer noch Abend für Abend die 23 Argandlampen in den veralteten Hohlspiegeln entzündet werden müssen, während andere wichtige Türme längst mit Linsenapparaten ausgerüstet sind.
1901/02 entsteht unmittelbar neben dem bisherigen der zweite Leuchtturm **Arkona,** 14 m höher (Abbildung auf Seite 165). Nach gleichen Plänen und um die gleiche Zeit wird auch auf Helgoland ein Neubau errichtet. Da beide Türme auch etwa gleich hoch stehen, eignen sie sich besonders gut für einen Vergleich zwischen zwei neuen elektrischen Schnellblitzfeuern unterschiedlicher Konstruktion. Nach anfänglichen Kinderkrankheiten arbeiten beide einwandfrei und erzielen außergewöhnliche Tragweiten. Während der Helgoländer Turm – wie beschrieben – 1945 zerstört wird, ist das Schnellblitzfeuer von Arkona heute noch in Tätigkeit.
Die bekannteste Halbinsel auf Rügen ist zweifellos Jasmund mit ihren über 100 m hohen Kreidefelsen von Stubbenkammer. Sogar hier gibt es zwei Leuchtfeuer. Sie stehen zu beiden Seiten des Königsstuhls, jeweils etwa 2 km entfernt auf halber Höhe, versteckt im heute bewaldeten Abhang. Beides sind Pintsch-Türmchen, unbewacht, 6 m hoch, 1904 aufgestellt. Das nördliche Leuchtfeuer heißt nach einem Gut auf der Höhe **Ranzow,** das südliche **Kollickerort**.
Saßnitz war einst ein kleiner Fischerhafen. Von allen deutschen Häfen liegt er der schwedischen Küste am nächsten; die Entfernung nach Trelleborg beträgt nur 107 km. Zur Einrichtung der geplanten Fährverbindung mit Dampfschiffen mußte der Hafen erweitert und eine lange Schutzmole gebaut werden. Das geschah 1890 bis 1896.
Auf dem Molenkopf wurde zunächst ein provisorisches Feuer, 1904 eine 15 m hohe eiserne Leuchtbake errichtet. Nach einer Verlängerung der Mole von 1200 auf 1500 m versetzte man 1910 die Bake mit einem speziell angefertigten Transportwagen auf den neuen Molenkopf. Dort steht sie noch heute (Abbildung auf Seite 166).

Seit dem 6. 6. 1909 verkehren Eisenbahnfähren – jeweils zwei deutsche und zwei schwedische – auf der sogenannten »Königslinie« zwischen Saßnitz und Trelleborg. Zunächst mußten die Waggons allerdings auch noch mit einem anderen Trajekt über den 2,5 km breiten Strelasund zwischen Stralsund auf dem Festland und Altefähr auf Rügen befördert werden. Erst seit Fertigstellung des Rügendammes 1936 können die Züge bis Saßnitz durchfahren.

Königsstuhl, 119 m hohes Tagessichtzeichen, »erbaut« in der Kreidezeit vor 75 Millionen Jahren (er ist imposanter als die beiden 6 m hohen Leuchtfeuer zu beiden Seiten)

hafen. Seine Höhe von 68 m bis zur Spitze des Kuppeldaches wird selbst heute noch von keinem anderen deutschen Leuchtturm erreicht, für die damalige Zeit eine bewundernswerte bauliche Leistung. Seitdem ist der Turm das Wahrzeichen der ganzen Pommerschen Bucht.

Leider erwies sich seine Verblendung aus gelben Mauersteinen als nicht haltbar genug, so daß schon bald Ausbesserungen erforderlich wurden. Trotzdem verwitterten weitere große Flächen, und man entschloß sich zu einer völlig neuen Ummantelung, die 1902/03 durchgeführt wurde.

Nach Errichtung eines 60 m hohen Gerüstes wurden – von oben nach unten – alle restlichen Verblendsteine abgeschlagen und – von unten nach oben – die besonders erprobten härteren Steine aus Schweden vorgemauert. So entstand eine völlig neue Turmhülle. Abgesehen vom unteren Teil, den man erheblich verstärkte, wurde der bisher achteckige Turm rund.

Die Laterne mit einer Gürtellinse größter Art blieb äußerlich unverändert, nur wurde aus dem bisher festen Feuer durch Umlaufblenden ein unterbrochenes. In den 20er Jahren erhielt der Turm eine elektrische Glühlampe als Lichtquelle.

Über 300 Stufen sind es auf der Wendeltreppe bis zur Galerie. Unzählige Besucher genossen vor dem Zweiten

Mühlenbake am Kopf der Westmole, 10 m hoch, 1873 errichtet

*Ostmolenbake **Swinemünde**, 12 m hoch, 1877 errichtet*

Weltkrieg den herrlichen Blick von oben, z. B. nach Nordwesten über die Ostseebäder Ahlbeck, Heringsdorf, Bansin und Zinnowitz bis zur Greifswalder Oie, bei klarer Sicht sogar bis zu den Kreidefelsen auf Rügen, oder nach Nordosten zur Steilküste von Misdroy.

Noch kurz vor dem Ende des Krieges, am 12. 3. 1945, fielen Bomben in unmittelbarer Nähe und beschädigten das Mauerwerk.

Nach dem Zweiten Weltkrieg wurde Swinemünde polnisch. Die neuen Besitzer nahmen den Turm wieder in Betrieb und besserten ihn 1959 aus. In den 60er und 70er Jahren erhielt das frühere Örtchen Osternothafen ein völlig neues Gesicht, denn rund um den Leuchtturm bauten die Polen riesige Kai- und Verladeanlagen. Im Gegensatz zum früheren deutschen Hafen westlich der Swine verfügen sie hier über die erforderlichen Bahn- und Straßenverbindungen nach Osten.

Leuchtturm ***Swinemünde****,*
1857/59 erbaut, 68 m hoch

unten: einst (1890) *rechts: jetzt*

Wasserstraße Swinemünde – Stettin

Vom Stettiner Haff aus führen drei stark gekrümmte Odermündungen zur Ostsee: die westliche Peene, die mittlere, schon erwähnte Swine und die östliche Dievenow. Als Dampfschiffe mit immer größerem Tiefgang aufkamen, baute man besonders die mittlere und kürzeste weiter aus. Sie wurde 1875 bis 1880 mit einem Durchstich, der »Kaiserfahrt«, und 1892 bis 1895 mit einem weiteren Durchstich, der »Mellin-Fahrt«, begradigt und mehrmals vertieft. Auch auf der unteren Oder und im Haff wurden mehrfach Begradigungen und Vertiefungen des Fahrwassers durchgeführt. Das ausgebaggerte Material diente zur Aufschüttung künstlicher Inseln, auf denen Seezeichen errichtet wurden. So entstand auch der Leitholm, 8 ha groß und später sogar baumbestanden.

Mit der Befeuerung der schwer zu befahrenden Strecke hatte man schon Mitte des vorigen Jahrhunderts begonnen. An den Ufern waren einige der vorhandenen Baken mit Leuchtfeuern versehen worden. Außerdem hatte man 1858 die Enden des 20 km langen Fahrwassers im Haff mit kleinen Feuerschiffen bezeichnet.

Um die Jahrhundertwende wurde die Leuchtfeuerkette mit unbewachten, gasbetriebenen Feuern modernisiert und verdichtet. Bei Neubauten handelte es sich zumeist um hölzerne oder eiserne Leuchtbaken mit Höhen zwischen 10 und 40 m. Im Haff wurden mehrere Torfeuerpaare aufgestellt, die auch die Feuerschiffe ersetzten.

Während der 20er Jahre verbesserte man die gesamte Strecke erneut durch Vertiefungen, Begradigungen und weitere Leuchtfeuer, insbesondere das Papenwasser, den Übergang der Oder zum Haff. Hier entstanden auch die ersten Richtfeueranlagen mit gleichgängigen Ober- und Unterfeuern. Als Träger dafür wurden vorwiegend Gittertürme errichtet, ähnlich denen an Weser und Elbe. Einer davon, das Oberfeuer **Gnageland,** wirkt allerdings wie der verkleinerte Leuchtturm **Campen** an der Unterems.

Alle Orte an der Wasserstraße haben heute polnische Namen, von Swinoujście bis Szczecin.

*Oberfeuer **Gnageland**, 24 m hoch, 1926 erbaut*

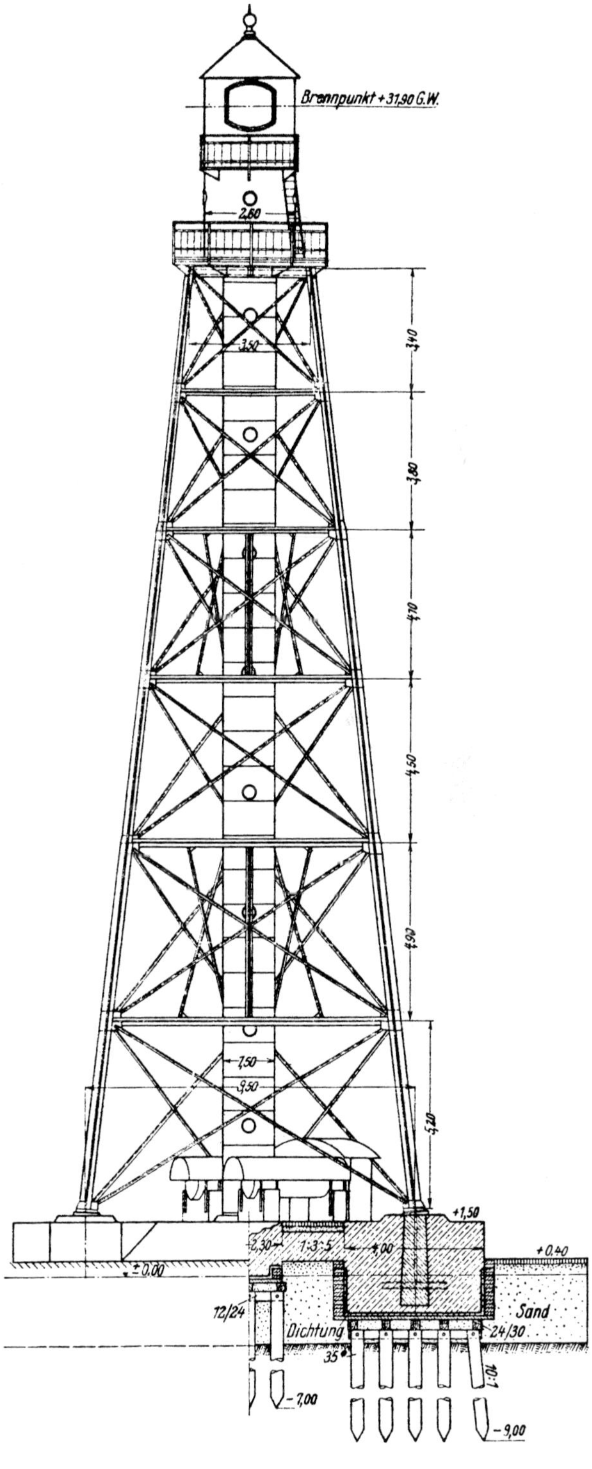

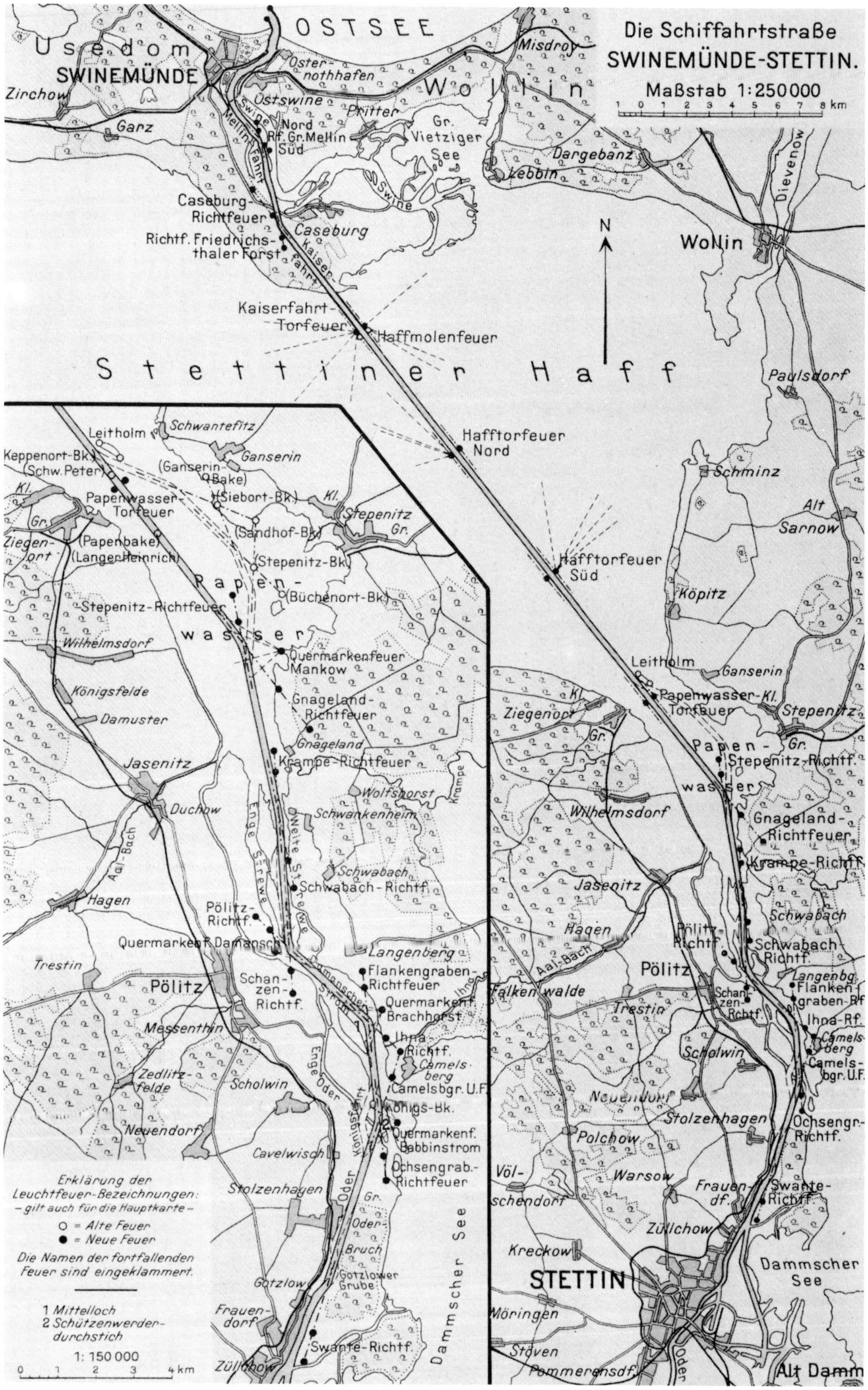

Die Befeuerung am Ende der 20er Jahre

Groß-Horst

Die sich östlich von Swinemünde anschließende (früher ostpommersche) Küste verläuft ziemlich gestreckt über eine Länge von 280 km; das entspricht an der Nordsee einer Entfernung von Borkum über Cuxhaven bis Sylt. Es ist der längste unzerklüftete Küstenstrich der Ostsee, nur hier und da von der Mündung eines Flüßchens oder dem Ausfluß eines Strandsees – genannt »Tief« oder »Deep« – unterbrochen.

Für die Navigation bei Tage sind über den größten Teil der Strecke gut sichtbare Landmarken verteilt: Steilküsten, Wälder, kleine Häfen und Ortschaften mit Kirchtürmen, Windmühlen sowie einige Bodenerhebungen, als höchste der Gollen bei Köslin mit 137 m und der Revekol zwischen Garder- und Lebasee mit 115 m Höhe, im Osten Dünenberge und die bis zu 45 m hohen Wanderdünen bei Laba.

Für die Orientierung bei Nacht wurde, vorwiegend in der zweiten Hälfte des vorigen Jahrhunderts, eine Leuchtfeuerkette aufgebaut. Abgesehen von den Hafenfeuern besteht sie, wenn man **Swinemünde** mitrechnet, aus sieben Türmen, alle weittragend mit Feuerhöhen zwischen 50 und 75 m.

Bei geographischem Vorgehen von West nach Ost treffen wir 56 km östlich von Swinemünde zunächst auf den Leuchtturm **Groß-Horst,** heute Niechorze. Er wurde 1865/66 aus gelben Ziegeln erbaut, die acht Kanten rot abgesetzt. Seine Laterne erhielt ein Fresnelsches Linsendrehfeuer größter Art, das dreimal in der Minute für fünf Sek. aufleuchtete. Bis zum Zweiten Weltkrieg blieb das so.

1945 wurde der Turm durch Artilleriefeuer leicht beschädigt. Die Polen reparierten ihn und setzten ihn im Dezember 1948 wieder in Betrieb.

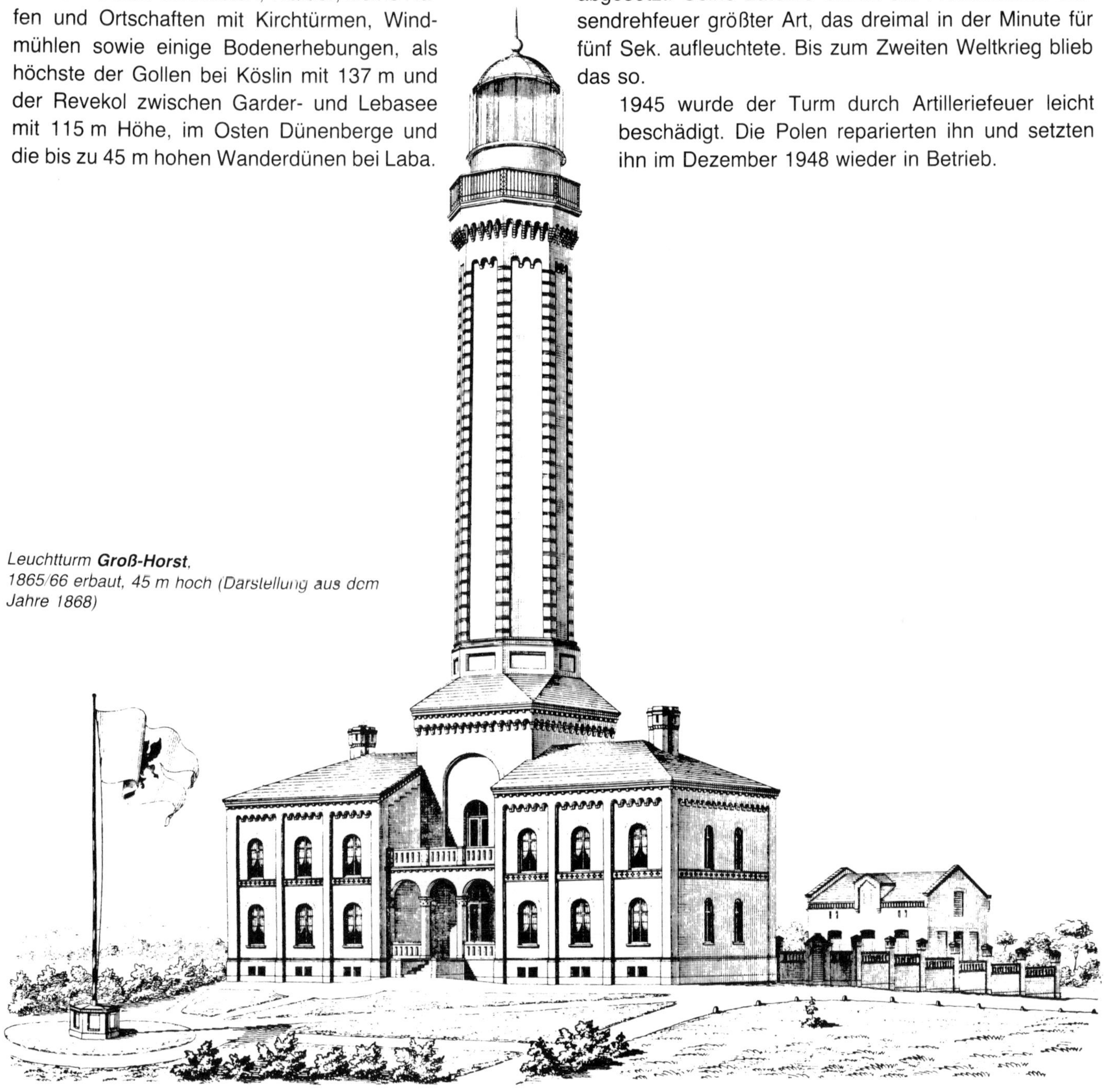

*Leuchtturm **Groß-Horst**, 1865/66 erbaut, 45 m hoch (Darstellung aus dem Jahre 1868)*

Der Turm steht auf dem östlichen Ende einer langen Steilküste, aus der das Meer Jahr für Jahr ein Stück fortreißt. Einige Kilometer weiter, bei Rewahl, stand einst ein mittelalterliches Dorf namens Hoff. Dort rückte das Meer in 600 Jahren 2000 m bis zur Kirche des Ortes vor, von der ab 1901 Stück für Stück in die Tiefe stürzte. Ein Rest der Südwand hielt sich noch lange auf der 18 m hohen Kliffkante, er dürfte aber auch in diesen Jahren abstürzen. So gelangte die Kirche von Hoff zu trauriger Berühmtheit.

Das gleiche Schicksal hätte sicher auch den dicht an der 22 m hohen Kante stehenden Leuchtturm ereilt, wenn man dem Vorrücken des Meeres nicht rechtzeitig Einhalt geboten hätte. Das geschah zwischen den beiden Weltkriegen durch Buhnenbau und Betonierung einer 500 m langen Steiluferstrecke, die heute von den Polen weiterhin gut instand gehalten wird.

Kolberg

An der Mündung der Persante liegt ein kleiner Hafen. Zunächst hieß er Kolbergermünde, 1904 wurde er in die hinter der Küste liegende alte Hansestadt Kolberg eingemeindet.

Das 1666 eingerichtete Leuchtfeuer ging wahrscheinlich nach etwa 50 Jahren wieder ein, oder es wurde nur zeitweise gezeigt.

Nach Gründung des Lotsenwesens war es in vielen ostdeutschen Häfen üblich geworden, am Lotsenhaus nachts eine Laterne zu hissen. In Kolbergermünde wurde seit 1865 ein kleiner Fresnelscher Apparat für die Nacht an einem Mast hochgezogen, anfangs allerdings nur, wenn Schiffe angekündigt waren.

Neben dem Hafen steht das alte trutzige Fort Münde. Auf seinem seit 1873 nicht mehr militärisch genutzten Gelände errichtete man 1894 ein neues Lotsengebäude mit turmartigem Anbau für das Leuchtfeuer. Der manchem Kolberger sicher noch bekannte achteckige Steinturm mit Laterne wurde jedoch erst 1909 erbaut. Er gab dem Festungskomplex ein neues Aussehen.

*Hafenleuchtturm **Kolberg**,*
21 m hoch, 1909 auf dem Fort Münde erbaut, im März 1945 gesprengt

Sein Feuer hatte eine Tragweite von 14 sm und leuchtete den vielen dort beheimateten kleinen Schiffen und Kuttern sowie den Dampfern »Heimdall« und »Frem«, die den Liniendienst zwischen Kolberg und der querab liegenden dänischen Insel Bornholm versahen.
Im März 1945, bei den harten Kämpfen um Stadt und Hafen, wurde der Leuchtturm von deutschen Soldaten gesprengt, um der feindlichen Artillerie kein Ziel zu bieten. Vorwiegend polnische Truppen sollen Kolberg, das jetzt Kołobrzeg heißt, eingenommen haben.
Noch im gleichen Jahr 1945 errichteten die Polen auf dem hohen Rundbau des alten Festungswerkes einen neuen dicken Leuchtturm. Anstelle der früheren deutschen Inschrift »FORT MÜNDE, erbaut in den Jahren 1770 bis 1774, erneuert in den Jahren 1832 bis 1836«, kann man nun auf je einer Tafel in Russisch und Polnisch lesen:
»Den im Kampf gegen den hitlerischen Aggressor um die Freiheit und Unabhängigkeit der Sowjet-Union und der Volksrepublik Polen gefallenen Helden.«

Der fast an gleicher Stelle 1945 von den Polen erbaute Leuchtturm, 30 m hoch

Funkenhagen

Bei diesem Leuchtturm handelt es sich wieder um ein Glied der Kette hoher, weittragender Seefeuer. Sein Standort, nach diesem Gesichtspunkt bestimmt, befindet sich dicht hinter der flachen Küste in ziemlich einsamer Gegend. Nur einzelne der typischen teerschwarzen Fischerboote liegen am Strand, heraufgezogen mit einer der uralten, ebenso primitiven wie sinnreichen Holzwinden.
Von den Badeorten Sorenbohm, Bauerhufen, Großmöllen und Nest aus sieht man den schlanken Turm im Westen aus dem Küstenwald aufragen (abgebildet auf Seite 166).
Der 1876/77 erbaute, am 1. 1. 1878 in Betrieb genommene Leuchtturm **Funkenhagen** ist als Ziegelrohbau errichtet, Galerie, Laternenunterbau und innere Wendeltreppe sind aus schlesischem Granit.
Zu seinem Schutze wurden in den gleichen Jahren durch zwei besonders konstruierte Dampframmen 25 Buhnenreihen aus Baumstämmen ins Meer getrieben. Der Kostenaufwand dafür betrug ganze 20600 Mark. Mit diesen fauchenden Ungetümen wurden anschließend zahlreiche Buhnen an weiteren gefährdeten Küstenstreifen eingerammt.
Die Laterne des Leuchtturms, ausgerüstet mit einer Drehlinse, erhielt 1927 eine elektrische Lichtquelle. 1945 wurde der Turm leicht beschädigt, aber repariert und 1948 wieder in Betrieb gesetzt.
Für Funkenhagen erfanden die Polen den Namen Gaski (Gänschen). Hier scheint die Zeit stehengeblieben zu sein.

*Hafenleuchtturm **Rügenwalde**,*
1885/86 erbaut, 1927 von 13 auf 21 m erhöht

Rügenwalde

Diese schon 1270 gegründete Stadt, seit 1361 auch Mitglied der Hanse, war einst ein Zentrum der Fleischwarenverarbeitung. Rügenwalder Teewurst ist noch heute ein Begriff.
Dicht vorgelagert liegt als Ortsteil das Seebad Rügenwaldermünde mit einem kleinen Hafen am Ausfluß der Wipper in die Ostsee. Vor 100 Jahren wurde die Einfahrt durch zwei Molen gesichert, beide fast 500 m lang. An der Wurzel der Ostmole errichtete man 1885/86 ein Lotsenhaus mit Leuchtfeuertürmchen. Letzteres wurde 1927 von 13 auf 21 m erhöht.
1945 fiel der Hafen fast unzerstört in die Hände der Sieger. Die Polen betrieben das Leuchtfeuer sogleich weiter und hielten das Gebäude instand. Nicht instand hielten sie dagegen die nahe gelegene originelle Klappbrücke über den Hafenkanal; sie wurde 1978 ersatzlos abgerissen.
Rügenwalde heißt jetzt Darłowo, Rügenwaldermünde Darłowko.

Jershöft

In stürmischen Winternächten fiel den Seglern die Navigation an der langen ostpommerschen Küste meist recht schwer. Immer wieder strandeten Schiffe, weil nächtliche Orientierungsmöglichkeiten fehlten, besonders an der Jershöfter Landnase.
Deshalb beschloß man schon relativ früh, hier auf dem 23 m hohen Ufer ein Leuchtfeuer einzurichten. Zwecks Unterscheidung von den kurz zuvor fertiggestellten Festfeuern der Leuchttürme **Arkona** und **Rixhöft** wählte man für **Jershöft** ein Blinkfeuer.
1829/30 entstand das Wärterhaus mit einer Laterne auf dem Dach. Darin leuchteten 15 Argandlampen in Parabolspiegeln, zu drei Gruppen auf einem Drehtisch angeordnet. Dieser drehte sich in 6 Min. einmal herum, so daß alle 2 Min. ein langer Blink entstand. Nur stellte sich heraus, daß das Licht durch zahlreiche Bäume in mehreren Richtungen verdeckt wurde. Als sie gefällt werden sollten, setzten sich die Einwohner zur Wehr, denn schließlich verhinderten die Bäume den unheilvollen Sandflug.
So wurde das Feuer wieder außer Betrieb gesetzt, und der preußischen Verwaltung blieb nichts anderes übrig,

*Leuchtturm **Jershöft**,*
1838 erbaut, 31 m hoch

als den Bau eines richtigen hohen Leuchtturms im Etat einzuplanen. Dieser wurde 1838 neben dem bisherigen Gebäude errichtet und mit der vorhandenen Laterne ausgestattet. Erst 1899 wurden die Parabolspiegel durch eine Linsenoptik ersetzt. Die alte solide Drehmaschine blieb jedoch weiter in Tätigkeit, möglicherweise bis heute.
Anstelle von Jershöft steht nun Jarosławiec auf Land- und Seekarten.

Stolpmünde

Hier mündet das Flüßchen Stolpe in die Ostsee und bildet einen kleinen natürlichen Hafen. 1337 erwarb die 20 km landeinwärts gelegene Hansestadt Stolp das Gelände, um es auszubauen und verkehrsmäßig zu nutzen. So entstand Stolpmünde, das sich später zum verkehrsreichsten ostpommerschen Hafen entwickelte, in dem zeitweise auch über 50 Fischkutter beheimatet waren. Den Kampf gegen die ständige Versandung gewann man endgültig erst im 19. Jahrhundert, als man abschnittsweise einen Vorhafen mit 500 m langen Granitmolen erbaute.
1871 wurde auf dem alten Lotsenhaus an der Wurzel der Ostmole ein Aufzugsfeuer eingerichtet.
1892 zog man in ein neues kombiniertes Lotsen- und Leuchtfeuergebäude um, das 1904 zu seiner heutigen Form ausgebaut wurde. Im Zweiten Weltkrieg blieb es unbeschädigt.

*Lotsen- und Leuchtfeuergebäude **Stolpmünde**, 1892 erbaut, 1904 erweitert und Turm errichtet, 22 m hoch*

einst (1925) . . .

Danach gab es offensichtlich einige Schwierigkeiten bei der Findung eines polnischen Namens für Stolpmünde. Nach der vorläufigen Benennung »Postomino« entschieden die Behörden, daß der Ort ab 1. 1. 1947 »Ustka« (Mündchen) heißen soll.

Scholpin

Die Standortwahl für diesen Leuchtturm war nicht leichtgefallen. Gern hätte man ihn auf den 115 m hohen Revekol gestellt, aber dann hätte er 6 km von der Küste entfernt gestanden. So entschied man sich für die nur 1 km landeinwärts gelegene, 55 m hohe Scholpiner Düne.
Ein besonderes Problem in dieser sandigen Weite des hinterpommerschen Küstenlandes stellte der Transport des schweren Baumaterials dar, denn Straßen oder Wege zur Düne gab es nicht. Hier waren einst sogar die berühmten Wanderdünen entsprungen, die dann auf

. . . jetzt

ihrem Zug nach Osten im Laufe der Zeit ganze Wälder, das alte Leba und das Dorf Lonske verschüttet hatten. (Sie wandern übrigens auch heute noch unaufhaltsam weiter, jedes Jahr um 12 m.)

Deshalb baute man extra eine kleine Anlegebrücke ins Meer und richtete eine Fahrspur vom Strand bis zur Dünenkuppe ein. Nun konnte das Material mit Lastkähnen über See bis zur Brücke und mit Pferdekarren weiter zur Baustelle transportiert werden. Das war 1874.

Ausgerüstet mit einer von Frankreich als Reparation gelieferten riesigen Drehlinsenoptik nahm der Leuchtturm **Scholpin** am 15. 1. 1875 seinen Betrieb auf. Als Lichtquelle diente zunächst eine Fünf-Docht-Lampe, ab 1904 Petroleumglühlicht. Heute ist es elektrisches Glühlicht, aber noch die alte Optik.

Die einst kahle Düne ist inzwischen bewaldet, polnische Soldaten bewachen den Turm, und Scholpin heißt jetzt Czołpino, es liegt im Słowinski-Nationalpark, der von Rowy (früher Rowe) bis Łeba (früher Leba) reicht.

Leuchtturm ***Scholpin**,,*
25 m hoch, 1874/75 auf 55 m hoher Düne erbaut

Stilo

Östlich von Leba schließt sich ein weiteres Gebiet mit Strand, Dünen und Wald an, menschenleere Natur, so weit das Auge reicht. Die vielen kahlen, bis zu 50 m hohen Dünen sehen aus wie aneinandergereihte gefüllte Säcke, deshalb nannte man sie einst auch »Große Wollsäcke«.

Leuchtturm ***Stilo**,*
33 m hoch, 1904/06 auf 45 m hoher Düne erbaut (kurz nach der Fertigstellung)

Auf einer dieser Dünen, bei **Stilo,** hatte man, wahrscheinlich schon im 18. Jahrhundert, eine Holzbake errichtet, weil die gleichförmige Küste hier kaum Anhaltspunkte für die Orientierung bot.

Anstelle der Bake wurde 1904/06 der letzte Leuchtturm der Kette erbaut. In der Form ähnelt er den etwa zur gleichen Zeit in Schleswig-Holstein errichteten drei Einheitstürmen. Auch er ist aus Gußeisenteilen zusammengeschraubt, allerdings nicht rund, sondern 16eckig, seine Laterne wurde von Anfang an mit einer elektrischen Lampe ausgerüstet.

Der Strom wurde zunächst in einem besonderen Maschinenhaus erzeugt, ebenso die Preßluft für das Nebelhorn auf der in der Nähe errichteten 19 m hohen Säule (abgebildet in Teil 1 auf Seite 54). Wie bei den damals modernsten Leuchttürmen **Helgoland** und **Arkona** wurde die Optik für weittragendes Blitzfeuer eingerichtet; es blieb bis zum Zweiten Weltkrieg unverändert.

Nach Kriegsende nahmen die Polen den Turm im April 1946 wieder in Betrieb. Seinen Anstrich in den früheren deutschen Nationalfarben Schwarz/Weiß/Rot behielten sie bei. Auch den Ortsnamen Stilo veränderten sie nicht.

Rixhöft

Dies ist der am weitesten vorgeschobene Küstenpunkt der südlichen Ostsee. Der Name, schon von den Germanen geprägt, bedeutet »Riesenhaupt«. In einem der ältesten Ostsee-Handbücher kann man lesen: »Rixhöft, auch Riserhöft genannt, ist ein hoher Landvorsprung mit steilem Ufer, bei welchem sich die Küste von der Richtung West–Ost scharf nach SO wendet. Dieser Küstenpunkt wird fast von allen nach Pillau und Neufahrwasser bestimmten Schiffen angesteuert.«

Hier steht der älteste und östlichste Turm der ostpommerschen Leuchtfeuerkette. Genaugenommen steht er

*Leuchtturm **Rixhöft***

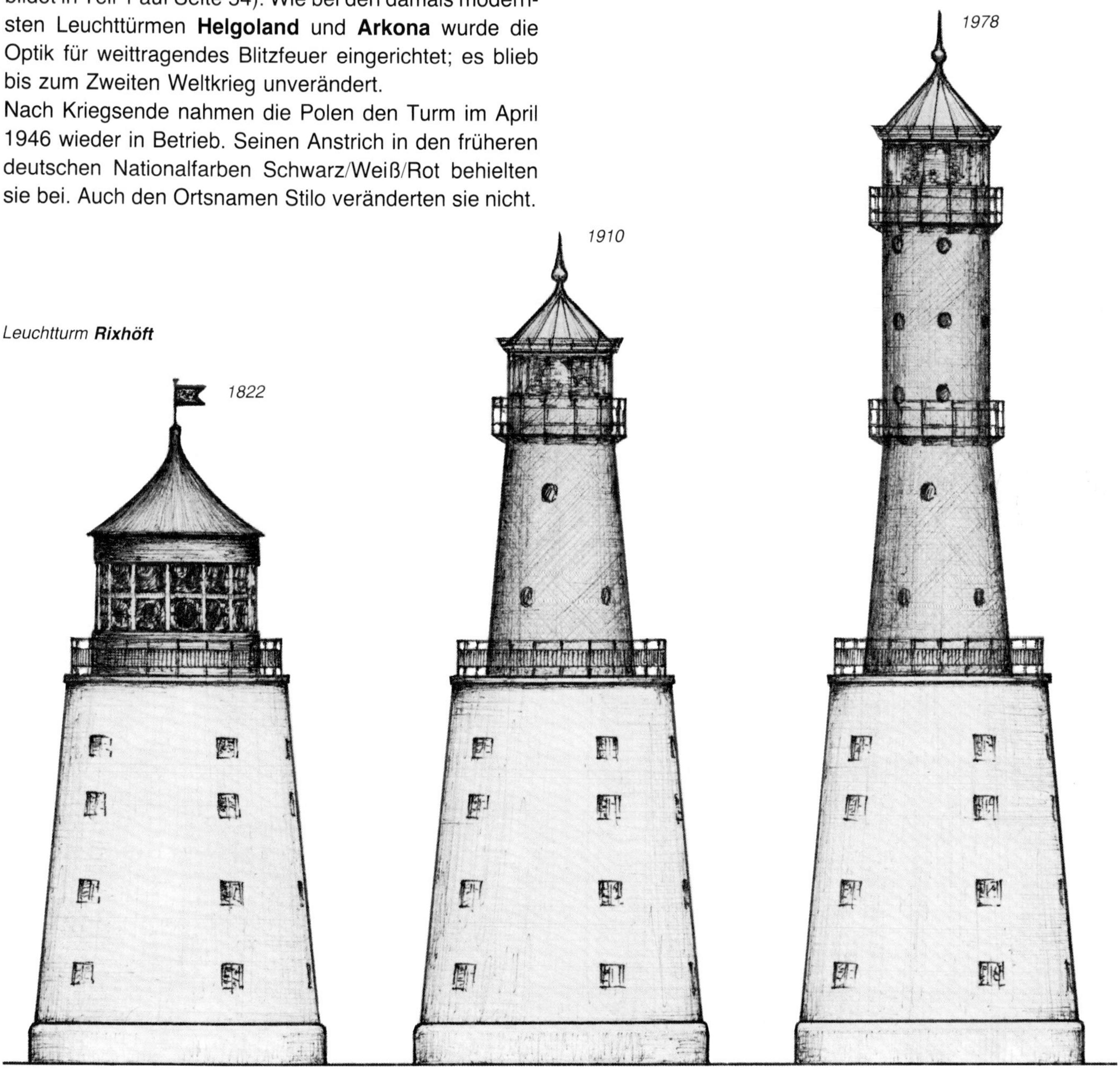

bereits auf westpreußischem Boden, in einem Gebiet, das schon 1919 nach dem Ersten Weltkrieg als »Polnischer Korridor« vom Reich abgetrennt wurde. Die Stelle heißt seitdem Kap Rozewie.
Zur Geschichte des Leuchtturms: Die frühere Kohlenblüse sollte zu Anfang des 19. Jahrhunderts durch einen massiven Leuchtturm mit Reverberen ersetzt werden. Wie in anderen Fällen, so wurde auch dieses Vorhaben duch die Napoleonischen Kriege verzögert. Erst 1821/22 entstand der geplante Steinturm auf dem 54 m hohen Ufer. »Er ist rund, weiß angestrichen, mit schwarzer Gallerie, das Dach der Laterne hat eine rothbraune Farbe«, heißt es weiter in der alten Beschreibung.
Am 15. 11. 1822 wurde der Leuchtturm **Rixhöft** in Betrieb genommen. 15 Parabolscheinwerfer strahlten seitdem zur Seeseite hin. Doch schon 1866 wurden sie gegen eine große, moderne Fresnelsche Gürtellinse ausgewechselt. Damals existierten die beiden westlichen Nachbartürme noch nicht, und man war bestrebt, das Feuer dieses wichtigen Küstenpunktes stets auf dem neuesten Stand zu halten und ihm die größtmögliche Tragweite zu geben. Nun leuchtete es 21 sm weit hinaus aufs Meer.

*Zweiter Leuchtturm **Rixhöft**, für Zwillingsfeuer 1874 erbaut, bis 1910 in Betrieb, 29 m hoch*

Steilküsten sind ständigen Angriffen der Meereswellen ausgesetzt. Auf vielen Hochufern stehen Buchen, die mit ihren Wurzeln das Erdreich zusammenhalten. Sie können den Abbruch der Kanten wohl etwas verzögern, aber nicht verhindern und stürzen im Laufe der Zeit auf den Strand hinab. So auch in Rixhöft. Nach 70 Jahren standen nur noch wenige Buchen vor dem Leuchtturm, so daß man sich 1896 gezwungen sah, das Steilufer auf 800 m Länge mit Beton zu befestigen.

Allmählich wuchsen aber die restlichen Buchen höher und begannen das Feuer zu verdecken. Da man sie nicht abholzen wollte, erhöhte man den Leuchtturm 1910 auf Veranlassung der deutschen Behörden um 5 m, aus dem gleichen Grunde 1978 auf Veranlassung der polnischen Behörden um weitere 7 m. Seit 1963 dient der untere Teil des Turmes als Leuchtturm-Museum.

In einer gleichförmigen Leuchtfeuerkette ist die Unterscheidung der einzelnen Feuer von besonderer Wichtigkeit. Als 1874 der Leuchtturm **Scholpin** gebaut wurde, gestaltete man **Rixhöft** durch Errichtung eines zweiten Turmes zum Zwillingsfeuer um. Auf diese Weise sollte jede Verwechslung dieser beiden benachbarten Küstenpunkte ausgeschlossen werden. Zwillingstürme strahlen ihr Licht mit gleicher Stärke in genau gleicher Feuerhöhe aus. Muster und Vorbild für diese Art von Doppeltürmen war die gewaltige Leuchtfeuer-Anlage am Kap **La Hève** bei Le Havre an der französischen Kanalküste, deren beide Türme übrigens schon 1863 bzw. 1865 auf elektrischen Betrieb umgestellt worden waren.

Den Aufwand für einen zweiten Turm hätte man sich in allen Fällen sparen können, wenn es damals schon auf große Entfernung klar unterscheidbare Charakteristiken gegeben hätte. So aber wurde in 190 m Entfernung vom ersten ein zweiter Leuchtturm **Rixhöft** gebaut. Damit seine Laterne das Licht in der gleichen Feuerhöhe von 70,3 m ausstrahlen konnte, mußte der neue Turm etwas höher werden als der alte. Zur Erfüllung ihrer Aufgabe als Zwillingsfeuer waren natürlich auch die Laternen beider Türme mit gleich großen Optiken und Lichtquellen ausgestattet.

1910 wurde der alte Turm nicht nur erhöht, sondern auch auf elektrischen Betrieb umgerüstet; außerdem erhielt er eine Scheinwerferoptik für Blitzfeuer. Da nun eine klare Unterscheidung von den Nachbartürmen gewährleistet war, löschte man das Feuer des zweiten, neueren Turmes wieder und demontierte die Optik für anderweitige Verwendung. Das Bauwerk blieb jedoch bis 1939 stehen, es diente u. a. 1920 bis 1923 als Wohn- und Arbeitsstätte für den polnischen Dichter Stefan Zeromski (1864–1925) und danach als Museum.

Zwei Bauwerke auf Rügen nebeneinander: Alter Leuchtturm ***Arkona****, 21 m hoch, 1826/27 erbaut, bis 1902 in Betrieb, neuer Leuchtturm* ***Arkona****, 1901/02 erbaut, 35 m hoch*

*Molenfeuer **Saßnitz** auf Rügen, 12 m hoch, 1904 errichtet*

*Ostpommersche Küste mit dem Leuchtturm **Funkenhagen**, 1876/77 erbaut, 51 m hoch*

Hela

So heißt nicht nur die 34 km lange, schmale, in die Danziger Bucht hineinragende Halbinsel, sondern auch der Ort an ihrer Südostspitze. Zunächst kam es natürlich darauf an, das Ende der Landzunge für die Schiffahrt zu kennzeichnen. An einem nächtlichen Wegweiser war besonders die Hansestadt Danzig interessiert, weil alle von Westen zu ihrem damaligen Vorhafen Weichselmünde fahrenden Schiffe um die Halbinsel herumsegeln mußten. So wurde auf Veranlassung der Hansestadt etwa 1482 im Turm der alten Kirche zu Hela ein Kerzenfeuer eingerichtet. Eines Tages brannte die Kirche zusammen mit dem ganzen Ort ab, wurde aber in ähnlicher Form neu erbaut.

Um 1630 ließ Danzig dicht an der Landspitze eine damals neuartige Steinkohlenwippe errichten. Sie erregte durch ihr helles Feuer viel Aufsehen und fand mehrfach Nachahmung an weiteren ostdeutschen Küsten (abgebildet in Teil 1 auf Seite 12).

Allerdings wurde die ganze, nicht sehr stabile Holzkonstruktion vom Sturm öfter umgeweht und viermal sogar völlig hinweggefegt, so daß sie jedesmal wieder neu gebaut werden mußte. Deshalb beschloß der Rat der Stadt Danzig Ende des 18. Jahrhunderts, daß ein massiver Steinturm in **Hela** zu errichten sei. Doch bis zu seiner Fertigstellung dauerte es noch lange, denn der 1806 begonnene Bau blieb während der Napoleonischen Kriege halbfertig liegen und konnte erst 1826 fortgesetzt werden.

*Erster Leuchtturm **Hela**,*
42 m hoch, 1806 begonnen, 1827 fertiggestellt, im September 1939 gesprengt

Am 1. 10. 1827 fand endlich in Gegenwart zahlreicher Gäste die feierliche Einweihung statt. Es handelte sich nämlich um den seinerzeit höchsten und modernsten deutschen Leuchtturm. Er war als erster mit einem Drehfeuer ausgestattet. Sechs Parabolscheinwerfer mit einem Durchmesser von 65 cm waren gleichmäßig im Kreise auf einem Drehtisch montiert. 3 Min. dauerte eine Umdrehung, so daß alle 30 Sek. ein Blink entstand. 80 Jahre blieb die Anlage fast unverändert, bis sie gegen einen Linsenapparat ausgetauscht wurde.

1919 wechselte der Turm seine Besitzer. Die Polen ließen ihn 1938 elektrifizieren. Bis dahin war die alte Drehmaschine von 1827 in Betrieb. Bei Kriegsbeginn 1939 hielt sich die polnische Besatzung des nahe beim Leuchtturm gelegenen militärischen Stützpunktes Hela so zäh, daß von deutscher Seite aus die Artillerie der Linienschiffe »Schlesien« und Schleswig-Holstein« eingesetzt wurde. Während der Beschießung am 19. 9. 1939 brach der Turm bei einer 28-cm-Geschütz-Salve in sich zusammen. Polnische Pioniere hatten ihn genau in diesem Moment selber gesprengt, um einen Treffer vorzutäuschen und um diesen Zielpunkt zu beseitigen.

10 m neben der Ruine wurde 1942, mitten im Kriege, ein neuer Leuchtturm gebaut. Wahrscheinlich erwartete die damalige Führung, daß Hela nun wieder deutsch bleiben würde. Kaschubische Arbeiter errichteten unter deutscher Leitung in nur sieben Monaten den heutigen achteckigen roten Leuchtturm. Nach harten Kämpfen um Hela – diesmal mit vertauschten Rollen – fiel der Turm im Frühjahr 1945 in die Hände der neuen Sieger.

*Zweiter Leuchtturm **Hela**,*
1942 erbaut, 39 m hoch

Danzig

Die Weichsel mündete einst 6 km nördlich der Hansestadt. Dort in Weichselmünde beherrschte ein Fort die Zufahrt nach Danzig. Im Turm dieses Forts ließen die Stadtväter 1482 ein Kerzenfeuer einrichten. Mit Hilfe des ebenfalls auf ihre Veranlassung etwa gleichzeitig eingerichteten Leuchtfeuers von Hela konnten Schiffe nun auch nachts von der Ostsee aus die Weichselmündung finden.
Im Laufe der Geschichte wurden Fort und Turm mehrmals ganz oder teilweise zerstört. 1709 brannte der Turm völlig aus, er wurde aber 1721 neu erbaut und wieder mit einer Kerzenlaterne ausgestattet.
Eigentlich handelte es sich zu diesem Zeitpunkt nicht mehr um die richtige Stelle für das Leuchtfeuer, denn inzwischen war die Mündung so versandet, daß sie kaum noch benutzt werden konnte. An beiden Seiten hatten sich sogar kleine Inseln gebildet, die im Westen allmählich zur Westerplatte, im Osten zur Osterplatte zusammengewachsen waren. Das Weichselwasser hatte sich einen anderen Weg gebahnt, es floß nun zwischen Westerplatte und Festland hindurch ins Meer. Dieser neue, schon 1696 befestigte Mündungsarm wurde »Westfahrt« oder »Neues Fahrwasser« genannt, daher auch der Ortsname Neufahrwasser.
Nachdem sich der Schiffsverkehr fast völlig zur neuen Mündung verlagert hatte, wurde es höchste Zeit, auch das Leuchtfeuer nach **Neufahrwasser** zu verlegen. Deshalb baute man 1757/58 an diesem neuen Danziger Vorhafen einen dicken, 22 m hohen Steinturm. Auf seiner Plattform montierte man eine Kohlenwippe, die ab 24. 9. 1758 brannte und wegen ihrer Höhe ungewöhnlich weit zu sehen war.
Dieses neue Leuchtfeuer stand genau in der Verlängerung der Hafeneinfahrt. So kam man auf den Gedanken, in dieser Linie eine zweite, niedrigere Kohlenblüse davorzusetzen, so daß beide Feuer, hintereinander in Deckpeilung gebracht, dem Schiffer die genaue Einfahrtsrichtung anzeigten und das Einsegeln in den Hafen auch nachts ermöglichten. Auf diese Weise entstand 1775 die erste Richtfeuer-Anlage Deutschlands.
Nach einer Zwangspause während der Kriegsjahre behalf man sich 1817 auf beiden Türmen zunächst mit den altbekannten Kerzenlaternen. Der Danziger Rat beschloß jedoch, sobald wie möglich das inzwischen erfundene Leuchtgas als Lichtquelle einzuführen. Da in Danzig noch keine Gasanstalt existierte, wurde 1818 extra für die beiden Leuchtfeuer eine solche errichtet. Ab 1. 1. 1819 leuchteten auf beiden Türmen Gasflammen in Parabolspiegeln.
Durch den 1824 begonnenen Bau der neuen Ostmole erhielt die Hafeneinfahrt eine etwas andere Richtung. Deshalb mußte auf die Richtfeuerlinie verzichtet werden. Das Unterfeuer wurde 1825 eingestellt und abgerissen.

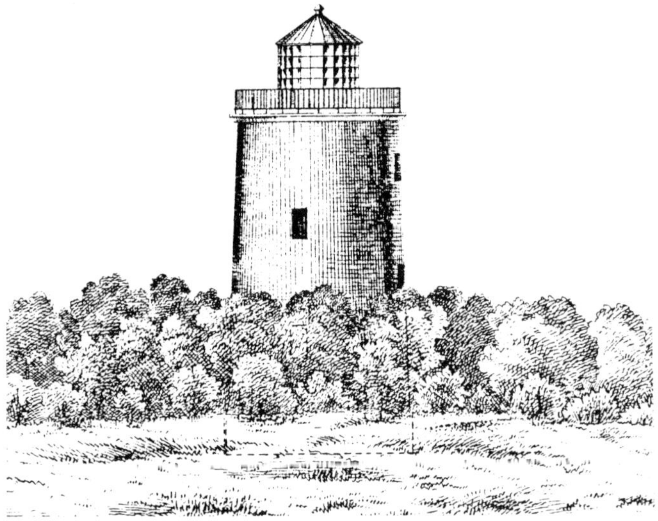

*Leuchtturm **Neufahrwasser**,*
1758 bis 1894 in Betrieb, hier mit der Parabolscheinwerfer-Laterne von 1819, 22 m hoch, ab 1888 mit Aufsatz für elektrisches Feuer

Turm im Fort Weichselmünde, 1482 bis 1758 mit Kerzenlaterne

Lageplan Weichselmünde/Neufahrwasser

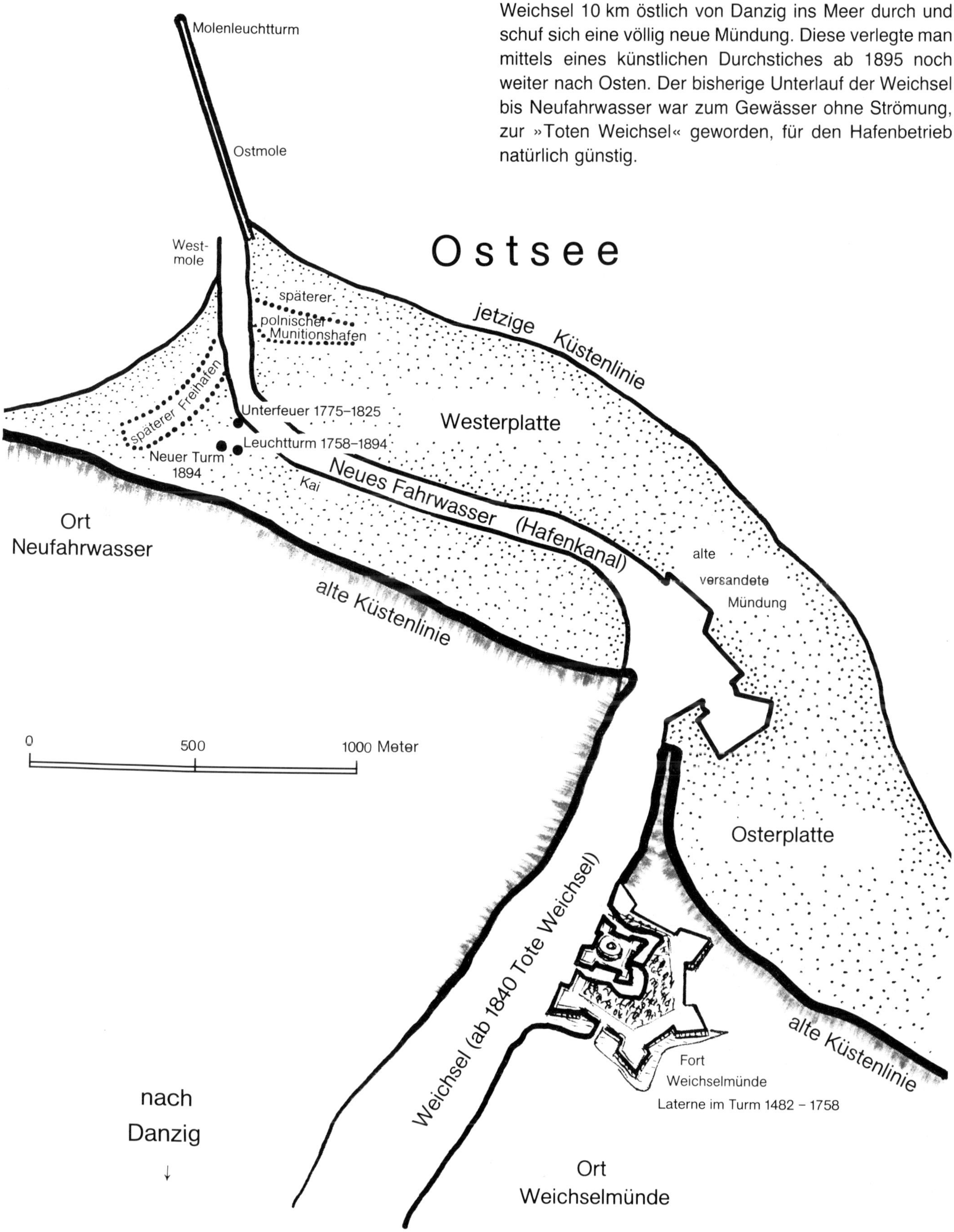

Ein Naturereignis veränderte die Situation für Strom und Hafen mit einem Schlage: Am 1. 2. 1840 brach die Weichsel 10 km östlich von Danzig ins Meer durch und schuf sich eine völlig neue Mündung. Diese verlegte man mittels eines künstlichen Durchstiches ab 1895 noch weiter nach Osten. Der bisherige Unterlauf der Weichsel bis Neufahrwasser war zum Gewässer ohne Strömung, zur »Toten Weichsel« geworden, für den Hafenbetrieb natürlich günstig.

Zurück zum dicken alten Leuchtturm von 1758. In seiner Laterne brannten immer noch die Leuchtgasflammen als Lichtquellen. Da dies auf die Dauer doch recht umständlich und auch kostspielig war, zumal die Brenner alle vier Monate ausgewechselt werden mußten, ging man 1860 zu Dochtlampen über, die zunächst mit Rüböl, ab 1870 mit Petroleum gespeist wurden.

Am 15. 4. 1888 begann die Firma Siemens & Halske, auf diesem Turm nacheinander mehrere unterschiedlich konstruierte elektrische Bogenlampen für Leuchtfeuerzwecke zu erproben. Dazu war ein 9 m hohes Holzgerüst über der bisherigen Laterne, die derweilen als Reserve beibehalten wurde, montiert worden.

Auch entwickelte und erprobte das aufstrebende Elektro-Unternehmen hier das später allgemein eingeführte Verfahren, Leuchtturmlampen während des langen nächtlichen Betriebes aus Akkumulatoren zu speisen, die bei Tage in wenigen Stunden wieder aufgeladen wurden.

Am 17. 5. 1890 nahm das elektrische Leuchtfeuer seinen Betrieb mit einer Bogenlampe auf, die als günstigste beurteilt und beibehalten wurde. Es war der vierte Test. Neufahrwasser eignete sich für diese Versuche insofern besonders gut, als hier schon seit 1886 Strom für die ebenfalls auf elektrischen Betrieb umgestellte Kaibeleuchtung erzeugt wurde. Das geschah allerdings zunächst auf ziemlich primitive Weise, indem man die Dynamomaschinen mit ausgedienten Dampflokomobilen antrieb. Erst 1894 wurde neben dem Leuchtturm ein kleines Elektrizitätswerk mit vier Räumen gebaut; im ersten befanden sich die Dampfkessel, im zweiten die Dampfmaschinen und Generatoren, im dritten die Akkumulatoren, der vierte diente als Arbeitsraum für die Maschinisten.

Da sowohl der Leuchtturm als auch der hölzerne Lotsenwachturm mit seiner Zeitballeinrichtung erneuerungsbedürftig waren, beschloß man, auf dem Lotsenberge einen Neubau zu errichten, der zugleich als Leuchtturm, Lotsenwarte und Zeitballstation dienen sollte (genaue Darstellung in Teil 1 auf Seite 57). Er entstand 1893/94 als Nachbildung eines in Cleveland/Ohio am 400 km langen Erie-See stehenden Turmes.

Weil ein Zeitball bei jedem Fall eine erhebliche Erschütterung in der Mittelachse seines Trägers verursacht, wurde die Laterne mit ihren empfindlichen Glasteilen nicht zentral, sondern in einem Erker zur Seeseite hin angeordnet. Die seit 1890 auf dem alten Turm in Betrieb befindliche Bogenlampe wurde am 1. 4. 1894 auf den neuen Turm übernommen. Bei ihrem Ausfall schaltete sich hier automatisch eine darunter angebrachte gleichartige Reservelampe ein.

Die Baukosten für den Turm – ohne Lichtanlage – betrugen 51 000 Mark.

1896 wurde der alte Leuchtturm von 1758 abgerissen. Er hatte fast die ganze Leuchtfeuergeschichte mitgemacht, angefangen bei Kohlenblüse und Kerzenlaterne über Leuchtgasflammen, Rüböl- und Petroleumdochtbrenner bis hin zur elektrischen Bogenlampe.

Sein Nachfolger, der neue Turm, wurde wegen seines untypischen Aussehens für alles andere als einen Leuchtturm gehalten. Bei den Danzigern war er ohnehin

Der Hafenkanal von Neufahrwasser um 1910, links der Lotsen- und Leuchtturm, rechts die Westerplatte mit der langen Ostmole

Der Turm heute (Foto von der Westerplatte aus)

mehr als »Lotsenturm« bekannt; sie konnten sein Licht von der Stadt aus auch gar nicht sehen, weil er nur zur Seeseite hin leuchtete. 1929 wurde die Zeitballeinrichtung entfernt.

1945, bei der Beschießung Danzigs von allen Seiten, blieb der Turm wie durch ein Wunder stehen, während die Stadt in Trümmer sank.

Stehengeblieben war übrigens auch der alte, 1721 wieder aufgebaute Festungsturm von Weichselmünde. 1889 hatte der Blitz seine damals schon lange außer Betrieb befindliche Laterne in Brand gesetzt. Damit der Turm weiterhin als Landmarke benutzt werden konnte, hatte man ihm 1892 ein spitzes Kegeldach aufgesetzt, das 1945 von einer Granate beschädigt, 1953 vom Sturm vollends zerstört wurde. Jetzt hat er ein Flachdach.

Wie in vielen an der freien Ostsee liegenden Häfen, so mußten auch in Neufahrwasser Molen ins Meer hinausgebaut werden, um die ausgebaggerte Einfahrt für die immer größeren Schiffe mit immer größerem Tiefgang passierbar zu halten. Die über 800 m lange Ostmole war 1838 fertig geworden. Auf ihrem Kopf wurde 1842 der erste deutsche eiserne, allerdings nur 13 m hohe Leuchtturm zusammengesetzt (abgebildet in Teil 1 auf Seite 19). Seine Einzelteile waren bei Borsig in Berlin gegossen worden. In seiner Laterne erstrahlte ab 1. 4. 1843 zum ersten Mal in Deutschland eine Fresnelsche Gürtellinse, zunächst in kleinster Ausführung, ab 1877 eine etwas größere.

Einst konnte man von der Westerplatte aus auf der Mole bis zu diesem Turm spazierengehen. Nachdem der Versailler Vertrag den Polen die Einrichtung eines Munitionslagers an der Hafeneinfahrt gestattet hatte, war dies nicht mehr möglich.

Der weiße Turm mit den originellen Rippen tut noch heute seinen Dienst. Nach dem Zweiten Weltkrieg versahen ihn die Polen mit einer roten »Bauchbinde«. Neufahrwasser heißt seit 1945 Nowy Port. Der Westerplatte gaben die Polen jedoch keinen neuen Namen. Sie errichteten dort ein Denkmal zur Erinnerung an die Verteidiger ihres militärischen Stützpunktes zu Beginn des Zweiten Weltkrieges im September 1939.

Kahlberg

Dieses Fischerdorf, später auch Ostseebad, liegt auf der 56 km langen, an manchen Stellen nur 500 m breiten Frischen Nehrung. Es besitzt einen kleinen Hafen am Frischen Haff. Der Ortsname stammt aus einer Zeit, als die Dünen dort noch kahl waren. Sie wurden im vorigen Jahrhundert bepflanzt, um Sandwanderungen zu verhindern.

Als 1894/95 der Leuchtturm **Kahlberg** auf der höchsten Düne erbaut wurde, gab es in dieser Landschaft schon kleine Bäume. Mit einem Fresnelschen Drehfeuer-Linsenapparat mittlerer Reichweite ausgestattet, wies der Turm ab 1. 5. 1895 den Schiffen in der Danziger Bucht nachts den Weg. Als Lichtquellen dienten nacheinander Petroleum-, Benzol- und Flüssiggas-Glühlicht, ab 1938 elektrische Lampen.

*Leuchtturm **Kahlberg**, 23 m hoch, 1894/95 errichtet, 1945 gesprengt*

Anfang 1945 spielten sich in der Umgebung des Turmes entsetzliche Tragödien ab, als die Russen in die hier lagernden Flüchtlingsmassen schossen, die über das zugefrorene Haff aus ihrer Heimat geflohen waren. Den Leuchtturm trafen sie nicht, er wurde von den abziehenden deutschen Truppen gesprengt.
Die Polen errichteten 1951 an gleicher Stelle einen neuen roten Leuchtturm aus Beton. Sie nennen Kahlberg Krynica Morska. Ein Stückchen weiter steht ihr östlichster Wachturm, denn seit 1946 gehören die anschließenden 30 km der Nehrung schon zur UdSSR. Einen Übergang an der Grenze gibt es nicht.

*Leuchtturm **Pillau**,*
1812/13 erbaut, 1909 von 29 auf 32 m erhöht, davor das Denkmal des Großen Kurfürsten (Aufnahme 1935)

Der Große Kurfürst, seit 1955 in der Patenstadt Eckernförde (Stadtteil Borby) ►

Pillau

Das vom Frischen Haff in die Ostsee führende Tief hieß einst »die Pillau«. Seit 1510 war es schiffbar, seit 1562 am östlichen Ufer durch ein Leuchtfeuer markiert. Der nach dem Seetief benannte Ort entwickelte sich nicht nur als Vorhafen von Königsberg, sondern auch zur selbständigen Seestadt. Schließlich hatte schon der Große Kurfürst (1640–1688) Pillau zum Kriegshafen für seine brandenburgisch-preußische Flotte gemacht. Wir kommen gleich auf ihn zurück.

Wie in Rixhöft und Hela, so sollte auch hier die Kohlenblüse zu Anfang des 19. Jahrhunderts durch einen steinernen Leuchtturm ersetzt werden. Da er zugleich als Einfahrtsfeuer und Lotsenwachturm dienen sollte, kam als Standort nur eine bestimmte Stelle nahe dem Hafen in Frage. Aber durch die Napoleonischen Kriege verzögerte sich das Vorhaben erheblich.

Erst 1812 konnte mit dem Bau begonnen werden. Ein Jahr später, kurz nach Abzug der französischen Truppen, leuchtete das Feuer des Turmes **Pillau** zum ersten Mal auf. Elf silberplattierte Hohlspiegel von 52 cm Durchmesser mit je einer Argandlampe standen im Halbkreis zur Seeseite hin, zwei weitere zur Haffseite.

Fast 100 Jahre blieb diese Leuchtanlage – von kleinen Änderungen abgesehen – so in Betrieb. Erst 1909 wurde die alte Laterne gegen eine höhere, zweistöckige mit Fresnelscher Optik ausgewechselt. Sie strahlte anstelle des bisherigen festen ein unterbrochenes Feuer aus. Anläßlich der Elektrifizierung 1938 wurde es so geschaltet, daß es gleichgängig mit dem Feuer der Einfahrtsbake blinkte und mit diesem eine Richtfeuerlinie für die Einsteuerung bildete.

Der Turm war lange Zeit ganz weiß, erst nach dem Ersten Weltkrieg erhielt er seinen roten Kopf. Die weißen Schiffe vom »Seedienst Ostpreußen« legten damals ganz in seiner Nähe an.

Pillau wurde gegen Ende des Zweiten Weltkrieges von allen ostpreußischen Städten am längsten verteidigt. So konnten noch zahlreiche Flüchtlinge von diesem Hafen aus gerettet werden. Am 25. 4. 1945 fiel die furchtbar zerstörte Stadt in die Hände der Russen. Der Leuchtturm war als eines der wenigen Bauwerke stehengeblieben.

Seit 1946 gehört die nördliche Hälfte Ostpreußens und damit auch Pillau – jetzt Baltiysk genannt – zur UdSSR. Die ganze Gegend wurde von den Sowjets zu einer riesigen militärischen Anlage ausgebaut und völlig von der Außenwelt abgeriegelt. Pillau darf von keinem ausländischen Schiff angelaufen werden, nicht einmal im Notfall.

1913 war vor dem Leuchtturm ein Denkmal des Großen Kurfürsten, des Förderers von Pillau, aufgestellt worden. Kaiser Wilhelm II. hatte es gestiftet. Heute steht es, wie auch auf Seite 128 geschildert, in der Patenstadt Eckernförde.

Königsberger Seekanal

Wie Bremen, Hamburg und Stettin, so ist auch Königsberg durch eine Wasserstraße mit seinem Vorhafen verbunden. Von Pillau aus führte einst die natürliche Strecke 32 km durch das Frische Haff und von dort aus 10 km durch den Unterlauf des Pregel.

Um auch größeren Schiffen die Durchfahrt zu ermöglichen, wurde 1890–1901 eine breitere und tiefere, an mehreren Stellen begradigte Fahrrinne, der Königsberger Seekanal, angelegt. Die gesamten Baukosten betrugen 12,3 Millionen Mark. In den Jahren 1925 bis 1930 wurde der Kanal verbreitert und von 6,5 auf 8 m vertieft. Die Befeuerung war zunächst so mangelhaft, daß sich die Schiffe lieber mit Bordscheinwerfern von einer Fahrwassertonne zur nächsten tasteten. Erst im Zuge des Kanalausbaues in den 20er Jahren wurde die Nachtfahrt durch Aufstellung von Richt- und Torfeuern wesentlich erleichtert.

Bei allen Oberfeuern handelte es sich um 26 m hohe Einheitsgittertürme mit einer Feuerhöhe von 24 m. Sie wurden, wie auch alle übrigen Feuer, für automatischen Betrieb mit Flüssiggas eingerichtet, durch Uhren gezündet und gelöscht. Ob sie noch in Betrieb sind, ist unbekannt, denn die sowjetischen Behörden machen schon seit Jahren, wahrscheinlich wegen der dortigen militärischen Einrichtungen, keine Angaben mehr über den Seekanal nach Königsberg, das jetzt Kaliningrad heißt.

Brüsterort

So heißt das Kap an der Nordwestecke der Halbinsel Samland, deren steile Ufer bis zu 60 m aufragen. Zwischen Pillau und Brüsterort erstreckt sich die Bernsteinküste, wo in Palmnicken und Kraxtepellen das »Gold der Ostsee« sogar industriell im Tagebau gewonnen wird, bis zu 1000 t pro Jahr. An der Nordseite der Halbinsel liegen die einst bekannten Badeorte Rauschen, Neukuhren und Cranz.

*Leuchtturm **Brüsterort**,*
30 m hoch, 1845/46 erbaut (Aufnahme etwa 1910)

Um das Kap zu markieren und um vor dem 3 km weit in die See ragenden Steinriff zu warnen, wurde schon um das Jahr 1700 ein Leuchtfeuer auf der hohen Ecke eingerichtet. Etwa 1820 ersetzte man es durch eine große Aufzugslaterne mit drei Parabolscheinwerfern.
Da die meisten Schiffsrouten in größerer Entfernung vorbeiführen und das Feuer möglichst auch von hier aus zu sehen sein sollte, wurde 1845/46 auf dem 33 m hohen Ufer von **Brüsterort** ein Steinturm erbaut und mit der neuesten, in Frankreich hergestellten Optik ausgerüstet. Bei dieser Optik handelte es sich um den ersten größeren Fresnelschen Apparat der Welt, bei dem das Licht ober- und unterhalb der Gürtellinse nicht mehr durch Spiegel, sondern durch Prismenringe aufgefangen wurde. Weil diese noch nicht gekrümmt hergestellt werden konnten, wurden sie aus vielen geraden Glasteilen zusammengesetzt, insgesamt 160. Die Gürtellinse bestand aus fünf Einzelstücken zu je 60° = 300° gesamt, der restliche Winkel von 60° zur Landseite hin blieb ausgespart. Um die Gürtellinse kreisten drei weitere Einzellinsen in einer Umdrehungszeit von 12 Min., so daß alle vier Min. ein zusätzlicher Blink von 6 Sek. Dauer entstand.
Nach 1900 wurden Blinke und Pausen mehrmals erheblich verkürzt. Seit der Umstellung auf elektrischen Betrieb 1938 lief die Kennung in 13 Sek. ab.
1945 fiel der Turm in die Hände der Russen, wahrscheinlich ziemlich unbeschädigt, denn sie betrieben ihn bald weiter. Ihre heutigen Angaben deuten darauf hin, daß er noch mit der alten Optik arbeitet.
Anstelle von Brüsterort steht jetzt Mys Taran im Leuchtfeuerverzeichnis.

Kurisches Haff

Dieser einst größte deutsche Strandsee ist mit 1620 km² Fläche genau dreimal so groß wie der Bodensee und fast schon ein kleines Meer. Die Ostseite wird vom Memel-Delta mit den Mündungsarmen Ruß und Gilge geprägt. Im Westen wird das Haff von der 98 km langen, 400 bis 4000 m breiten Kurischen Nehrung begrenzt. Am nördlichen Ende fließt das Wasser durch das Memeler Tief in die Ostsee ab.
Für die Binnenschiffahrt wurden schon vom 17. Jahrhundert an kleine, parallel zum Ufer laufende Kanäle angelegt, weil das Haff bei Sturm mit seinen kurz brechenden Wellen recht gefährlich werden kann.
Aber die Fischer mußten hinaus. Von zahlreichen Orten aus fuhren sie mit ihren schweren Kurenkähnen meist zu nächtlichem Fischfang auf den breiten Südteil des Haffs. Für sie wurden hier kleine Haffleuchten eingerichtet, die ersten 1866 in **Nemonien**, 1867 in **Rossitten** und 1868 in **Rinderort**, später weitere an anderen Stellen. Die primitiven Aufzugslaternen ersetzte man bald durch kleine Türme. Diese Feuer brannten auch im Winter, wenn das Haff zugefroren war, um die Orientierung bei der Eisfischerei zu erleichtern.
Die Schiffahrtslinie von der Ostsee zur Memel nach Tilsit führt durch den engeren Nordteil des Haffs. Mit zunehmendem Dampferverkehr um die Jahrhundertwende wurden auch hier Leuchtfeuer eingerichtet. Nahe Perwelk, vor dem sogenannten Pferdehaken am **Birschtwinscher Eck**, schüttete man sogar eine künstliche Insel für die Haffleuchte auf. Das Eisentürmchen mit seiner dicken weißen Laterne konnte nun Dampfer und Fischerboote in dem hier besonders engen Fahrwasser um die gefährlichen Steinbänke herumführen.
Das bedeutendste Leuchtfeuer am Haff wurde 1874 auf halber Strecke der Nehrung, in **Nidden**, auf dem 50 m hohen Dünenberg Urbo-Kalns errichtet. Aus einem Fresnelschen Linsenapparat des größten Typs leuchtete das Funkelfeuer des Turmes 40 km weit in die Runde und diente sowohl den Schiffen auf dem Haff als auch auf der Ostsee zur Orientierung.
Nach Herstellung einer Telegraphenverbindung wurde der Turm als Signalstation für Sturmwarnungen eingerichtet. Zum Hissen der Signale erhielt er in Höhe der Konsole zwei lange Ausleger. Die am Fuße der Düne wohnenden Wärter mußten aber immer erst eine Treppe

*Leuchtturm **Nidden**,*
1874 erbaut, 23 m hoch (Aufnahme etwa 1910)

mit 206 Stufen emporsteigen, ehe sie zu ihrem Turm gelangten.

Im Gegensatz zum Südteil der Kurischen Nehrung und des Haffs gehörte Nidden schon zum Memelgebiet mit seinem wechselvollen Schicksal. Ob der Leuchtturm am Ende des Zweiten Weltkrieges beschädigt oder gar zerstört wurde, ist nicht bekannt. Nach sowjetischen Angaben existiert jetzt an gleicher Stelle ein etwas höherer Turm mit einer Optik der früheren Art. Vermutlich wurde das Bauwerk renoviert oder umgebaut, aber wieder mit der alten Laterne ausgerüstet.

Nidden, das nun Neringa heißt, war früher ein bedeutendes Künstlerdorf. Die neuen Herren bemühen sich, diesen seinen Charakter zu erhalten und zu pflegen. Die ganze Nehrung, vor einigen Jahren zum Naturschutzgebiet erklärt, soll in ihrer landschaftlichen Schönheit erhalten bleiben mit ihren Wäldern, ihren Stränden, ihren riesigen bepflanzten oder wandernden Dünen.

In Rossitten, jetzt Rybatschi, haben die Russen auch wieder eine Vogelwarte eingerichtet, denn nach wie vor gibt es in Europa keinen Ort, den mehr Zugvögel überfliegen als die Kurische Nehrung.

Im Haff wird auch wieder gefischt, jetzt allerdings mit anderen Booten und Motorkuttern, deren Besatzungen vom Ladogasee oder von den Flüssen des Schwarzen Meeres stammen und für eine Kolchose arbeiten. Ihnen weisen nun die alten Haffleuchten den Weg.

Lageplan Kurisches Haff und Hafen Memel

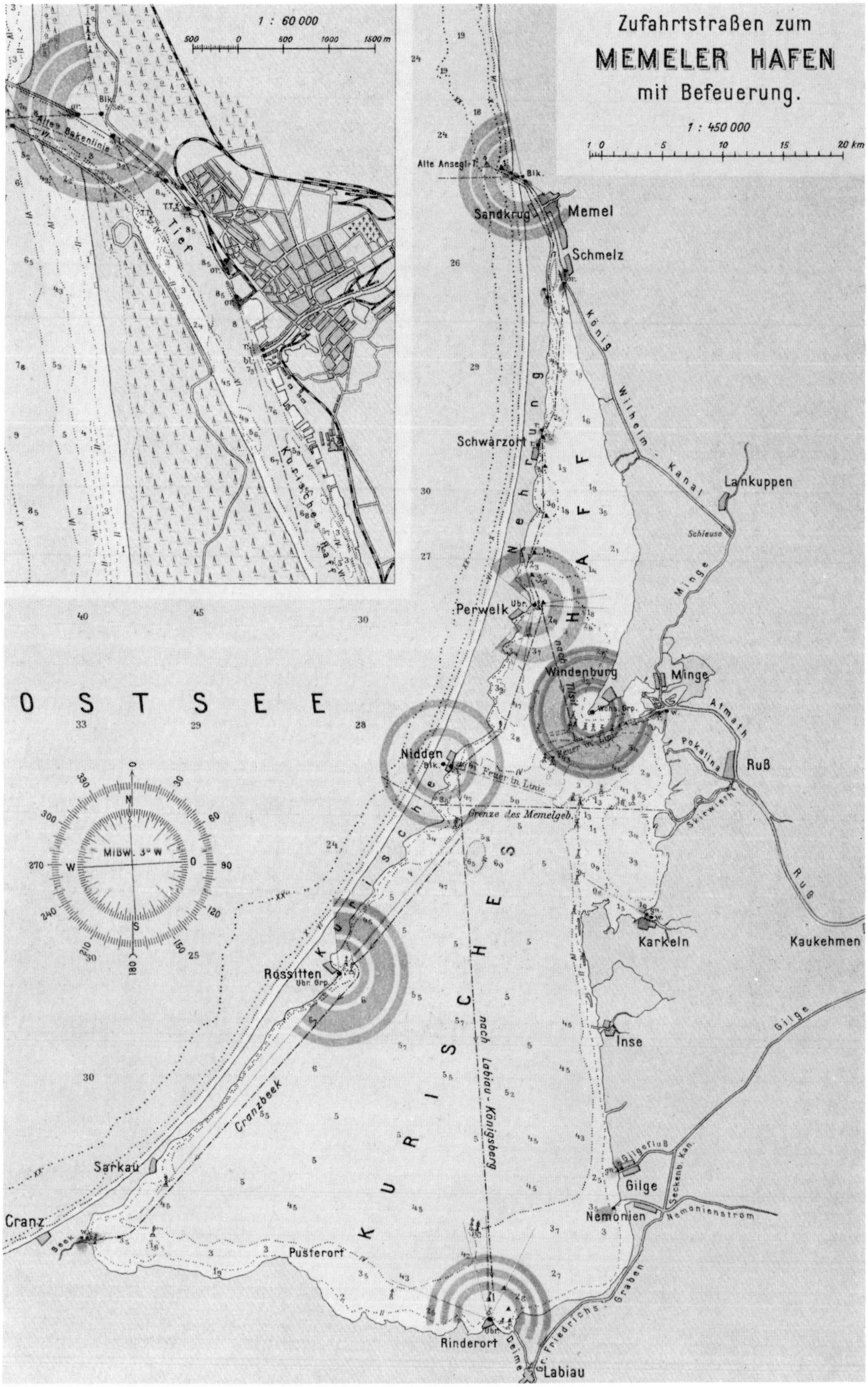

Memel

1252, schon drei Jahre früher als Königsberg, wurde diese Stadt gegründet. Sie liegt merkwürdigerweise gar nicht an der Memel, sondern an der Mündung der Dange. Die Spitze der Kurischen Nehrung schob sich im Laufe der Jahrhunderte immer weiter vor und legte sich allmählich schützend vor Stadt und Hafen. Andrerseits hatten sich durch die umfangreichen Sandwanderungen gefährliche Sandbänke vor dem Seetief gebildet.

Deshalb beschloß der Memeler Rat 1788, zur besseren Orientierung bei Tag und Nacht anstelle der 1740 errichteten Steinkohlenwippe einen möglichst weit sichtbaren Leuchtturm zu bauen. Ursprünglich sollte dieser auch wieder mit einem Kohlenfeuer ausgestattet werden, aber der Baubeginn verzögerte sich so lange, bis aus England die Kunde von den ersten Parabolscheinwerfern kam, die wesentlich billiger im Verbrauch waren als Kohleblüsen. So disponierte man um und gab eine Laterne mit Spiegelscheinwerfern in Auftrag.

Da noch kein einheimischer Handwerker parabolisch geformte Reflektoren herstellen konnte und die englischen zu teuer waren, behalf man sich mit abgestumpften Kegeln aus Messing, ähnlich weit geöffneten Trichtern. Als Lichtquelle darin diente jeweils ein Talglicht. Fünf große und vier kleinere Exemplare dieser Art waren an zwei Ringen befestigt, die zur Wartung der Lampen heruntergelassen werden konnten.

Das war die erste, allerdings noch recht unvollkommene Hohlspiegel-Anlage in Deutschland. Nach Fertigstellung des Turmes leuchtete sie erstmalig am 1. 9. 1796 auf.

Leider hatte das Feuer nicht die erhoffte Tragweite, so daß es den Anforderungen schon bald nicht mehr genügte. Deshalb erhöhte man den Turm während des Sommers 1819 von 17 auf 24 m und stattete ihn mit der gleichen, schon bewährten Laternenart aus wie einige Jahre zuvor den Leuchtturm **Pillau**.

Nun übertraf die Tragweite seiner 13 silberplattierten Parabolscheinwerfer alle Erwartungen, so daß man 90 Jahre nichts änderte. Erst 1909, diesmal gleichzeitig

*Leuchtturm **Memel**,*
1792/96 erbaut, 1819 von 17 auf 24 m erhöht (Aufnahme etwa 1900)

mit **Pillau,** erhielt der Leuchtturm **Memel** die damals moderne doppelstöckige Laterne mit einer Fresnelschen Optik für unterbrochenes Feuer. Den originellen schachbrettartigen rot/weißen Anstrich zur Seeseite hin hatte er schon seit 1874.

Das Memelgebiet wurde nach dem Ersten Weltkrieg von Deutschland abgetrennt und dem Völkerbund unterstellt, 1923 von Litauen annektiert, 1939 wieder dem Deutschen Reich eingegliedert, 1944/45 von den Russen erobert und anschließend der Sozialistischen Sowjetrepublik Litauen zugeordnet. Memel heißt jetzt Klajpeda.

Der alte deutsche Leuchtturm von 1796 existiert nicht mehr, er wurde wahrscheinlich bei den Kämpfen im Januar 1945 zerstört. Dicht daneben erbauten die Sowjets inzwischen einen neuen, schwarz/weiß gebänderten Leuchtturm. Mit 40 m ist er zwar höher als sein Vorgänger, aber sein Feuer, das aus einer einfachen, relativ kleinen Gürtellinse kommt, leuchtet nicht so weit.

Wegen der erwähnten Sandwanderungen mußten im 19. Jahrhundert an beiden Seiten des Seetiefs Molen, jeweils über 1000 m lang, angelegt werden. Mit einer Einfahrtsbreite von 380 m zählte diese Hafenanlage zu den großzügigsten in Deutschland.

Auf dem Kopf der Nordermole wurde 1884 eine eiserne, gasbetriebene Leuchtbake errichtet. Es handelte sich um das einst nördlichste deutsche Leuchtfeuer, nur 1060 m vom damals östlichsten Leuchtturm Deutschlands entfernt.

Der gleiche Turm, seit 1909 mit neuer Laterne, 1945 zerstört (Aufnahme etwa 1930)

Leuchtbake auf dem Nordermolenkopf, 8 m hoch, 1884 errichtet, einst nördlichstes deutsches Leuchtfeuer, 1945 zerstört

Die vereiste Bake im strengen Winter 1928/29

Im Anschluß an diese Reise von Borkum bis Memel machen wir noch einen kurzen Abstecher ins Binnenland und nach Übersee, denn auch dort stehen deutsche Leuchttürme.

c) SONSTIGE LEUCHTTÜRME

Binnenland

Schiffe verkehren bekanntlich nicht nur auf See und an der Küste, sondern auch auf zahlreichen Wasserstraßen und anderen Gewässern im Binnenland. Unzählige Leuchtfeuer und sogar kleine Leuchttürme weisen ihnen den Weg während der Dunkelheit.
Aber es gibt auch einen »richtigen« hohen Leuchtturm; er steht in **Lindau** am Bodensee. Der Turm wurde 1853–1856 an der Hafeneinfahrt als Endstück der neuen Westmole errichtet. Sein Bau im Wasser des Schwäbischen Meeres erregte damals kaum weniger Bewunderung als die etwa gleichzeitige Errichtung des Leuchtturmes **Hohe Weg** im Wattenmeer der Nordsee.
Seine Höhe über dem Wasserspiegel des Bodensees beträgt 35 m, seine Höhe über dem Meeresspiegel – das Zahlenspiel sei erlaubt – 430 m, denn der Bodensee liegt 395 m hoch.

Die Leuchteinrichtung besteht aus zwei drehbaren Parabolscheinwerfern, die alle 3 Sek. einen Blink erzeugen; sie werden seit 1936 elektrisch betrieben. Frühere Lichtquellen waren Rüböllampe, Petroleumglühlicht und Gaslampe.

*Leuchtturm **Lindau** am Bodensee, 35 m hoch, 1853/56 erbaut*

Der Turmwächter mußte früher bei diesigem Wetter immer noch zusätzliche Pechfeuer in riesigen Pfannen unterhalten und – genau wie seine Kollegen an der Küste – die Nebelglocke oder den Blasebalg für das Nebelhorn betätigen.

Der Leuchtturm **Lindau** untersteht nicht der Wasser- und Schiffahrtsverwaltung, sondern der Deutschen Bundesbahn, sie betreibt nämlich – gemeinsam mit der Österreichischen Bundesbahn und der Schweizerischen Bundesbahn – die Schiffslinien auf dem Bodensee.

Die Besichtigung des Turmes ist gestattet. Dabei lohnt sowohl die Betrachtung der interessant gestalteten Innenräume als auch der Rundblick auf See und Berge von luftiger Höhe. Außerdem kann man dem gegenüber der Hafeneinfahrt sitzenden Marmorlöwen ins Maul schauen, bei dem der Künstler die Zunge vergessen hat. Der 78-Tonnen-Koloß wurde zusammen mit dem Leuchtturm am 4. 10. 1856 eingeweiht.

Vor diesem Zeitpunkt hat der an der Innenseite des Hafens stehende Mangturm nachts den Schiffen auf dem See geleuchtet. Er wurde schon im 13. Jahrhundert erbaut, dürfte aber seine Leuchtturm-Funktion erst viel später aufgenommen haben.

Übersee

Vor dem Ersten Weltkrieg, als Deutschland Kolonien in Übersee besaß, mußte zur Sicherheit der Schiffahrt bei Tag und Nacht auch dort das Seezeichenwesen aufgebaut werden. Neben zahlreichen kleineren Feuern wurden mehrere Leuchttürme an den Küsten Afrikas, ja sogar zwei in Kiautschou am Gelben Meer (Ost-China), meist zu Anfang unseres Jahrhunderts, errichtet.

*Leuchtturm **Swakopmund** in Südwest-Afrika, 1902 erbaut, 16 m hoch*

Als ein Beispiel sei hier der Leuchtturm **Swakopmund** im früheren Deutsch-Südwest-Afrika aufgeführt. In den »Nachrichten für Seefahrer« aus dem Jahre 1903 heißt es u. a.: »Der runde Leuchtturm ist aus Granit erbaut, mit roten Gesimsen und Fenstereinfassungen versehen und steht in der Verlängerung der Molenachse, etwa 100 m vom Strande auf einem 10 m hohen Sandhügel . . . Das Feuer ist am 12. 2. 1903 in Betrieb gesetzt worden.

Geogr. Lage des Leuchtturmes:

22° 41' 48,4" S-Br., 14° 32' 4,04" O-Lg. Das Swakopmund-Feuer ist ein weißes Gruppen-Blitzfeuer, das alle 10 Sek. eine Gruppe von zwei Blitzen von je 0,1 Sek. Dauer zeigt . . . Das Feuer brennt 22,0 m über H-Wss., hat eine Lichtstärke von etwa 5100 Hefnerkerzen und ist 14,5 sm weit sichtbar.«

Weil ein neues, höheres Bauwerk am Hafen die Sicht beeinträchtigte, wurde der Leuchtturm 1910/11 um 12 m erhöht und mit der alten Laterne am 6. 3. 1911 wieder in Betrieb genommen. Der bis dahin gänzlich graue Turm erhielt bald danach seinen rot/weißen Anstrich. So steht er noch heute, gut instand gehalten und peinlich sauber.

Der gleiche Turm heute, 1910/11 auf 28 m erhöht

Die deutschen Leuchttürme an Nord- und Ostsee (Auswahl)

chronologische Aufzählung gemäß Inbetriebnahme der Leuchtfeuer

Leuchtfeuer in Betrieb ab	Standort/Name des Leuchtturmes	Turmhöhe in Meter	Feuerhöhe in Meter	Bemerkungen	Seite
1539	Travemünde	31	30	zahlreiche Feuerarten nacheinander, 1972 gelöscht, 1974 ersetzt durch Leuchtfeuer auf Maritim-Hochhaus	14, 141, 147
1758	Danzig-Neufahrwasser	22 29	24 31	5 Leuchteinrichtungen nacheinander, 1888 erhöht für erstes elektr. Feuer in Deutschland, 1894 ersetzt	168
1796	Memel	17 24	23 30	erstmals Hohlspiegel in Deutschland, 1819 erhöht, 1945 zerstört, (jetzt neuer russischer Leuchtturm)	176
1805	Cuxhaven	23	24	ältestes deutsches Leuchtfeuer in Betrieb	102
1811	Helgoland	18	68	unter englischer Herrschaft erbaut, 1902 ersetzt	119
1813	Pillau	29 32	27 30	1909 erhöht durch neue Laterne, seit 1945 russisch	172
1814	Neuwerk, großer Turm	39	38	1299–1310 als Wehrturm erbaut, ältestes deutsches Leuchtfeuergebäude	14, 99
1815	Neuwerk, kleiner Turm	17	18	für Richtfeuerlinie erbaut, 1885 gelöscht	99
1817	Borkum, alter Turm	41	40	1576 als Tagesmarke erbaut, 1879 ausgebrannt und ersetzt	14, 68
1822	Rixhöft	21 26 33	70 75 82	1910 erhöht, seit 1919 polnisch, 1978 erneut erhöht	163
1827	Hela	42	39	erstes Drehfeuer in Deutschland, seit 1919 polnisch, 1939 gesprengt, 1942 ersetzt	167
1828	Arkona	21	62	1902 ersetzt	149, 165
1830	Wangerooge	23	23	1856 ersetzt, 1859 eingestürzt	76
1832	Marienleuchte (Fehmarn)	18	28	unter dänischer Herrschaft erbaut, 1967 ersetzt	137
1836	Warnemünde	11	16	Ziehlaterne, 1898 ersetzt	21, 142
1838	Jershöft	31	50	seit 1945 polnisch	160
1843	Pelzerhaken	12 19	14 21	unter dänischer Herrschaft erbaut, 1936 umgebaut und erhöht	140
1846	Brüsterort	30	60	erste große Fresnelsche Optik in Deutschland, seit 1945 russisch	173
1849	Darßer Ort	35	33		145
1852 1852	List-Ost List-West	14 11	22 19	unter dänischer Herrschaft erbaut unter dänischer Herrschaft erbaut	115 19, 115
1855	Greifswalder Oie	37 39	47 49	1914 erhöht durch neue Laterne	151
1855	Bremerhaven, großer Leuchtturm	37	34	architektonisch schönstes Leuchtfeuer-Bauwerk	92, 95
1856	Kampen (Sylt)	38	62	unter dänischer Herrschaft erbaut	115
1856	Hohe Weg	33 36	27 29	erster Leuchtturm im Wattenmeer, 1961/62 umgebaut und erhöht für Radar	24, 91, 93
1856	Wangerooge	30 32 39	31 31 36	Ersatz für Leuchtturm von 1830, 1896 erhöht durch neue Laterne, 1927 erneut erhöht, 1969 ersetzt, jetzt Leuchtturm-Museum	77
1859	Swinemünde	68	65	einst höchter deutscher Leuchtturm, seit 1945 polnisch	153

Leucht-feuer in Betrieb ab	Standort/Name des Leuchtturmes	Turm-höhe in Meter	Feuer-höhe in Meter	Bemerkungen	Seite
1865	Bülk	27 25	30 29	Baubeginn unter dänischer Herrschaft, 1970 umgebaut, etwas verkürzt	30, 129, 132
1866	Friedrichsort	11 12	12 14	1889 erhöht, 1971 ersetzt	130, 133
1866	Groß-Horst	45	63	seit 1945 polnisch	157
1871	Schleimünde	14	15		127, 129
1872	Timmendorf (Insel Poel)	17 21	18 21	1930/31 erhöht	22, 142
1872	Flügge (Fehmarn)	16	18	1916 ersetzt	138
1874	Norderney	54	60		75
1874	Nidden (Kurische Nehrung)	23	68	seit 1945 russisch	174
1874	Rixhöft, zweiter Turm	29	70	für Zwillingsfeuer erbaut, 1910 gelöscht	164
1875	Amrum	41	63		112, 114
1875	Scholpin	25	75	seit 1945 polnisch	161
1878	Funkenhagen	51	50	seit 1945 polnisch	159, 166
1878	Buk (Mecklenburg)	21	95	Leuchtturm mit größter Feuerhöhe in Deutschland	142, 148
1879	Dahmeshöved	28	33		140
1879	Borkum, großer Leuchtturm	60	63	Ersatz für im März 1879 ausgebrannten alten Turm von 1576	16, 68
1882	Westermarkelsdorf (Fehmarn)	12 18	11 16	um 1902 erhöht	138
1885	Roter Sand	28	23	erster Leuchtturm im Meer, 1964 Hauptfeuer gelöscht, durch Leuchtturm Alte Weser ersetzt	25, 83, 89
1887	Ober-Eversand (Außenweser)	35	29	1923 wegen Fahrwasserverlegung gelöscht	95
1889	Dornbusch (Hiddensee)	28	94		149
1890	Pilsum (Unterems)	11	15	1919 gelöscht	75
1891	Borkum, kleiner Leuchtturm	28	32	von Anfang an elektrisch betrieben	**58, 69, 74**
1892	Campen (Unterems)	65	62	höchster deutscher Gitterturm, von Anfang an elektrisch betrieben	18, 70/71, 74
1894	Danzig-Neufahrwasser	28	31	kombinierter Lotsen- und Leuchtturm, Ersatz für Turm von 1758, (Turmhöhe mit Zeitball bis 1929: 37 m)	57, 170
1895	Kahlberg (Frische Nehrung)	23	48	1945 gesprengt (jetzt neuer polnischer Leuchtturm)	171
1896	Kekenis (Insel Alsen)	19	33	seit 1920 dänisch (Kegnæs)	124
1897	Holnis	13	20	1964 ersetzt	125
1898	Warnemünde	31	34	Ersatz für Ziehlaterne von 1836	143
1902	Nordmarsch (Langeneß)	12	13		113
1902	Arkona	35	75	Ersatz für Leuchtturm von 1828	150, 165
1902	Helgoland	36	82	Ersatz für englischen Leuchtturm von 1811, 1945 durch Bomben zerstört, 1952 ersetzt	120
1904	Staberhuk (Fehmarn)	22	26	mit Laterne und Optik vom alten englischen Leuchtturm Helgoland	139

Leucht-feuer in Betrieb ab	Standort/Name des Leuchtturmes	Turm-höhe in Meter	Feuer-höhe in Meter	Bemerkungen	Seite
1904	Stolpmünde, Hafenleucht-turm	22	22	als Anbau am Lotsengebäude errichtet, seit 1945 polnisch	161
1905	Taksensand (Insel Alsen)	32 19	28 15	seit 1920 dänisch, 1953 verkürzt	23
1906	Stilo	33	75	seit 1945 polnisch	162
1907	Eckernförde	17	30		21, 128
1907	Voslapp	26	20	1961 durch Richtfeuer ersetzt	81
1907	Pellworm	35	38	in Serienbauweise hergestellt	17, 108
1907	Hörnum	34	48	in Serienbauweise hergestellt	117
1908	Westerheversand	40	41	in Serienbauweise hergestellt	107, 110/111
1909	Kolberg, Hafenleuchtturm	21	26	1945 gesprengt (jetzt neuer polnischer Leuchtturm)	158
1910	Falshöft	24	25		127
1910	Arngast	36	30		81
1911	Brinkamahof/UF Wedde-warden	26	20	1980 wegen Verlängerung der Container-Kaje Bremerhaven ent-fernt	96
1913	Büsum	22	22		106
1914	St. Peter-Böhl	18	23	1892 als Peilbake erbaut	107
1916	Flügge (Fehmarn)	38	38	Ersatz für Leuchtturm von 1872	130, 138
1918	Neuland (Holstein)	40	40		136
1925	Robbenplate	29 32	23 25	 1959 umgebaut und erhöht für Radar	91, 93
1927	Rügenwalde, Hafenleucht-turm	21	20	Ausbau des Turmes von 1886, seit 1945 polnisch	160
1939	Memmert	15	15		74
1940	Süderoogsand	19	18	1891 als Holzbake errichtet	108
1942	Hela	39	41	Ersatz für 1939 gesprengten Leuchtturm von 1827, seit 1945 polnisch	167
1946	Mellumplate	31	27	1940/42 als Flak-Turm im Meer erbaut	27, 79
1952	Helgoland	34	82	Ersatz für 1945 zerbombten Leuchtturm, 1941 als Flak-Leitstand erbaut, ab 1952 mit Leuchtfeuer, 1965 umgebaut	121
1961	OF Schillig	35	34	Richtfeuer für Großtankerweg nach Wilhelmshaven	80
1961	OF Voslapp	61	60	Ersatz für Leuchtturm von 1907, Richtfeuer für Großtankerweg nach Wilhelmshaven	81
1963	Kalkgrund	24	23	Ersatz für Feuerschiff FLENSBURG	28, 126
1964	Holnis	27	32	Ersatz für Leuchtturm von 1897	125
1964	Alte Weser	38	33	Ersatz für Leuchtturm Roter Sand	26, 86, 90
1966	Tegeler Plate	24	21	an Land gefertigt und an einem Tag im Meer eingespült	88
1967	Marienleuchte (Fehmarn)	33	40	Ersatz für Leuchte von 1832	137
1967	Kiel	30	29	auf Molen im Meer erbaut, zugleich Lotsenstation, Ersatz für Feuerschiff KIEL	28, 131
1969	Wangerooge	64	60	Ersatz für Leuchtturm von 1856	72, 77
1971	Friedrichsort	33	32	Ersatz für Leuchtturm von 1866	130, 134
1974	Travemünde, Maritim	113	114	Ersatz für Leuchtturm von 1539, höchstes deutsches Leuchtfeuer	141
1975	Großer Vogelsand	44	39	Ersatz für Feuerschiff ELBE 2	27, 100

Feuerschiff WESER, 1906/07 erbaut, bis 1981 im Einsatz

Feuerschiff FEHMARNBELT, 1908 erbaut, mehrmals modernisiert und umgebaut, bis heute im Einsatz

Teil 3

Feuerschiffe

Feuerschiffe sind schwimmende Leuchtfeuerträger, verankert auf bestimmten Positionen der Seewege.
Mit aufkommendem Segelschiffsverkehr mehrten sich Strandungen und Schiffskatastrophen nicht nur unmittelbar an der Küste, sondern schon weit draußen im Meer an den gefährlichen Untiefen, Sandbänken und Mahlsänden. Dort waren nämlich noch keine Landmarken, z.B. Kirchtürme oder nächtliche Leuchtfeuer als Orientierungshilfen zu sehen. So suchte man nach Möglichkeiten zur Markierung der Schiffahrtswege, insbesondere für die Deutsche Bucht mit ihren gewundenen Flußbetten im Wattenmeer, zumal diese ständig ihre Lage verändern.

Erstes deutsches »Leuchtschiff«, 1815 vor der Eidermündung ausgelegt

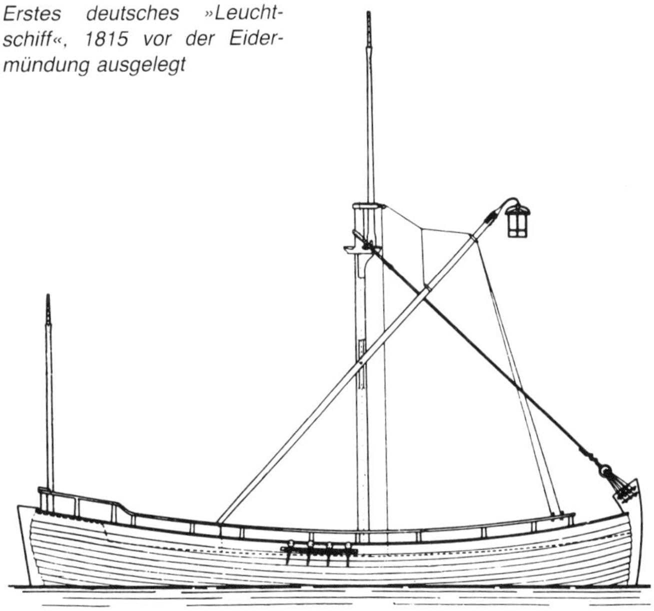

Erstes englisches »Lightship«, 1732 in der Themse-Mündung ausgelegt

Wahrscheinlich wurden hier schon im 14. Jahrhundert die ersten Reihen von Holztonnen neben dem Fahrwasser verankert. Obwohl sie heute nicht mehr aus Holz sind, spricht man übrigens immer noch von »Fahrwassertonnen«. Außerdem errichtete man auf festem Grund oder auf Sandbänken die ersten Holzbaken – auch Kapen genannt – als Peilmarken bzw. zur Warnung. Sie alle waren aber nur bei Tage zu sehen.
Der Gedanke, kleine bemannte Schiffe, die eine Lampe am Mast führten, als Markierung auch für die Nacht auszulegen, ist schon sehr alt. Die Holländer sollen ihn zeitweise bereits im 15. und 16. Jahrhundert realisiert haben. Sichere Nachricht haben wir jedoch erst von den Engländern, die seit 1732 den Seeweg vor der Themse durch ihr erstes »Lightship« bezeichneten.
In deutschen Gewässern war es ein bei Neuwerk meist vor Anker liegender Lotsenkutter, der ab 1774 als erster des Nachts eine Signallaterne führte. Da er jedoch zum Versetzen von Lotsen oder bei schlechtem Wetter öfter seine Station verließ, kann er nicht als erstes deutsches Feuerschiff gelten.
1807 rüstete man in Tönning erstmalig einen Lotsenkutter zum richtigen »Leuchtschiff«, wie es zunächst nach englischem Vorbild hieß, um. Es konnte jedoch aufgrund der kriegerischen Verhältnisse während der Napoleonischen Herrschaft vorläufig nicht ausgelegt werden. Erst nach Friedensschluß wurde es am 16. 9. 1815 in der für die Schiffahrt äußerst wichtigen Eidermündung fest verankert. Die Eider war nämlich westlicher Ausgangspunkt der damaligen Schiffsverbindung zwischen Nord- und Ostsee, des sogenannten Schleswig-Holsteinischen Kanals, erbaut 1777 bis 1784 unter dänischer Herrschaft (siehe auch Seiten 133 und 135).
Das zweite Leucht- oder Signalschiff dieser Art wurde im Mai 1816 vor der Elbmündung, das dritte 1818 vor der Wesermündung ausgelegt. Weitere folgten in den nächsten Jahren, ab 1858 auch im Ostseeraum.
Damit begann die Geschichte der deutschen Feuerschiffe.

Die Schiffe

Die schwimmenden Leuchtfeuerträger weisen in Bauart und Aussehen eine erhebliche Vielfalt auf. Die ersten Leuchtschiffe waren meist reguläre, 20 bis 30 m lange Lotsenkutter oder sonstige Segelschiffe, mehr oder weniger notdürftig mit einer Leuchteinrichtung versehen. Sie hatten sechs bis acht Mann Besatzung. Kleine Kutter mit nur drei bis vier Mann wurden noch bis zum Anfang unseres Jahrhunderts in ruhigen Gewässern, wie Jade, Unterelbe, Stettiner Haff, verwendet. Für die gefährlicheren Seepositionen baute man ab 1830 unter Berücksichtigung der jeweils neuesten Erfahrungen etwas größere, besonders seetüchtige, durch eine Füllung aus Bohlen oder Fässern sinksicher gemachte Spezialschiffe. Später wurden auch größere Lotsengalioten zu Feuerschiffen umgerüstet.

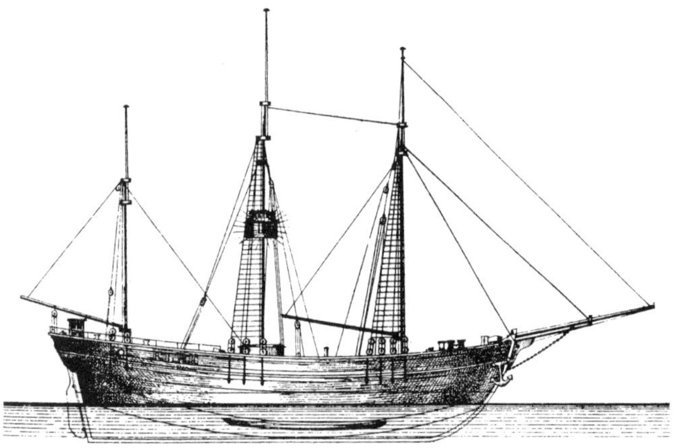

»Caspar«, als Dreimastschoner gebaut, 32 m lang, 1845 bis 1911 auf mehreren Feuerschiff-Stationen der Außenelbe im Einsatz

Zum Erreichen des Ankerplatzes und in Notfällen mußten sie sich natürlich fortbewegen können. Das war nur unter Segeln möglich. Ganz schnell Segel setzen mußten sie, wenn ihnen die Ankerkette brach, was bei schwerem Sturm häufig passierte. Deshalb waren sie sogar mit zwei bis drei Garnituren Segel für jeden Mast ausgerüstet. Dies waren vorwiegend Baum- und Stagsegel, weil Rahen die Leuchtfeuer an den Masten verdeckt hätten.
Da sie ansonsten vor Anker zu liegen hatten, baute man sie auch in der Dampfschiffzeit aus Sparsamkeitsgründen zunächst weiterhin ohne Antriebsmaschine, aber mit Masten für eine Notbesegelung. So kamen sie bis in die jüngste Zeit zu ihrem typischen Segelschiffsbug mit Klüverbaum.
Erst kurz vor dem Ersten Weltkrieg begann man damit, sie – meist nachträglich – mit einer kleinen Dampf- oder Dieselantriebsanlage auszustatten. Jedoch blieben einige von ihnen selbst nach Entfernung der Besegelung weiterhin ohne eigene Maschine, so daß sie stets auf Station geschleppt und in Gefahrensituationen mit Schlepperhilfe vor Strandung bewahrt werden mußten. Das letzte Feuerschiff dieser Art war *BÜRGERMEISTER BARTELS,* das bis 10. 12. 1974 als ELBE 2 auslag.
Wie alle Wasserfahrzeuge, so wurden auch Feuerschiffe zunächst aus Holz gebaut. Das erste 1858 versuchsweise aus Eisen gebaute Feuerschiff *NEPTUN* erwies sich als so solide, daß es das stattliche Alter von 93 Jahren erreichte. Aber erst in den 90er Jahren des vorigen Jahrhunderts ging man endgültig zum Eisenbau über.

Aufgrund ihrer langen Lebensdauer mußten Feuerschiffe gelegentlich modernisiert und mit neuen technischen Einrichtungen ausgestattet werden. Wie sehr sie sich dadurch verändern konnten, zeigen zwei Bilder ein und desselben Schiffes aus den Jahren 1888 und 1977 auf der Seite gegenüber.

Steckbrief des Schiffes:
1888 für 324400 Mark erbaut,
612 t Wasserverdrängung, 250 BRT,
45 m lang, 7,2 m breit, 3,9 m Tiefgang,
mehrfach umgebaut,
1936 mit Fahrmotor von 300 PS versehen,
Geschwindigkeit 9 Knoten = 17 km pro Stunde,
1888–1966 in der Außenweser eingesetzt,
1967–1977 auf Station ELBE 3,
seit 1979 im Museumshafen Hamburg-Övelgönne

Das größte deutsche Feuerschiff existiert seit 1948. Sein Bau wurde zwar schon 1939 begonnen, aber durch den Krieg unterbrochen. Es ist 57 m lang, 9,5 m breit und wiegt 1000 t, wovon allerdings 200 als Ballast dienen, um es wie ein »Stehaufmännchen« kentersicher zu machen. Für zahllose Seeleute, die nach langer Reise zurückkehren, stellt es den ersten Gruß der Heimat dar: die zweite *BÜRGERMEISTER O'SWALD* auf Station ELBE 1.
Das modernste Feuerschiff – übrigens das einzige ohne Bugspriet – entstand 1955/56: BORKUMRIFF, 883 t, 54 m lang, 9 m breit. Es besitzt vier Dieselmotoren zu je 100 PS, die einzeln wahlweise entweder auf einen Generator zur Stromerzeugung oder auf die Schraubenwelle zum Schiffsantrieb geschaltet werden können. Es ist das letzte von insgesamt 75 deutschen Feuerschiffen.
Ausgediente Feuerschiffe wurden im allgemeinen zum Abbruch verkauft. Nur von den zuletzt außer Dienst gestellten überlebten einige. Hier drei Beispiele:

- *BÜRGERMEISTER ABENDROTH* (2), das vorletzte Stammfeuerschiff der Station ELBE 3, 1908/09 erbaut, liegt in Bremerhaven beim Schiffahrtsmuseum und kann dort besichtigt werden, im Sommerhalbjahr sogar von innen.

- Das 1911 erbaute ehemalige Feuerschiff BORKUM-RIFF, 1959 an Holland verkauft, tauchte in den 60er Jahren als der berüchtigte Piratensender *VERONICA* wieder auf, strandete aber 1972.

- Das 1905 erbaute Feuerschiff *BÜRGERMEISTER BARTELS,* das 60 Jahre auf Station ELBE 2 lag und dort 1974 durch Rammstoß schwer beschädigt wurde, dient jetzt der Hamburger Hafenfeuerwehr als Ausbildungsschiff.

Feuerschiff WESER 1888

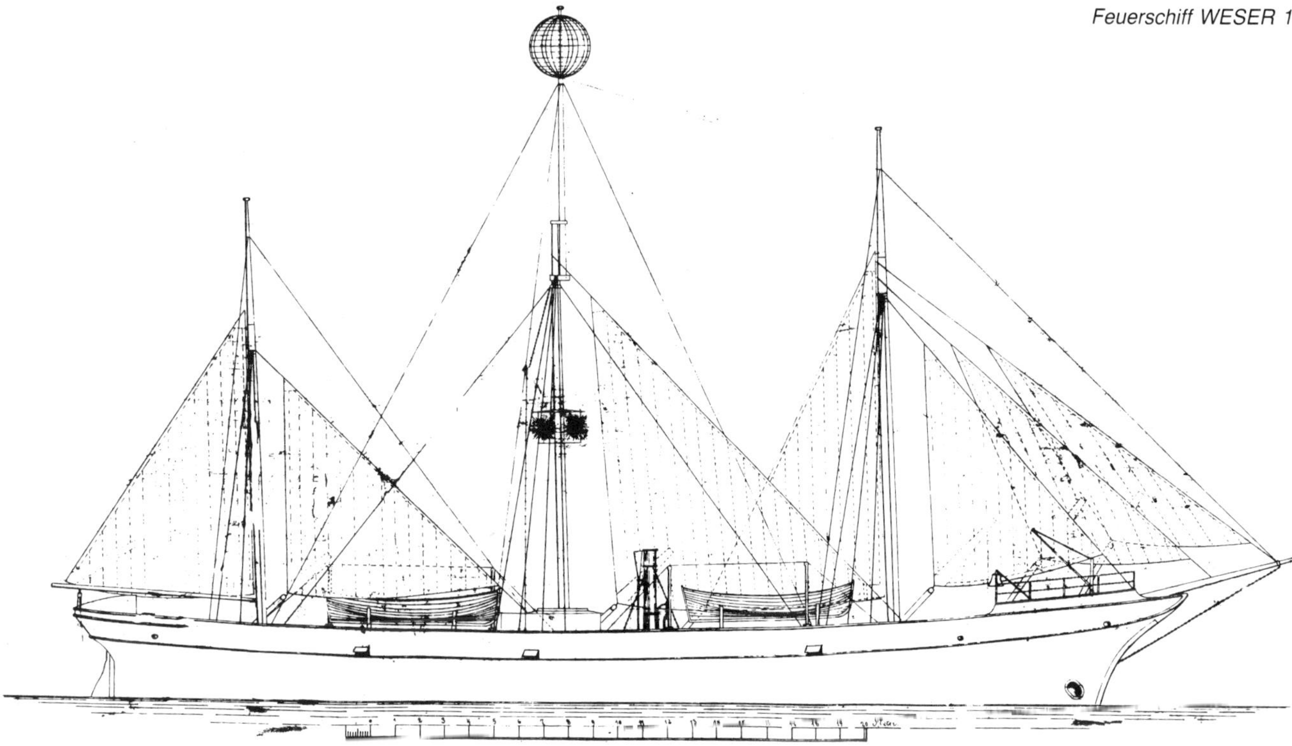

Das gleiche Schiff 1977 (mit Unterwasserteil)

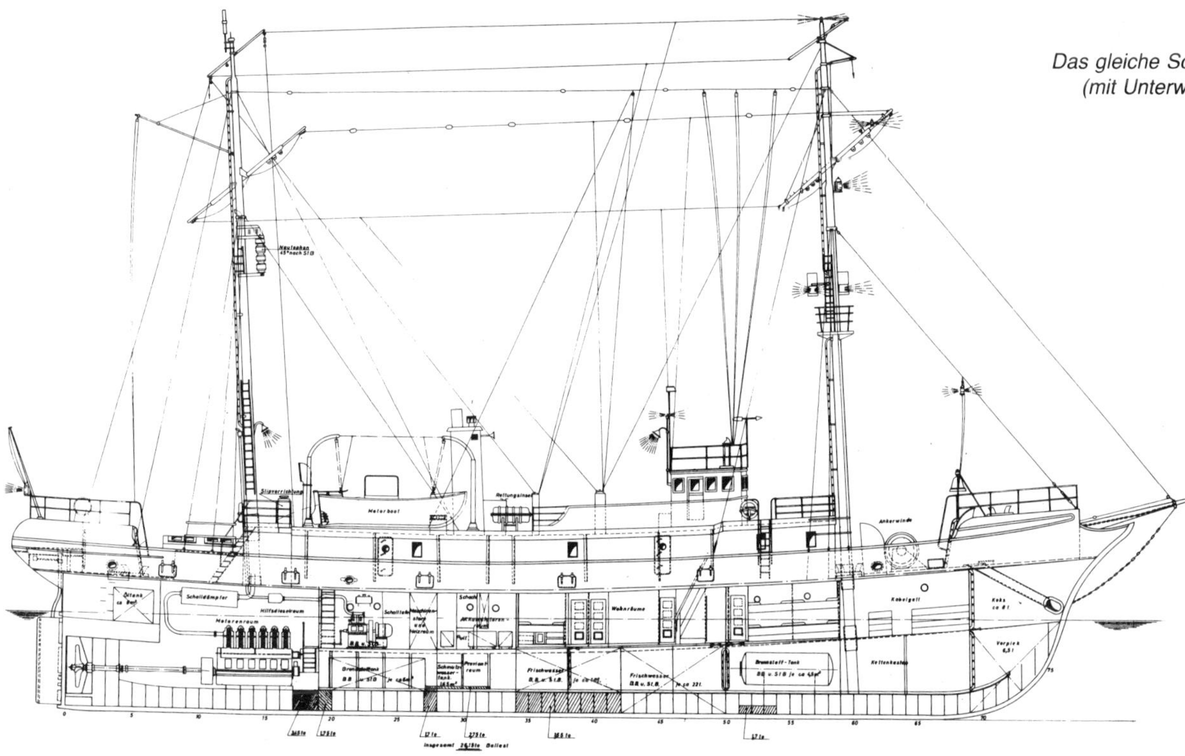

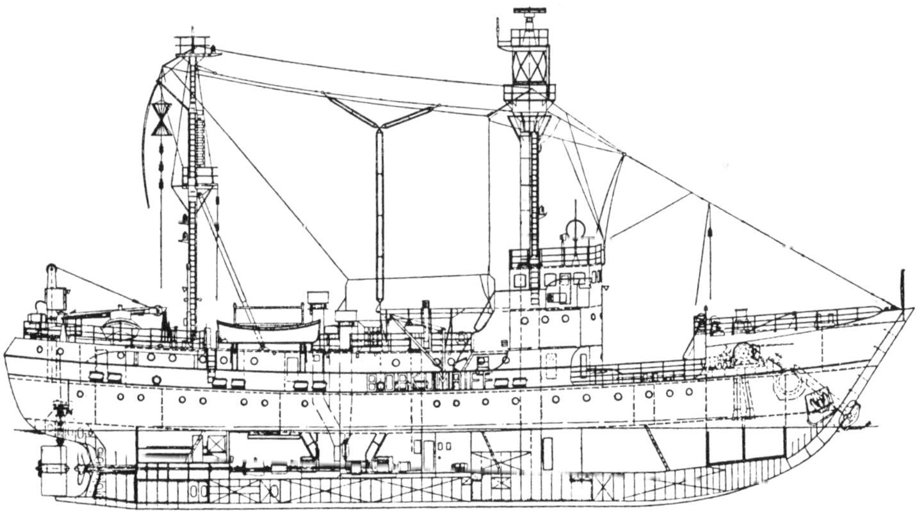

Letztes und modernstes deutsches Feuerschiff, gebaut 1955/56: BORKUMRIFF, anfangs noch mit dem Zusatz J/E 3 (Jade/Ems-Weg, lfd. Nr. 3)

Leuchtfeuer und technische Einrichtungen

Die Leuchteinrichtung bestand anfangs aus einer einfachen Öl- oder Kerzenlaterne, am Mast vorgeheißt oder am Ende einer Wippstange befestigt. Diese Feuer waren nur auf kurze Distanz zu sehen und gingen ausgerechnet bei schlechtem Wetter häufig aus.
Zuverlässiger und wesentlich weiter sichtbar war der etwa 1830 eingeführte, am Mast aufziehbare sogenannte Leuchtenring, ein kranzförmiges Gestell mit neun bis zwölf rundherum verteilten Parabolscheinwerfern. Dieser Leuchtenring wurde morgens in ein Gehäuse an Deck herabgelassen, wo die Lampen bei Tage ungestört gewartet und abends entzündet werden konnten. Das Aufwinden dieser etwa 10 Ztr. wiegenden Kranzgestelle war jedesmal eine schwere Arbeit. Später ließ man deshalb die Leuchtenringe auch bei Tage oben und brachte darunter eine Plattform an, von der aus die Wartung durchgeführt werden konnte. Auch ging man dazu über, die Leuchten in kardanischen Ringen pendelnd aufzuhängen, damit sie die Schiffsbewegungen nicht mitmachen und ihr Licht immer horizontal ausstrahlen.
Ab 1870 wurden die Parabolscheinwerfer durch kleine Fresnelsche Gürtellinsen ersetzt. So ließ sich die Anzahl der Einzelleuchten auf drei reduzieren. Übrigens verwendete man auf Feuerschiffen die gleichen oder ähnliche Optiken und Lichtquellen wie auf kleinen ortsfesten Leuchttürmen. Einer dieser Leuchtenringe, allerdings seit 1936 mit elektrischen Lampen, tat bis 1977 auf dem letzten Feuerschiff ELBE 3 seinen Dienst.
Als mehr und mehr Feuerschiffe ausgelegt wurden, wuchs – wie bei Leuchtfeuern an Land – die Gefahr der Verwechslung. Zur Unterscheidung zeigten deshalb mehrere Feuerschiffe ihre Lichter an zwei oder drei Masten oder in zwei Leuchtenringen übereinander. Andere wurden für Blinkfeuer eingerichtet. Dazu ließ man den Leuchtenring langsam um den Mast kreisen. Die Drehung wurde – ähnlich wie auf ortsfesten Leuchttürmen – durch ein Uhrwerk mit Gewichtsantrieb bewirkt. Im Störungsfall mußte die Einrichtung von Hand gedreht werden. Auf dem bis 1914 eingesetzten Reserve-Feuerschiff *NEPTUN* mußte immer von Hand gedreht werden, weil überhaupt keine Drehmaschine vorhanden war. Bei

Aufziehbarer Leuchtenring

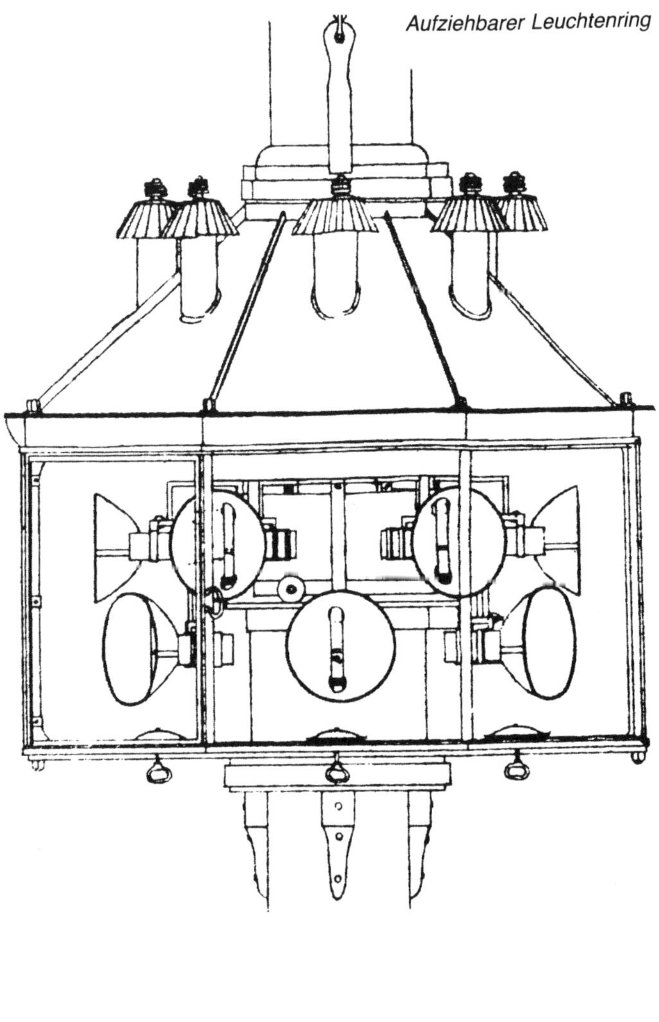

Ersatz-Leuchtanlagen wurde die Lichtquelle durch einen Blechzylinder taktmäßig abgedunkelt; dies geschah mittels einer Leine von Deck aus – auch im Handbetrieb.

Für Feuerschiffe auf Außenpositionen und sonstigen Ansteuerungspunkten wurden Leuchtapparate mit besonders großer Tragweite gefordert. Ab 1905 baute man Schiffe mit dem typischen schlanken Laternenmast, einem richtigen kleinen Leuchtturm an Deck, zuerst 12 m, später bis zu 20 m hoch. In der Laterne befindet sich ein Fresnelscher Linsenapparat mittlerer Größe. Er sitzt auf einem frei schwebenden, gewichtsbeschwerten Pendel, damit das Licht stets waagerecht strahlt. Solche Leuchteinrichtungen waren nicht nur relativ weittragend, sie ermöglichten auch bessere Kennungen als Leuchtenringe.

Der erste Mast dieser Art ist heute im Schiffahrtsmuseum Bremerhaven zu besichtigen. Seine Laterne hatte von 1905 bis 1965 auf dem früheren Feuerschiff FEHMARNBELT geleuchtet, anfangs noch mit Glasglühlicht betrieben. Ab 1912 waren elektrische Lichtquellen eingeführt worden.

Die Tragweite heutiger Feuerschiffslichter mit bis zu 20 sm steht den ortsfesten Leuchttürmen kaum nach. Kennungen werden selbstverständlich auf moderne Weise erzeugt. Den Betriebsstrom bezieht das Leuchtfeuer aus Akkumulatorenbatterien, die bei Tage durch einen Dieselgenerator aufgeladen werden.

Leuchtenring mit 3 Gürtellinsen

Da Feuerschiffe eine geographisch genau festgelegte Stelle zu bezeichnen haben, ist die sichere Verankerung eine Voraussetzung für die Erfüllung ihrer Aufgabe. Als besonders geeignet haben sich pilzförmige Anker erwiesen.

Das größte Problem stellen die 200 bis 300 m langen Ankerketten dar, weil sie ständiger Beanspruchung und Reibung ausgesetzt sind. Jede Kette ist schließlich nur so haltbar wie ihr schwächstes Glied. Die Feuerschiffsgeschichte kennt unzählige Fälle von Kettenbruch. Trotz größter Sorgfalt bei der Herstellung und trotz vieler Belastungsproben in einer besonderen Kettenprüfanstalt ist es bis heute nicht gelungen, Kettenbrüche völlig zu verhindern. Die Naturgewalten sind zu stark und unberechenbar.

Erstes Feuerschiff mit Laternenmast, 1905 erbaut (Mastoberteil seit 1981 im Schiffahrtsmuseum Bremerhaven)

Natürlich stattete man Feuerschiffe im Laufe der Zeit mit allen erforderlichen technischen Einrichtungen aus, von Nebelwarnanlagen und Signalkanonen über Funkentelegraphie und Funkfeuer bis zu Radar. Mehrere wurden in das Netz der Wetterstationen einbezogen und mit wissenschaftlichen Hilfsarbeiten betraut, z.B. Registrierung von hydrographischen Daten, einschließlich Messung der Radioaktivität des Meerwassers.

Von besonderer Wichtigkeit für Häfen und Reedereien war und ist die frühzeitige Meldung über einkommende Schiffe. Dazu ein kleines Kuriosum: Ab 1877 bis zur Einführung der drahtlosen Telegraphie nach 1900 schickten einige Feuerschiffe Nachrichten durch Brieftauben zum Festland. Diese fliegenden Boten erzielten beachtliche Geschwindigkeiten, so legten sie z.B. die 67 km lange Strecke vom Feuerschiff AUSSENEIDER bis Tönning in weniger als einer Stunde zurück. Heute arbeitet der moderne Schiffsmeldedienst selbstverständlich mit Funksprechanlagen, die auch das umständliche Verfahren mit Winkgeräten oder Signalflaggen im Nahverkehr überflüssig machten.

Pilzanker eines Feuerschiffes (dahinter normaler Schiffsanker)

Schema eines Drehfeuers mit Gewichtsantrieb

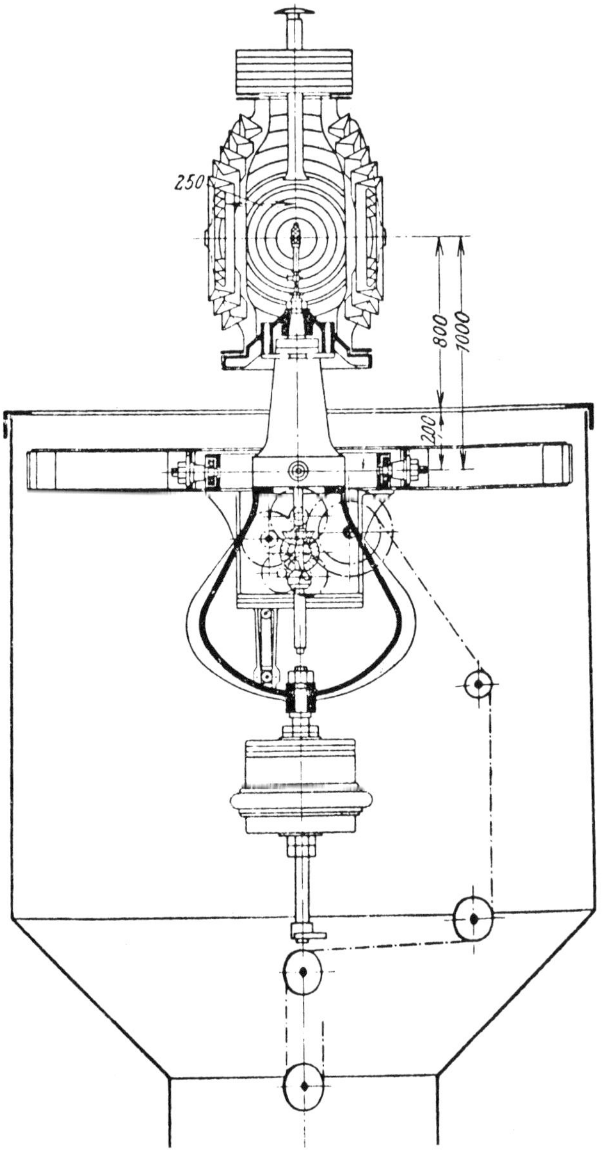

Feuerschiffslaterne mit drehbarer Scheinwerfer-Optik

Die Feuerskipper

So nennt der Seemann die Besatzungsmitglieder der Feuerschiffe. Einige der ersten Leucht- oder Signalschiffe waren nicht nur der Bauart nach Lotsenkutter, von ihnen aus wurden auch tatsächlich Lotsen versetzt. Selbst bei mehreren späteren Feuerschiffen war dies noch der Fall, beim letzten Feuerschiff KIEL sogar bis 1967. So war das Schicksal von Feuerskippern und Lotsen 1½ Jahrhunderte lang eng verbunden.

Für die Besatzungen der Feuerschiffe gab es zunächst weder bezahlten Urlaub noch Ablösung. Wenn ihr Schiff im strengen Winter eingezogen war, mußten sie an Land arbeiten. Erst ab 1900 wurden Regelungen für Ablösung eingeführt, die anfangs neun Monate Dienst und drei Monate Urlaub, später zwei Monate Dienst und einen Monat Urlaub, dann vier Wochen Dienst und zwei Wochen Urlaub vorsahen.

Feuerskipper mußten damals unter heute kaum noch vorstellbaren Bedingungen auf engstem Raum und schwankenden Planken leben und arbeiten. In ihrer Einsamkeit gab es kaum eine Abwechslung, Verbindung mit der Außenwelt nur durch vorbeifahrende Segler. Dabei waren sie noch vielerlei Gefahren ausgesetzt, insbesondere bei Sturm oder Eisgang, wenn ihre Schiffe an den Ankertauen oder -ketten zerrten oder sich gar losrissen. Die erste Katastrophe ereignete sich schon am 26. 12. 1824, als das Leuchtschiff vor der Unterelbe, die Kuff *SEESTERN*, mit allen acht Mann Besatzung und zwei Lotsen im Orkan unterging. Nicht weit von dieser Stelle riß 112 Jahre später, am 27. 10. 1936, eine Grundsee sogar das viel größere, eiserne und damals modernste Feuerschiff ELBE 1 (*BÜRGERMEISTER O'SWALD*) in die Tiefe, ebenfalls mit der gesamten fünfzehn Mann starken Besatzung.

Leider gab es in der Geschichte der Feuerschiffe noch mehr Verluste, Strandungen, Unfälle und gefährliche Situationen. Feuerschiffe können nämlich nicht einfach ihren Ankerplatz verlassen oder wie in Fahrt befindliche Schiffe einer drohenden Kollision durch Rudermanöver ausweichen.

In unzähligen Fällen wurden die mitten im Fahrwasser liegenden Feuerschiffe von anderen Wasserfahrzeugen mehr oder weniger schwer gerammt. Das Feuerschiff *ERNST* auf Station ELBE 5 ist 1911 nach einem Rammstoß sogar gesunken. Vor dem Sinken gerade noch bewahrt werden konnten 1957 Feuerschiff KIEL und 1970 *BÜRGERMEISTER O'SWALD* (2) auf Station ELBE 1. So mancher Mann der Besatzung wurde verletzt oder sogar getötet.

Untergang des Feuerschiffes ELBE 1 am 27. 10. 1936

Ablösung der Besatzung bis etwa 1930 noch mit Ruderboot

Auch heute im Radar-Zeitalter kommt es noch vor, daß sich der Bug eines Riesenpottes drohend dem vergleichsweise winzigen Feuerschiff nähert und erst im letzten Augenblick abdreht. Und auch auf See gibt es anonyme »Geisterfahrer«, die sich in der Einbahnstraße gegen den Verkehr bewegen. Deshalb hat jeder Feuerskipper seine Schwimmweste stets parat.

In Seenotfällen Hilfe zu leisten, war für Feuerskipper von jeher selbstverständlich. Mehrere von ihnen bezahlten diesen Einsatz mit ihrem Leben, wenn das kleine Rettungsboot von der kochenden See verschlungen wurde. Wie viele Schiffbrüchige im Laufe der Zeit von Feuerschiffen aus gerettet wurden, ist nicht genau registriert, in der Nordsee waren es allein von ELBE 2 aus mehrere hundert.

Aber auch die Ostsee kann tückisch sein. Am 16. 7. 1932 – mitten im Sommer – kenterte das Segelschulschiff *NIOBE* der damaligen Reichsmarine vor Fehmarn in einer Gewitterbö. Die Männer des in der Nähe stationierten Feuerschiffes FEHMARNBELT konnten 19 Mann retten, andere Schiffe 21 Mann, aber noch 69 Mann kamen ums Leben.

Die Besatzung hat neben ihren seemännischen Aufgaben für den reibungslosen Ablauf aller Funktionen zu sorgen sowie das Leuchtfeuer und die zahlreichen anderen elektrischen und technischen Geräte zu warten. Sie setzt sich seit einigen Jahrzehnten meist wie folgt zusammen:

1	Kapitän
1	Bootsmann
4–5	Matrosen
1	Maschinenmeister
1–2	Motorenwärter
1–2	Funker
1	Elektriker
1	Koch
12–14	Mann gesamt

In der früher oft eintönigen Freizeit wurden Hobbys betrieben und allerlei Gegenstände, natürlich vorwiegend aus der Welt der Seefahrt, kunstvoll gefertigt. So manches Schiffsmodell oder Buddelschiff stammt von den geschickten Händen eines Feuerskippers.

Die Arbeit der Besatzung ist in den letzten Jahrzehnten immer umfangreicher und vielseitiger geworden, aber auch ihre Freizeit abwechslungsreicher. So kommen schließlich nicht nur dienstliche Funksprüche, sondern auch Radio- und Fernsehwellen durch den Äther zu ihnen. Und sie wechseln sich seit 1958 alle zwei Wochen mit ihrer Parallelbesatzung ab und können dann fast zwei Wochen dienstfrei an Land verbringen.

Feuerschiff KIEL nach schwerem Rammstoß am 4. 1. 1957

Die Feuerschiff-Stationen

Besonders in der zweiten Hälfte des 19. Jahrhunderts wurden zur Sicherheit des schnell wachsenden Schiffsverkehrs nicht nur mehr Leuchtfeuer an den Küsten, sondern auch mehr Markierungen an den Schiffahrtswegen und ihren Gefahrenpunkten gefordert. Deshalb legte man immer mehr Feuerschiffe aus und errichtete übrigens auch die ersten beiden Leuchttürme im Meer, **Hohe Weg** und **Roter Sand**.

1878 gab es im Nordseeraum bereits fünfzehn, im Ostseeraum fünf deutsche Feuerschiffe. Kurz nach der Jahrhundertwende wuchs ihre Zahl auf insgesamt 25 an. Allein in der Außenelbe lagen zeitweise fünf, ELBE 1 am weitesten draußen, ELBE 5 bei Cuxhaven, außerdem vier weitere auf der Unterelbe zwischen Cuxhaven und Hamburg.

Eigentlich handelt es sich hierbei um Feuerschiff-Stationen. Jede Station ist mit einem Stammfeuerschiff besetzt. Solange dieses zur turnusmäßigen Überholung bzw. Reparatur in die Werft geht oder aus sonstigen Gründen ausfällt, nimmt ein Reserve-Feuerschiff seine Position ein. Zeitweise waren bis zu 12 Reserve-Feuerschiffe vorhanden, meist frühere Stamm-Feuerschiffe älterer Bauart.

Seit 1833 tragen Feuerschiffe nach englischem Vorbild ihren Stationsnamen in großen weißen Buchstaben an beiden Seiten des rot gestrichenen Rumpfes. Einen eigenen Taufnamen haben außerdem nur die Elb-Feuerschiffe, meist nach Hamburger Bürgermeistern oder Senatoren; er ist am Heck ablesbar.

Solange ein Schiff vor Anker liegt, muß es einen Stationsball am Mast führen. Das gilt natürlich auch für Feuerschiffe. Für einige hat man allerdings anstelle des Balles bestimmte Körperzeichen, wie Dreieck, Rechteck, Stundenglas, eingeführt, damit sie auch bei Tage schon auf große Entfernung identifiziert werden können. Wie die Kennungen, so gelten auch diese Zeichen für die betreffende Station, d.h., auch die dort zeitweise ausliegenden Reserve-Feuerschiffe müssen sie zeigen.

Während in der Anfangszeit viele Feuerschiffe grundsätzlich über Winter eingezogen wurden, dürfen sie heute ihre Station nicht ohne zwingenden Grund verlassen. Dies kann bei schwerem Eisgang der Fall sein, weil sie sonst vertreiben. Wenn in der Nordsee der Gezeitenstrom das Schiff gegen die bei Orkan hoch anrollende See drückt und Kentergefahr besteht, kann es sogar nötig werden, die Ankerkette absichtlich zu schlippen. Treibende oder nicht auf Position befindliche Feuerschiffe müssen ihre Stationszeichen gegen andere vorgeschriebene Zeichen auswechseln. Natürlich dürfen sie dann nachts auch nicht ihr Leuchtfeuer zeigen.

Aus technischen oder organisatorischen Gründen tauscht man Feuerschiffe gelegentlich auch aus. So manches hat im Laufe seines Daseins auf mehreren Stationen gelegen. Die jeweils seetüchtigsten wurden zumeist auf Station ELBE 1 eingesetzt, die auch mit zehn aufeinander folgenden Stamm-Feuerschiffen den Rekord hält.

In Kriegszeiten wurden viele Feuerschiffe verlegt oder für militärische Zwecke verwendet. So legte man z.B. 1917/18 für die Marine acht Feuerschiffe auf den Marschrouten zu den Baltischen Inseln als Wegweiser aus. Im letzten Weltkrieg bezeichnete man die Stationen zur Tarnung nur mit Buchstaben.

Neben dem Vorteil ihrer Verlegbarkeit haben Feuerschiffe auch schwerwiegende Nachteile. So eignen sie sich aufgrund ihrer veränderlichen Lage nicht für Richt-, Leit- oder Sektorenfeuer. Außerdem sind sie nicht ständig auf Position, z.B. wenn sie bei Eisgang vertreiben. Ortsfeste Seezeichen haben diese Nachteile nicht.

Das war schon Ende des vorigen Jahrhunderts mit ein Grund für möglichst schnellen Ausbau des ortsfesten

Feuerschiff im Schwimmdock bei der Werftüberholung

Leuchtfeuernetzes. Als sich hierdurch die Orientierungsmöglichkeiten immer weiter verbesserten, wurden Feuerschiffe allmählich entbehrlich und sukzessive eingezogen. Dieser Prozeß begann auf der Unterelbe und im Stettiner Haff, er setzte sich später im Küstenvorfeld fort. 1939 war die Zahl der Stationen auf zwölf in der Nordsee und vier in der Ostsee zurückgegangen. Man hatte Neubauten deshalb schon seit 1914 nicht mehr in Auftrag gegeben und beschränkte sich 25 Jahre lang auf Modernisierung der am besten erhaltenen Schiffe.

Verluste und Beschädigungen von Feuerschiffen im letzten Weltkrieg hatten zur Folge, daß nicht mehr alle Stationen besetzt werden konnten. Und dabei war jetzt die Bezeichnung der minenfreien Zwangswege durch Feuerschiffe besonders vordringlich. Die beiden Nachkriegs-Neubauten für ELBE 1 und BORKUMRIFF stellten somit zunächst eine unumgängliche Ergänzung des Schiffsbestandes dar.

Ab etwa 1960 wurden nun aber die Navigationshilfen durch Radarketten und neue Leuchtfeueranlagen so entscheidend verbessert, daß man wieder dazu übergehen konnte, Feuerschiffe einzuziehen. Einige wurden unmittelbar durch in der Nähe im Meer errichtete, automatisch arbeitende Leuchttürme ersetzt. Dabei spielten wirtschaftliche Gesichtspunkte eine wachsende Rolle.

Während die jährlichen Unterhaltungskosten für ein Feuerschiff vor 100 Jahren etwa 30000 Mark betrugen, gehen sie heutzutage in die Millionen. Kein Wunder, wenn man bedenkt, wie hoch schon die Personalkosten für die beiden Parallelbesatzungen sind, ganz abgesehen von den Kosten für die jährlich erforderliche Werftüberholung des Schiffes. Der Unterhalt eines Leuchtturmes im Meer war schon mit Leuchtturmwärtern wesentlich billiger und ist es heute bei unbemannten Türmen erst recht.

So schmilzt die Anzahl der Feuerschiffe weiter zusammen. 1960 sind es noch zehn, 1970 acht, 1980 fünf besetzte Stationen im Verantwortungsbereich der Bundesrepublik Deutschland: BORKUMRIFF, WESER, DEUTSCHE BUCHT und ELBE 1 in der Nordsee, FEHMARNBELT in der Ostsee.

Der Ersatz dieser letzten Feuerschiffe, auf die sich natürlich viele Funktionen konzentrieren, gestaltet sich nun allerdings erheblich schwieriger. Auch die hier meist größere Wassertiefe erfordert andere Lösungen als bisher.

Erstes unbemanntes deutsches Feuerschiff (1912)

Nach erfolgreicher Einführung selbsttätig arbeitender gasbetriebener Leuchtfeuer an Land und in Bojen war man auf den Gedanken gekommen, auch Feuerschiffe zu automatisieren, um auf die teuren Besatzungen verzichten zu können. Die ersten kleineren unbemannten Feuerschiffe wurden schon um 1900 gebaut und u. a. von der Firma Julius Pintsch mit gasbetriebenen Feuern ausgerüstet. Ihr Einsatz erfolgte allerdings zunächst nur im Ausland, vorsichtshalber ausschließlich in ruhigen Gewässern.

Erst ab 1912 wurden in der rauhen Nordsee, zunächst bei Borkum, von deutscher Seite aus einige Jahre lang Versuche mit einem 25 m langen Schiff unternommen. Es besaß einen 10 m hohen Leuchtfeuermast, ein Gestell mit Nebelglocke und eine Unterwasserglocke. Leuchtfeuer und Glocken waren ständig in Betrieb, letztere arbeiteten unter Ausnutzung des Gasdruckes.

Nachdem es mehrmals gerammt und beschädigt worden war, riß es sich los und wurde treibend aufgefunden. Auch als es 1923 in der relativ ruhigen Lübecker Bucht vor Travemünde erneut ausgelegt wurde, vertrieb es selbst dort und bewährte sich auch sonst nicht, weil es zu störanfällig war. Deshalb gab man die Erprobung unbemannter Feuerschiffe einstweilen auf.

Erst 40 Jahre später wurden in der Nordsee wieder Versuche aufgenommen, anfangs mit einem ausgedienten Feuerschiff. In den 70er Jahren war die Automationstechnik dann endlich so weit entwickelt, daß man ernsthaft planen konnte, die fünf letzten Feuerschiffe durch unbemannte Schwimmkörper zu ersetzen.

Zunächst griff man auf eine in den USA und England bewährte runde Großtonne vom Typ »Lanby« (**La**rge **n**avigational **buoy**) zurück. Solch eine Tonne wurde 1976 in Hamburg gebaut, jahrelang getestet und mehrfach verändert, bevor sie 1981 das erste dieser restlichen fünf Feuerschiffe, die WESER, vor Wangerooge ersetzte.

Die Großtonne ist ein Mittelding zwischen Leuchtboje und Feuerschiff, vollgepackt mit Elektronik, 60 t schwer, rund, mit einem Durchmesser von 12,4 m. Ihre Laterne strahlt in 12 m Höhe mit der gleichen Tragweite von 15 sm wie das Feuerschiff. Auch besitzt sie fast alle technischen Einrichtungen wie das Feuerschiff, sogar Funkfeuer. Sie erzeugt ihren Strom in Dieselgeneratoren selber und arbeitet – wie die Leuchttürme im Meer – vollautomatisch, von Land aus fernüberwacht. Die Daten der ozeanographischen und meteorologischen Meßwerte übermittelt sie in bestimmten Abständen auf dem Funkwege. Eine Standortüberwachungsanlage meldet, wenn sie vertreibt, löscht das Leuchtfeuer und schaltet eine Notbeleuchtung ein, damit sie nachts zu sehen und zu finden ist.

Ihre Baukosten betrugen 3 Mio. DM, die laufenden Unterhaltskosten sind mit ¼ Mio. DM pro Jahr veranschlagt und damit erheblich niedriger als die eines Feuerschiffes. Allerdings hat diese Tonne auch einen großen Nachteil: Aufgrund ihrer Diskusform ist sie ein sogenannter Wellenfolger, d.h., sie tanzt wie ein Rettungsring auf der Wasseroberfläche, so daß sich Menschen schon bei relativ geringem Seegang kaum auf ihr aufhalten, geschweige denn arbeiten können. Und die Wartungsmechaniker müssen das zuweilen. Deshalb sind die nächsten Ersatzsysteme schiffsförmige Schwimmkörper, 26 m lang und 6,5 m breit.

Voraussichtlich geht noch in den 80er Jahren mit dem Ersatz des letzten Feuerschiffes – wahrscheinlich ELBE 1 – die Ära dieser originellen, aber äußerst nützlichen Schiffsart in deutschen Gewässern zu Ende.

Die deutschen Feuerschiff-Stationen im Küstenvorfeld und in der offenen See sind aus den folgenden Skizzen ersichtlich. Diese vermitteln jedoch nur ein ungefähres geographisches Bild, da die meisten Positionen im Laufe der Zeit den veränderten Fahrwassern z. T. immer wieder neu angepaßt werden mußten.

Erste automatische Großtonne als Feuerschiff-Ersatz (1981)

Feuerschiff-Stationen der Nordsee

Borkumriff	1875–heute	
TW/Ems	1972–1978	
P 11	1948–1951	(umbenannt)
P 8	1951–1972	
Norderney	1907–1939	
Deutsche Bucht	1969–heute	
Weser	1874–1981	
P 15	1948–1951	(umbenannt)
P 12	1951–1969	
Außenjade	1871–1945	
Minsener Sand	1875–1940	
Genius-Bank	1877–1919	
Weser Nr. 1	1818–1856	(umbenannt)
Bremen	1856–1966	
Weser Nr. 2	1840–1856	

Elbe 1	1816–heute	
Elbe 2	1827–1975	
Elbe 3	1854–1977	
Elbe 4	1878–1939	
Elbe 5	1905–1918	
Eider	1815–1927	(1815–1864 unter dänischer Flagge)
Außeneider	1864–1939	
Amrumbank	1908–1939	

Stationen auf der Unterelbe (Positionen nicht eingezeichnet):

Schulau	1839–1900
Lühe	1844–1866
Krautsand	1859–1910
Grauerort	1866–1877
Osteriff	1891–1921

Feuerschiff-Stationen der Ostsee

Kalkgrund	1876–1925	(umbenannt)
Flensburg	1925–1963	
Stollergrund	1892–1905	
Bülk	1904–1922	
Gabelsflach	1904–1922	
Kiel	1922–1967	
Fehmarnbelt	1902–heute	
Palmerort	1868–1926	
Jasmund	1910–1925	
Adlergrund	1884–1941	

Stationen im Stettiner Haff (Positionen nicht eingezeichnet):

Kricks	1858–1879
Swantewitz	1858–1899
Woitzig	1862–1925
Kaiserfahrt	1886–1903
Elb und Bock	1909–1925

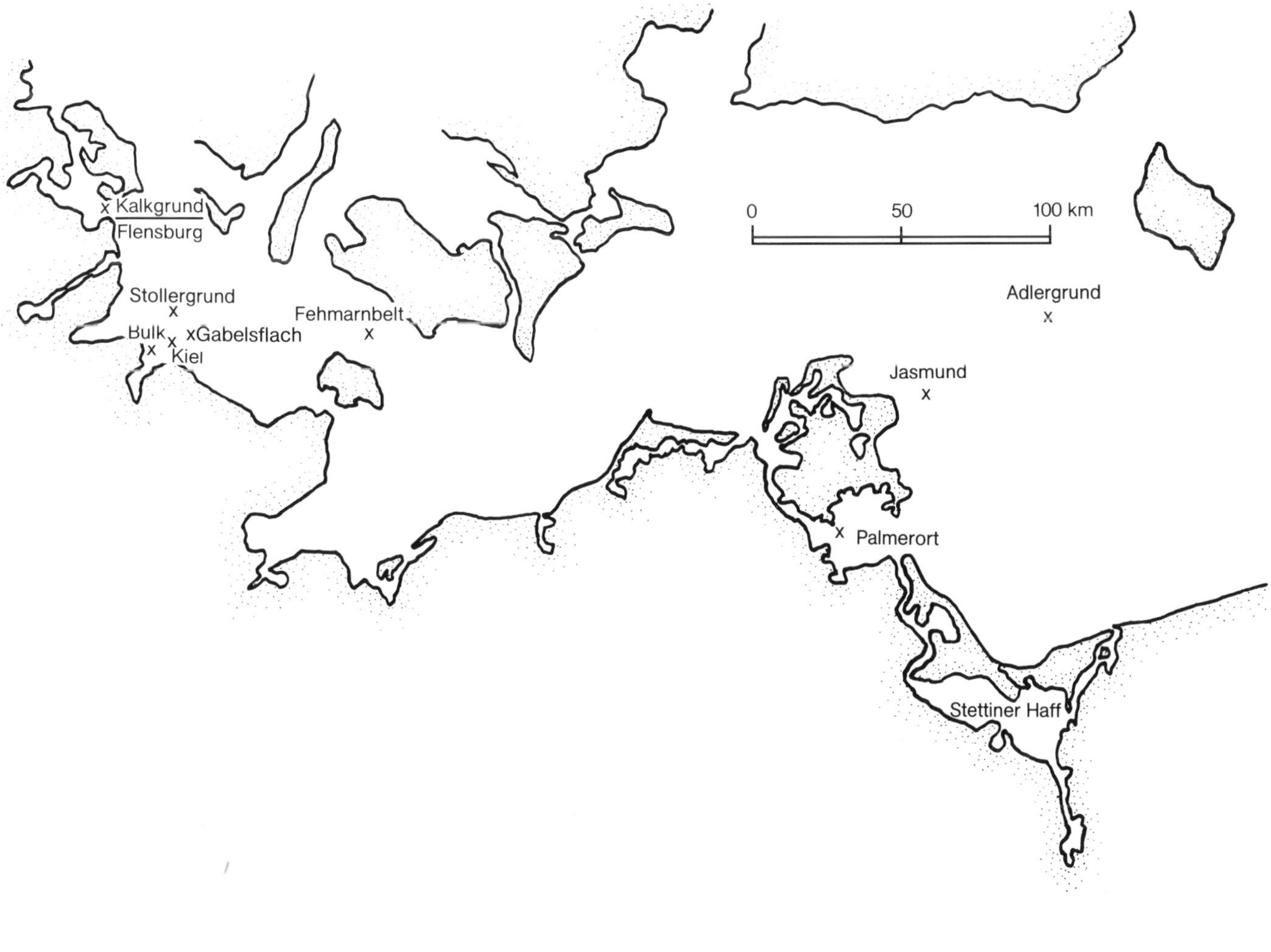

Schrifttum

Fachverzeichnisse und -nachrichten

Verzeichnis der Leuchtfeuer an den dänischen Küsten, Kopenhagen 1843, 1847

Verzeichnis der Seeleuchten oder Seefeuer der Erde, Berlin 1865

Verzeichnis der Leuchtfeuer und der Tonnen und Baaken an den Schleswig-Holsteinischen Küsten, Kiel 1867

Die Leuchtfeuer der Erde, W. Ludolph, Bremerhaven 1872

Die Schiffahrtszeichen an der deutschen Küste, Reichskanzleramt, Berlin 1878

Die Leuchtfeuer und Schallsignale der Erde, W. Ludolph, Bremerhaven 1881 und Bremen 1891

Leuchtfeuerverzeichnis und Segelanweisungen für See- und Küstenfischer, herausgegeben vom Deutschen Seefischerei-Verein, Hannover und Leipzig 1907

Nachrichten für Seefahrer, ab 1869, sowie

Verzeichnis der Leuchtfeuer . . . aller Meere, ab 1890, beide herausgegeben von der Kaiserlichen Marine, danach vom Reichs-Marine-Amt, danach vom Oberkommando der Kriegsmarine, danach vom Deutschen Hydrographischen Institut

Fachbücher

Segel-Handbuch für die Nordsee, danach Nordsee-Handbuch,

Segel-Handbuch für die Ostsee, danach Ostsee-Handbuch, beide herausgegeben von den derzeitigen Hydrographischen Ämtern bzw. Instituten, ab 1881

Adams, W. H. D.: Lighthouses and Lightships, London 1891

Brustat-Naval, F.: Lichter über dem Meer, F. A. Brockhaus, Wiesbaden 1969

Czerner, M.: Laternie Morskie Polskiego, Wybrzeza, Warschau 1968

Hiebel, A.: Seezeichen, Leuchtfeuer und Schallsignale des Atlantischen Ozeans, Hamburg 1908

Jacoby, G.: Aus der Geschichte der Leuchtfeuer und Seezeichen, eine Einführung in die Literatur, Kiel 1929

Lang, A. W.: Geschichte des Seezeichenwesens an der deutschen Nordseeküste, Bonn 1965

van Ronzelen, J. J.: Beschreibung des Baues des Bremer Leuchtthurmes an der Stelle der Bremerbaake in der Wesermündung, Bremerhaven 1857

Siersdorfer, Th. F.: Wächter am Strom, Verlag Karl-Heinz Butzinger, Hamburg 1975

Spreckelsen, R.: Sylter Leuchtfeuer und Seezeichen, Sylter Verlag, Westerland/Sylt 1968

Stevenson, A.: History, Construction and Illumination of Lighthouses, London 1850

Stevenson, D. A.: The World's Lighthouses before 1820, London 1959

Stevenson, Th.: Lighthouse Illumination, Edinburgh 1871

Talbot, F. A.: Lightships and Lighthouses, London 1913

Veitmeyer, L. A.: Leuchtfeuer und Leuchtapparate, München und Leipzig 1900

Witney, D.: The Lighthouse, New York Graphic Society, Boston 1975

Fachbeiträge

Anlage Leuchtturm Alte Weser, Siemens-Zeitschrift, Heft 12, Dezember 1965

Bierhals, P.: Die älteren pommerschen Leuchtfeuer, Monatsblatt der Gesellschaft für pommersche Geschichte und Altertumskunde 54, 1940

Brennecke, J./Pfitzmann, M.: Der Schwanengesang der Feuerschiffe, Schiff und Zeit 5/1977

Czerner, M.: Das Leuchtfeuer Rozewie/Rixhöft auf alten und neuen Karten, Baltische Studien 66/1980

Dahme, H.: Leuchtturm Kiel, Hansa 15/1966

Deutsche Leuchtfeuer und Nebelsignale 1888–1903, Zentralblatt der Bauverwaltung 1904

Dienstanweisung für die Wächter der mit Fresnelschen Apparaten ausgerüsteten und mit Petroleum befeuerten Leuchtthürme, Berlin 1893

Drangeid, H./Wiechmann, G.: Elektrische Energieversorgung der Radartürme in der Wesermündung, Sonderdruck Siemens-Zeitschrift, Heft 11, November 1959

Fähndrich: Die Wasserstraße Stettin–Swinemünde, Jahrbuch der Hafenbautechnischen Gesellschaft, 5. und 6. Band 1922/23

Fauteck, D.: Das neue Leuchtfeuer auf dem Maritim-Turm, Unser Travemünde, Heft 3/4, 1974

Ferber, K.: Die Entwicklung des Hamburger Tonnen-, Baken- und Leuchtfeuerwesens, Nachrichten des Vereins für Hamburgische Geschichte 1913

Feuer über dem Meer, Wikinger-Artikelserie 1969–1971

Fey, E./Schwarz, J.: Fernsteuern und Fernüberwachen von Seezeichen, Siemens-Zeitschrift 41/1967, Heft 2

Franzius, O.: 100 Jahre Leuchtturm Norderney, 1974

Gerlach, W./Gursch, P./Hirschfeld, K.: Der neue Leuchtturm Großer Vogelsand, Hansa 9/1975

Gerlach, W./Gursch, P./Hirschfeld, K.: Bau und Konstruktion des Leuchtturms Großer Vogelsand in der Außenelbe, Sonderdruck Die Bautechnik 53/1976

Grelle, E.: 148 Jahre Feuerschiff-Station Bremen, 1966

Grübeler, P.: Die Betonnung und Befeuerung der Elbe durch Hamburg, Jahrbuch der Hafenbautechnischen Gesellschaft, 10. Band 1927

Gursch, P.: Feuerschiffe auf der Elbe, 1979

Hagen, L.: Der Hafen zu Neufahrwasser, Zeitschrift für Bauwesen 1883

Hagen, L.: Über Schiffahrtszeichen, Zeitschrift für Bauwesen Nr. 37, 1887

Harpf, C.: Der neue Lindauer Leuchtturm

Hartung, W.: Seezeichen-Automatisierung, Siemens-Zeitschrift Januar 1972, Heft 1

Hartung, W.: Die Rationalisierung des Seezeichenwesens im Bereich der Bundesrepublik Deutschland, Siemens-Zeitschrift, Sonderdruck Juli 1973

Hartung, W.: Die Leuchtfeuerneubauten im Küstengebiet der Bundesrepublik Deutschland 1963–1978, Hansa 15/16, 1979

Hartung, W.: Verkehrssicherung im Küstenvorfeld und auf Seeschifffahrtsstraßen, Jahrbuch der Hafenbautechnischen Gesellschaft, 37. Band 1979/80

Philipp Holzmann, Technische Berichte, Juli 1966: Leuchtturm Kalkgrund, Leuchtturm Alte Weser

Janssen, G./Pohl, G.: Die Entwicklung der festen Schiffahrtszeichen an der Außenweser bis zum heutigen Stande der Rationalisierung, Siemens-Zeitschrift, Sonderdruck Juli 1973

Jürgens, H.-J.: Ein tröstend festes Licht in der Finsternis, Wangerooger Inselbote 12/79

Klebert, F.: Selbsttätige Leuchtfeuer, Jahrbuch der Hafenbautechnischen Gesellschaft, 5. und 6. Band 1922/23

Kohlenberg: Instandsetzung des Leuchtturmes Swinemünde, Zentralblatt der Bauverwaltung 1904

Krell, O.: Das neue elektrische Schnellblinkfeuer auf Helgoland, Elektrotechnische Zeitschrift 1903, Heft 16

Kuke, H.: Von Leuchttürmen und Feuerschiffen, Kehrwieder 8/72

Kuke, H.: Von Leuchttürmen, Blüsen, Tonnen und Feuerschiffen, Schiffahrt international 1/1976

Kuke, H.: Der Wurster Arm als früheres Hauptfahrwasser

Luttermann, H. J.: Leuchtturm Warnemünde, VEB Tourist-Verlag, Berlin 1977

Luttermann, H. J.: Feuer in der Nacht, Marinekalender der DDR 1977

Luttermann, H. J./Steinbach, K.: Leuchtfeuer, Tonnen und Baken, Rostocker Hefte 7, Ostseedruck Rostock

Meyer, G.: Die Entwicklung des deutschen Seezeichenwesens, Zentralblatt der Bauverwaltung 1929

Mürdel, D./Helbig, R./Meyer, J./Veith, H.: Seezeichensteuerung mit dem rechnergeführten Fernwirksystem FB 40, Sonderdruck telcom report 1/1978, Heft 5

Pintsch, Julius: Katalog der festen und schwimmenden Seezeichen, Berlin 1900, 1909, 1912

Pintsch-Bamag, Dinslaken: Prospekte 1970, 1978

Plate, L.: Der Ausbau der Fahrwasserbezeichnung der Außenweser, Die Bautechnik, Heft 26, 11. 6. 1926

Prengel: Der Ausbau des Königsberger Seekanals, Jahrbuch der Hafenbautechnischen Gesellschaft, 7. Band 1924

Stadt Rendsburg: Zur Geschichte des Schleswig-Holsteinischen Kanals, 1884

Rehder, A.: Feuer vor der Küste, Yacht 4/78

Reuleaux, F.: Leuchttürme und Feuer- oder Leuchtschiffe, Das Buch der Erfindungen, Gewerbe und Industrien, 7. Band, Der Weltverkehr und seine Mittel, 8. Auflage 1887

Reuleaux, F.: Schiffahrtszeichen, wie vor, 10. Auflage 1901

Rudolph, A.: Schiffahrt und Küstenbeleuchtung auf der Weltausstellung in Paris 1900, Zeitschrift des Vereins deutscher Ingenieure 1900/01

Sarrazin, O./Eggert, H.: Die mit comprimirtem Fettgas erleuchtete Bake auf der Nordermole in Pillau, Centralblatt der Bauverwaltung 1883

Stahlberg, W.: Der Leuchtturm auf dem Roten Sande, Die Wunder des Meeres, 1926, Verlag Peter J. Ostergard, Berlin

Schauberger, H./Rollmann, A.: Schiffahrtszeichen der Außenweser und Grundlagen für den Ersatz des Leuchtturms Roter Sand, Hansa 23/1964

Schulze, F. W. O.: Danzig und sein Hafen, Jahrbuch der Hafenbautechnischen Gesellschaft, 3. Band 1920

Schwitters, J./Kuhlbrodt, H.: Landradaranlagen an der Ems, Hansa 23/1972

Das Seezeichenversuchsfeld, Koblenz, 1979

Thielecke, G.: Ein Überblick über die Entwicklung des Schiffahrtszeichenwesens der Außenweser in den vergangenen 150 Jahren, Deutsches Schiffahrtsarchiv 3/1980, Schriften des Deutschen Schiffahrtsmuseums, Band 12, Stalling Verlag Oldenburg–Hamburg–München 1980

Todt, H./Wild, H.: Die Automatisierung von Leuchttürmen, speziell im Bereich der Außenweser, Siemens-Zeitschrift, Sonderdruck Juli 1973

Ulsamer, G.: Borkums großer Leuchtturm, 1979

Veitmeyer, L. A.: Geschichte und Entwicklung der Leuchtfeuer, Zeitschrift des Vereins deutscher Ingenieure, 1898

Wasser- und Schiffahrtsamt Bremerhaven: Neue Seezeichen an der Außenweser, 1965

Wasser- und Schiffahrtsamt Kiel: Geschichte, Zuständigkeitsbereich und Aufgaben des Wasser- und Schiffahrtsamtes Kiel

Wasser- und Schiffahrtsamt Lübeck: Leuchtturm Kiel, 1979

Wasser- und Schiffahrtsamt Lübeck: Leuchtturm Friedrichsort

Wasser- und Schiffahrtsamt Tönning: Automation der ortsfesten elektrischen Schiffahrtszeichen im Bereich des Wasser- und Schiffahrtsamtes Tönning

Wasser- und Schiffahrtsamt Tönning: Der Heverstrom aus archivarischer Sicht, 1976

Wasser- und Schiffahrtsamt Tönning: Leuchtfeuer Westerheversand, 1976

Wasser- und Schiffahrtsdirektion Kiel: Der Nord-Ostsee-Kanal, 1977

Weber: Der Memeler Hafen, Jahrbuch der Hafenbautechnischen Gesellschaft, 7. Band 1924

von Weiher, S.: Die ersten elektrischen Leuchtturmscheinwerfer, Elektrotechnische Zeitschrift, Band 16, 1964

Westermann, G.: Die Befeuerung der Seeschiffahrtsstraße Stettin–Swinemünde, Jahrbuch der Hafenbautechnischen Gesellschaft, 11. Band 1928/29

Wiedemann, G./Burghart, W.: Die Leuchtfeuerneubauten im Küstengebiet der Bundesrepublik Deutschland 1952–1962, Hansa 5/1964

Wilhelms: Bau eines neuen Leuchtturms in Neufahrwasser, Zeitschrift für Bauwesen 1895

Zimmermann, M.: Neubau Oberfeuer Scheelenkuhlen, Hansa 10/1977

außerdem zahlreiche kleinere Artikel über Leuchttürme in der Zeitschrift für Bauwesen und im Zentralblatt der Bauverwaltung

Meldungen und Berichte der Tagespresse zum Thema

Schriften und Beiträge allgemeiner Art

Brockhaus 1974

Meyers-Lexikon 1924–1929

Meyers Konversations Lexikon 1908

Bundesministerium für Verkehr, Abteilung Handel: Das deutsche Seelotsenwesen

Lüders, K./Luck, G.: Kleines Küstenlexikon 1976, Verlagsbuchhandlung Aug. Lax

Muuß, U./Petersen, M.: Die Küsten Schleswig-Holsteins, Karl Wachholtz Verlag, Neumünster 1971

Peitsch, H.: Wir kommen aus Königsberg, Verlag Gerhard Rautenberg, Leer 1979

Purlitz, Dr. F.: Das deutsche Lotsenwesen, Bremerhaven 1903, Verlag von L. v. Vangerow

Rickmers, H. P./Röper, C./Huster, H.: Helgoland 75 Jahre deutsch, 1965, Niederelbe-Verlag Otterndorf

Scholl, L. U.: Bremerhaven, Ein hafengeschichtlicher Führer, Deutsches Schiffahrtsmuseum, Bremerhaven 1980

Der Verfasser dankt all denen, die zur Beschaffung des umfangreichen Materials und der Informationen beigetragen haben. Der Dank gilt vor allem Herrn Prof. Dr. Hans Walden, s. Z. stellvertretender Leiter des Deutschen Hydrographischen Instituts, Hamburg,

den Leitern und zuständigen Mitarbeitern der Wasser- und Schiffahrtsdirektionen Kiel und Aurich sowie der Ämter und Außenstellen Bremerhaven, Brunsbüttel, Cuxhaven, Emden, Hamburg, Holtenau, Kiel, Lübeck, Norden, Tönning und Wilhelmshaven, insbesondere Herrn Max Zimmermann, Hamburg.

Auch nachstehende Institutionen, Firmen und Personen stellten bereitwillig Material zur Verfügung:

Arbeitsgemeinschaft der Memellandkreise, Flensburg,
Bund der Danziger, Lübeck
Deutsches Hydrographisches Institut, Hamburg,
Deutsches Museum, München,
Deutsches Schiffahrtsmuseum, Bremerhaven,
Hafenbautechnische Gesellschaft, Hamburg,
Hamburgische Electricitätswerke (HEW), Hamburg,
Philipp Holzmann, Aktiengesellschaft, Niederlassung Hamburg,
Landsmannschaft Ostpreußen, Hamburg,
Stadt Lindau (Bodensee), Kulturamt,
Niedersächsisches Staatsarchiv, Aurich,
August Pahl, Schiffswerft, Hamburg,
Pommerscher Zentralverband, Hamburg,
Aug. Prien, Bauunternehmung, Hamburg,
Seezeichenversuchsfeld, Koblenz,
Stiftung Pommern, Kiel,
Strom- und Hafenbau, Hamburg,
Dieter Jürgen Goldau, Hamburg,
Herbert Kuke, Bremerhaven,
Botho von Radowitz, Hamburg.

Übersichtskarte, östlicher Teil
(westlicher Teil auf dem vorderen Vorsatz)

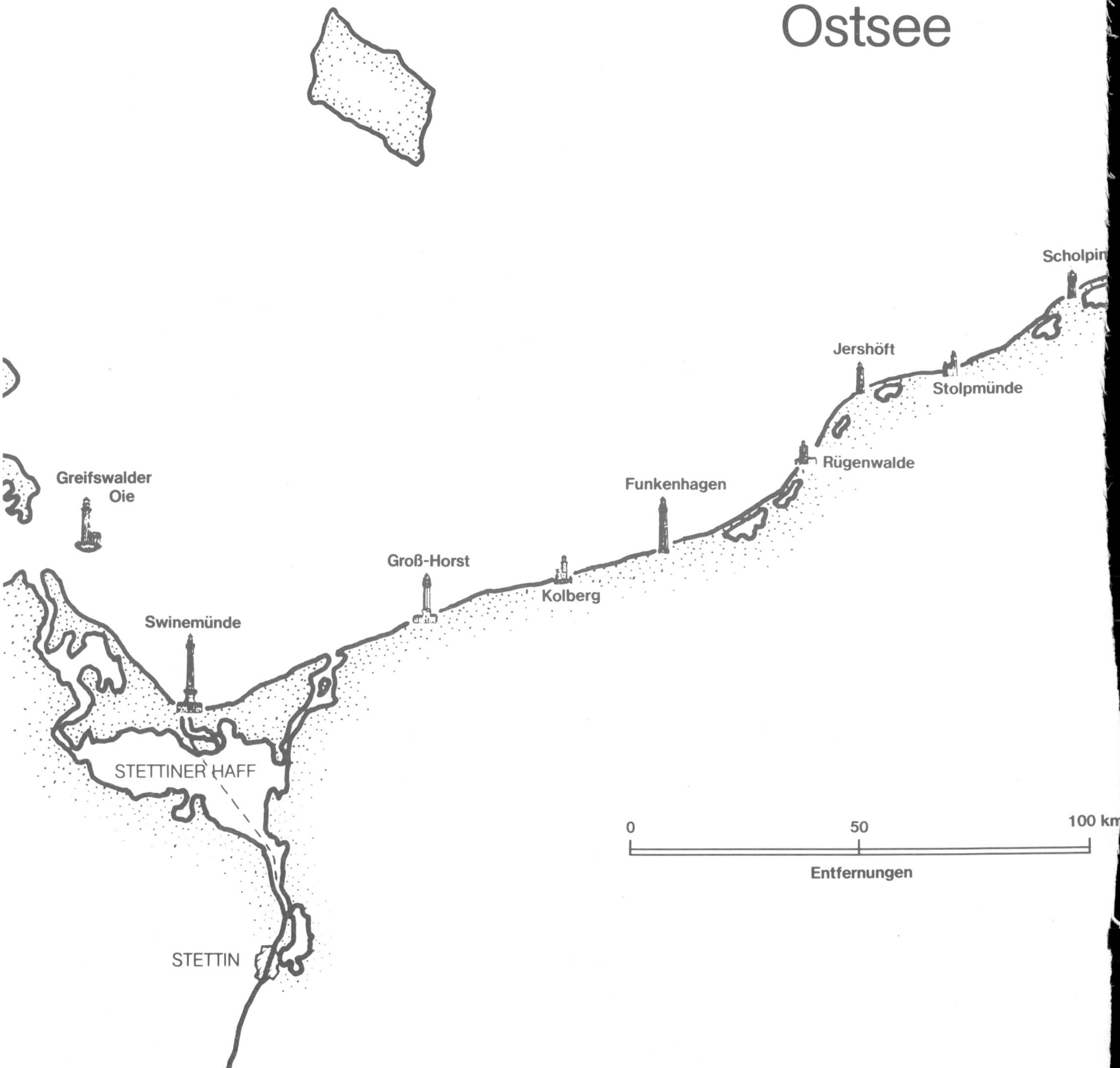